晚明至清中期
解放女性思想研究

（1530—1840）

庞雯予 著

中国社会科学出版社

图书在版编目(CIP)数据

晚明至清中期解放女性思想研究：1530—1840 / 庞雯予著. —北京：中国社会科学出版社，2024.3
ISBN 978 - 7 - 5227 - 3273 - 2

Ⅰ.①晚… Ⅱ.①庞… Ⅲ.①妇女解放—研究—中国—明清时代 Ⅳ.①D442

中国国家版本馆 CIP 数据核字(2024)第 055069 号

出 版 人	赵剑英
责任编辑	郝玉明
责任校对	谢　静
责任印制	王　超

出　　版	中国社会科学出版社
社　　址	北京鼓楼西大街甲 158 号
邮　　编	100720
网　　址	http://www.csspw.cn
发 行 部	010 - 84083685
门 市 部	010 - 84029450
经　　销	新华书店及其他书店
印　　刷	北京君升印刷有限公司
装　　订	廊坊市广阳区广增装订厂
版　　次	2024 年 3 月第 1 版
印　　次	2024 年 3 月第 1 次印刷
开　　本	710×1000　1/16
印　　张	16.5
字　　数	280 千字
定　　价	86.00 元

凡购买中国社会科学出版社图书，如有质量问题请与本社营销中心联系调换
电话：010 - 84083683
版权所有　侵权必究

序　言

从人类文明史的宏阔视域来看，人类从自然中站立起来的漫长历史，既是一个由野蛮到文明的历史过程，也是一个不断异化并克服异化的过程。与私有制逐步建立的历史过程相伴随，在阶级压迫的大框架下，男性对于女性的压迫也伴随其中。母系社会的退隐与男权社会的确立，是人与自然关系的变化通过人际关系的变化而曲折地表现出来的普遍社会权力运作模式的变化。漫长的男权社会不仅在实际的社会生活中压抑女性，而且也建立了与之相适应的观念形态与制度形式，并努力使这种压迫合理化，让女性在思想上、心理上接受这种权力的运作模式。因此从思想观念变化的角度来考察中国妇女解放的历史过程，进而考察人类自身的解放过程，就构成了人类文明自我解放、摆脱异化的有机组成部分。

众所周知，欧洲自文艺复兴以来，经过启蒙运动，展开了现代性的思想历程。而这一现代性的思想实质，是与欧洲新兴的工商业阶级的产生、发展到壮大的历程过程相适应的。中国传统社会虽然在迈向近现代化的过程中，走过了比欧洲更为曲折的历史道路，但在反对"伦理异化"（萧萐父语）、追求人的解放的曲折思想历程中，要求解放妇女的思想观念也隐约地伴随其中。庞雯予君目前所著的《晚明至清中期解放女性思想研究（1530—1840）》一书，正是以聚焦的形式，较为集中而系统地描述了中国传统社会16世纪30年代以来到19世纪40年代为止，大约三个世纪里的解放妇女的思想观念，从一个侧面展示了中国社会传统社会自我更化的内容与面向。这本即将面世的新著，既是对萧萐父先生"明清早期启蒙"学说的继承与深化，也是对中国式的内发、原生的现代性诸论说之补充与丰富。据我比较孤陋的阅读所见，也是有关明清三百年解放妇女思想观念较为系统梳理的第一本著作。该著的出版，对于当代中国的女性主义者和在不同的生活层面继续争取妇女解放的广大女性而言，都将提供有益的思想启迪。

目前这部将出版的学术著作，是雯予君在其博士学位论文的基础上修改而成的。从我再阅读的感受来看，这部著作相较于其博士学位论文而言，有了较大的进步。

首先，在马克思主义者关于女性解放的理论认识上，有了很大的提升。如书中在讨论汪中关于女性的社会作用时，引用恩格斯在《家庭、私有制和国家的起源》一书中所论述的"两种生产"的理论，将汪中的论述的现代意义一下子彰显出来了。

其次，在一些历史人物有关解放女性思想的挖掘方面，一些细节上的分析、讨论方面，也有了新的拓展、深化，并更进一步地系统化了，如对于李贽解放女性思想的哲学前提的分析，较其博士学位论文的内容，在认识的深度与广度上，均有极大的提高。在有关汪中、章学诚、俞正燮的解放女性的思想研究方面，亦有新的拓展。而在有关钱大昕与焦循的女性观的讨论方面，章学诚女性观的内在矛盾的揭示，均较其博士学位论文中的论述更为深入、细腻。由于引入了现代女性主义的视角，将中国传统社会中的母权与女权作了明确的区分，因而对当代某些研究儒家的学者将"女主内"视为一种女性的权力，进而认为女性在儒家的家思想中是有权力的观点，提出了颇有思想启示力的疑问。

最后，对于解放妇女到妇女解放，再到人的解放的这三者之间的辩证关系的认识方面，有很大的提升。如作者在结语中对本土解放女性到女性解放思想之间关系的思考，对把"返本"是否可以"开新"，儒家的"男女有别"观点的"封闭性"与"开放性"的讨论，都具有思想的启迪意义。

虽然，这本著作相对于其博士论文而言，已经取得了诸多新的成绩，但雯予君在目前的基础上，对于中国女性解放的思想历程的研究，似乎仍然有新的努力方向与学术发展空间。在今后的教学与科研过程中，如果能借鉴谱系学或观念史的方法，梳理中国传统经学中有关女性的正面的或中性的论述材料，对于传统礼制中有利于女性解放的思想材料的发掘并整理，同时借鉴已有的《中国女性诗歌作品集》之类著作的编纂方法，将中国传统社会解放妇女的思想过程作一种全幅式的观照，贯通古今，编出一部中国传统社会从"解放妇女到妇女解放"的典型文献史，从而在此独特的面向为中国传统文化在当代的创造性转化与创新性发展，作出自己的独特贡献。我想，这应该是一项有意义的工件。另外，似乎也可以借助性别主义的一些分析框架，将自然属性（Sex）与社会性别（Gender）区分开来，从而对于中国传统社会中"解放女性"和"女性解放"的思想进行更为细致的分析，则必将有新的学术成果问世。

我非常认同作者在本书结尾处引用的波伏娃的观点，即超越男女的自然性别（Sex）而重视男女的社会合作。我个人一直都认为，妇女解放的问题，始终与人的解放问题紧密地结合在一起。在阶级压迫的社会中，贾母、大观园里的贵族女性，不仅比一般的女性地位高，也比一般的男性，如贾府的焦大等人的地位高出万倍。资本主义社会中有钱有势的女性，也是如此。阶级压迫虽然不是人类历史的全部，但在相当长的历史时期内，不公正、不合理的阶级压迫是一种更大的社会权力分配框架，历史上，以及当代世界范围内的女性受压迫、受歧视的现实，都离不开由阶级而制度的压迫女性的大框架，而在漫长的阶级压迫框架下的大男子主义文化及其社会化的性别优势论，如果没有了制度性框架提供的社会政治权力、经济权力的支持，将会如丧家的、饿得无力伤人的野狗，至多能发出几声咆哮而已。因此，坚持女性主义立场，或者保持女性主义视角与立场的女性，在具体的社会历史进程中争取女性特有和应有的权利的过程中，不能抽象地把男性视为敌人，而应该携手觉醒的男性一道，在争取人的解放过程中实现自身性别的解放。在此基础上，再通过女性的解放而促进人类自身的解放，这将是人类的整体事业，而不只是单个性别的任何一方各自为战的性别战争。

我希望雯予君在未来的学术研究过程中，争取再写出一部有关中国社会从解放妇女到妇女解放，再到人的解放的思想史新著。

是为序

吴根友
2023 年 5 月 7 日星期一晚定稿

目 录

引 言 ……………………………………………………………… 1

第一章 晚明至清中期解放女性思想的源头、构成与时代分期 …… 13
   第一节 传统儒家女性观的源流与诠释 …………………… 13
   第二节 晚明至清中期解放女性思想的构成与时代分期 …… 29
   本章小结 …………………………………………………… 36

第二章 理欲关系的松动
      ——解放女性思想的哲学奠基与初步萌芽
      （16世纪30年代至17世纪） ………………………… 38
   第一节 李贽的女性观 ……………………………………… 38
   第二节 唐甄的女性观 ……………………………………… 66
   本章小结 …………………………………………………… 86

第三章 论争中曲折前行
      ——解放女性思想的具体化（18世纪） …………… 88
   第一节 袁枚的女性观 ……………………………………… 88
   第二节 章学诚的女性观 …………………………………… 116
   第三节 汪中对贞女的激烈批评及其女性观 ……………… 132
   本章小结 …………………………………………………… 150

第四章 理性反思与新构想
      ——解放女性思想的深入发展与全面总结
      （19世纪初—19世纪40年代） ……………………… 152
   第一节 《镜花缘》的女性观 ……………………………… 152

第二节　俞正燮的女性观 …………………………………… 176
  本章小结 …………………………………………………… 205

第五章　晚明至清中期解放女性思想的特点与影响 …………… 207
  第一节　晚明至清中期解放女性思想的主要特点及内在理路 ……… 207
  第二节　晚明至清中期解放女性思想的意义、启示与影响 ……… 218
  本章小结 …………………………………………………… 236

结　语 ………………………………………………………… 238

参考文献 ……………………………………………………… 244

引　言

一　选题意义与依据

女性问题在当今的学术研究中可谓一大热点，女性主义哲学、女性主义文学、中西方妇女史、女性[1]解放问题等都是其中的重要部分。研究中国的女性解放时，学界的目光通常集中在晚清以来，并且倾向于认为中国的女性解放、男女平等之说均来自西方，而植根于中国传统社会的晚明至清中期的解放女性思想则没有得到足够的重视。尽管这一时期的解放女性思想在相关思想史、哲学史、文学史及妇女史著作中均有所涉及，但都比较零散，不成体系，不能很好地揭示中国传统社会中所生发出来的解放女性思想及其本土特征。因此，本书选取了晚明至清中期的解放女性思想进行较为系统的研究。

晚明至清中期的三百年里，中国社会在政治、经济、文化、哲学思想上都发生了巨大的变化，伴随着这一时期资本主义的萌芽、早期哲学启蒙的曲折发展[2]，也出现了一大批具有解放女性思想的男性思想家，他们在其论著中

---

[1]　对于"妇女"与"女性"二词的区别，有学者认为，传统社会中，"妇女"意指女人在家庭亲属关系中的位置，而"女性"一词代表的含义比较宽广，女人的位置不一定只是在家庭亲属关系中，她也可以有"性"（sex, sexuality）和"性质"（femininity）。因此取其宽泛的含义。参见成方令《女性主义历史的挑战：概念和理论》，《近代中国妇女史研究》1993年第1期。陈宏谋《教女遗规》中有"夫在家为女，出家为妇"的说法，可知"女"与"妇"在传统语境中是有明确区分的。《说文解字》云"妇，服也。从女执帚，洒埽也"，段注曰："妇人，伏于人也。是故无专制之义，有三从之道。"不难看出，"妇"字在辞源上已预设了一些压制女性的意涵在其中。综上，本书论题上采用了"女性"而非"妇女"一词。在现代汉语中，"女性"与"妇女"二词基本无差别，在《汉语大词典》中，"妇女"释为"成年女子的通称"，"女性"释为"人类两种性别之一，与男性相对。常用为妇女的通称"。参见罗竹风主编《汉语大词典》（第4卷），汉语大词典出版社2001年版，第381、260页。对于二词的用法，目前学界并无定论，在论及妇女解放或妇女观时多用"妇女"，论及女性文学或女性主义时多用"女性"。但有时也有女性解放、女性观、妇女文学等用法。论及女性历史时，既有妇女史，亦有女性史、性别史等用法。此不详述。鉴于此，本书据上下文背景及行文顺畅，在无异议的情况下，也会用到妇女、女子等词汇。特此说明。

[2]　详见萧萐父《中国哲学启蒙的坎坷道路》，载《吹沙集》，巴蜀书社2007年版，第11—36页。

对女性问题给予了充分的关注，既有对女性的同情、理解，也有对女性价值的肯定与赞颂，更有为女性鸣不平，大力呼唤男女平等者，此外，在这一时期也出现了相当一部分具有解放女性思想的文学作品，这些作品与哲学家解放女性的论述相互呼应，共同构成了这三百年的解放女性思想。系统地研究这些思想家的解放女性思想具有如下意义。

第一，通过对这三百年解放女性思想的研究，揭示社会转型中女性问题曲折的发展历程，探究中国本土解放女性思想的萌芽及其对近代中国女性解放的深远影响。采用时间顺序为写作线索，从男性视角关注焦点的变化中，我们可以更加明晰地看到三百年来解放女性思想发展的逻辑进程。

第二，通过对这一时期解放女性思想的研究，揭示中国早期启蒙哲学是如何通过批判传统礼教对女性的束缚而展现出来的。同时，探讨由于哲学风气的转变，解放女性思想的表现形式在具体时段中所发生的变化，使解放女性思想与明清哲学的研究相结合。

第三，通过对一些重要女性问题的梳理，展示男性思想家的女性观，同时也揭示女性问题本身的一些特点。男性思想家妇女观往往表现出多样化甚至矛盾抵牾之处，这一方面是因为时代大环境的影响与思想家学术背景及个人经历的差异，另一方面，也是由于女性问题本身的复杂性。

关于本书选题，还有如下几点需要加以说明。

第一，本书选题采用了解放女性而非普遍使用的女性解放（妇女解放）一词，理由有如下两点。其一，以区别于女性作为主体自身发起的解放女性运动。据业师吴根友，女性解放的主体是女性，解放女性的主体是男性。[①] 这一时期的解放女性思想引导者为男性[②]，本书的研究对象为晚明至清中期男性思想家的论著中所包含的解放女性思想，而非这一时期女性的生活状况，虽

[①] 关于中国的解放女性的主体为男性而非女性自身这一现象，也为一些研究近代女性史的学者所关注，但他们主要是针对近代的解放女性运动而言的。如孙兰英在《论中国近代妇女运动的"男性特色"》一文中指出，从明清之际启蒙思想的兴起直到辛亥革命资产阶级临时政府的建立，解放妇女的宣传者、倡导者、组织者都是男性。同西方女权运动相比，这是一场具有鲜明"男性特色"的解放妇女运动，而不是妇女解放运动。参见孙兰英《论中国近代妇女运动的"男性特色"》，《史学月刊》1996 年第 3 期。

[②] 这一时期也有个别的女性有了一定的自觉意识，如明代女作家梁贞仪明确反对纳妾，清代女学者王贞仪提出"同是人也，则同是心性"，妇女也应有"足行万里书万卷，常拟雄心似丈夫"的豪迈气概的观点。参见萧萐父、许苏民《明清启蒙学术流变》，人民出版社 2013 年版，第 9 页。但在所能见到的材料中，这样的声音实在太少，和男性思想家解放女性的思想相比，还非常薄弱。

然后者也在研究的关注视野之内。其二，以区别于五四时期的妇女解放思想。五四时期的妇女解放更多地意味着"妇女的解放"，其倡导者既有男性也有女性，本书论题所使用的解放女性一词更加突出了女性"被解放"的意涵。

第二，区分"解放女性"与"同情女性"。在传统的女性观中，历来也不乏同情女性的声音。据陈东原对中国妇女史的研究，宋代的袁采即为同情妇女的第一人。[①]虽然具有解放女性新思想的思想家往往对女性充满了同情和体恤，但并不能把所有同情女性的思想都归入这一时期的解放女性思想之中，也不能把解放女性的内涵仅仅理解为对女性的同情、关怀。"解放女性"与"同情女性"二者有着非常密切的联系，解放女性的思想家也往往是出自对女性的同情，但"解放女性"本身有着更为广泛的内涵，主要包括为女性争取普遍的人的权利，为女性鸣不平，肯定女性的价值、地位，认识到男女才德、智慧及天赋的人格平等等多个方面。

第三，关于这一时期文学作品的选择。晚明至清中期具有解放女性思想的文学作品颇为丰富，从"三言"、"二拍"、《牡丹亭》到《红楼梦》《聊斋志异》《镜花缘》等，都不同程度地反映了这一时期的解放女性思想。本书仅选取了《镜花缘》作为其中的代表，理由有如下两点。其一，《镜花缘》中所表现的解放女性思想较为集中且明确，其对女性教育、参政及社会性别问题的讨论，在中国本土的解放女性思想中占有很关键的位置，这也是这一时期其他思想家那里所没有的。而其他文学作品中所反映的主题如自由婚恋意识、推崇女才思想等在本书所述的思想家那里已有相似的讨论与体现，因此本书选择了《镜花缘》的解放女性思想进行研究。其二，关于明清文学中的解放女性思想，学界已有较为丰富的研究成果[②]，由于笔者学识与专业所限，尚不能对此进行较为全面的把握，故没有将其完全纳入明清时期的解放女性思想研究中。

第四，关于这一时期解放女性思想代表人物的选择，本书主要选取了对女性问题关注较多、相关论述比较丰富的李贽、唐甄、袁枚、章学诚、汪中、

---

① 陈东原认为，袁采的《袁氏世范》中体现了他对女性同情的见解。参见陈东原《中国妇女生活史》，商务印书馆2015年版，第115页。

② 如张宏生编《明清文学与性别研究》，江苏古籍出版社2002年版；王引萍《明清小说女性研究》，宁夏人民出版社2007年版；王永恩《明末清初戏曲作品中的女性形象研究》，文化艺术出版社2008年版，等等。

李汝珍、俞正燮七位思想家作为代表,但在对具体问题的论述中,也会涉及这一时期对女性问题有所关注的思想家,如吕坤、颜元、黄道周、赵翼、毛奇龄、焦循、钱大昕、钱泳等。本书主要以七位思想家的解放女性思想为主线,在论述的过程中相应地串联起同时期思想家对女性问题的关注。

二 研究现状与可推进之处

(一)研究现状

对于晚明至清中期解放女性思想这一大的课题,学术界尚无直接的研究著作,但相关的研究成果也颇为丰富,主要表现为一些专门的单篇论文、相关专著中对该论题的涉及、具体人物思想研究中对其女性观的论述。按研究的领域划分,已有的研究成果涉及了哲学、文学、社会学、妇女史、思想史等领域。此处主要概述关于这一时期解放女性思想的综论性专文、通史与专著中析出的相关部分以及女性研究中涉及的具体问题。

1. 综论性文章

李国彤《明清之际的妇女解放思想综述》一文考察了"近代前夜的明清时期"[1]的解放女性思想。作者从五个方面阐述了这一时段妇女解放思想的萌动[2],并从时代思潮上分析了这种萌动的发生,一方面是"因为传统纲常理论出现裂痕",另一方面在于"妇女经济地位的变化"[3]。此外,作者还论述了明清思想家的妇女解放思想对后世妇女解放思想发展所产生的深远影响,尤其是对胡适、蔡元培等五四时期妇女解放思想倡导者的潜在影响[4]。该文在论

---

[1] 具体地讲是"上起明中叶16世纪30年代,下至鸦片战争爆发的1840年",与本书所研究的时间段相同。李国彤指出,这段时间是早期启蒙文化与回光返照的传统文化相交织的文化阶段,中国社会的各个方面乃至社会性质都发生着、积蓄着量变,因此标志着一个社会进步程度的妇女问题也异常敏感。参见李国彤《明清之际的妇女解放思想综述》,《近代中国妇女史研究》1995年第3期。

[2] 具体包括:(1)反对男尊女卑,主张男女平等;(2)驳斥"女祸论",主张妇女参政;(3)反对片面的节烈观,主张妇女婚姻自由;(4)不以"妇人见短",提倡女子文学;(5)反对妇女缠足。其中涉及了李贽、颜元、唐甄、冯梦龙、俞正燮、袁枚、汪中、汤显祖、李汝珍、曹雪芹等人物。参见李国彤《明清之际的妇女解放思想综述》,《近代中国妇女史研究》1995年第3期。

[3] 李国彤:《明清之际的妇女解放思想综述》,《近代中国妇女史研究》1995年第3期。相关内容在其专著《女子之不朽:明清时期的女教观念》第六章"明清之际精英阶层妇女观念的变化"中也有所论述。参见李国彤《女子之不朽:明清时期的女教观念》,广西师范大学出版社2014年版,第157—174页。

[4] 参见李国彤《明清之际的妇女解放思想综述》,《近代中国妇女史研究》1995年第3期。

述这一时期妇女解放思想时采取了以问题为中心的叙述方式，其长处在于把单个的有关妇女问题的讨论呈现得较为清晰，并凸显了这一时段作为一个整体在解放妇女思想史上的地位，而弊端则在于这一时段内部的思想变化得不到充分的展现，看不到三百年妇女解放思想发展变化的痕迹。

吴根友《文化转型的人性尺度——明清至清末解放女性思想简论》一文以李贽的男女平等观及其对男女价值的重估、袁枚对传统贞节观的批评、俞正燮对男性社会二重伦理标准的批判、谭嗣同及康有为的男女平等思想为例，论述了晚明以降，在秦汉以后逐渐形成的男权中心社会里，出现的一些为女性争取普遍做人权利的新思想[1]，并"将其看作是明清文化转型的人性标尺，以此揭示晚明以后中国传统文化向近、现代转型的根本特质"[2]。据此我们可以看到晚明至清末解放女性思想的发展脉络，同时，这也为本书提供了基本的研究思路。

滕新才《明朝中后期男女平等观念的萌动》一文认为，明朝中后期出现了一些妇女问题的转机，作者从社会历史的角度分析了冲破等级的服饰新尚、夫权的衰落与男女平等意识的萌芽[3]，其材料多为当时的社会历史、风俗的记载，为明代中后期的解放女性思想研究提供了较好的社会学、民俗学的史料支撑，但作者由此给出的"父权制的衰落"的观点还有待商榷。此外，男女平等观念的萌动是否就意味着当时女性有一个相对宽松的环境？这也还需要进一步考察，因为男女平等观念的萌动也可能正是因为当时女性的地位低下，所以才受到了男性的格外关注，才会有男性出来发出控诉的声音，正如该文中所提到的凌濛初在《二刻拍案惊奇》中以小说的方式对女性的同情和对男女不平等地位的揭示。

张晶萍《乾嘉考据学者的妇女观——关于乾嘉考据学者义理观的探讨之二》一文围绕几个重要的女性问题，对乾嘉考据学者的妇女观进行了探讨。她的分析包括以下几个方面：第一，钱大昕与焦循围绕"七出"之礼的不同解读；第二，焦循与汪中围绕婚姻关系实质成立的讨论；第三，钱大昕、焦

---

[1] 参见吴根友《文化转型的人性尺度——明清至清末解放女性思想简论》，载《女性论坛》（第1辑），俞湛明、罗萍编，武汉大学出版社2007年版，第49—58页。

[2] 吴根友：《文化转型的人性尺度——明清至清末解放女性思想简论》，载《女性论坛》（第1辑），俞湛明、罗萍编，第49页。

[3] 参见滕新才《明朝中后期男女平等观念的萌动》，《妇女研究论丛》1995年第3期。

循、汪中、俞正燮对未婚守节殉夫是否合乎先王之道的探讨；第四，俞正燮对寡妇再嫁的古礼考证。并指出他们的考证背后所蕴含的并非一个完全客观的对象，而是"出于寻求先王之道的需要，同时也是对现实的回应"[①]。乾嘉考据学者的妇女观的确是一个非常复杂的问题，其所蕴含的各自不同的价值取向、理论出发点，并不能简单地以其所得出的结论来笼统归纳，而要结合社会思潮与考据学者个人的情感倾向给予综合全面的考察。在梳理其中的解放女性思想时，更需要谨慎分析其背后的深层诉求。

2. 相关通史与专著

张莲波的《中国近代妇女解放思想历程（1840—1921）》一书是对1840年以后的近代妇女解放思想历程的研究。作者认为，近代妇女解放思想的理论来源虽主要是西方的"天赋人权"，但也承袭了明清之际的民主主义思想，因此该书的第一章论述了1840年以前的妇女解放思想，并把它作为妇女解放思想的萌芽。[②] 作者按照时代人物顺序，论述了李贽、唐甄、颜元、袁枚、俞正燮与李汝珍的妇女解放思想，认为他们在妇女问题上，带着同情妇女的心情，对束缚妇女的封建礼教进行了怀疑和有力的批判。[③] 把以上诸位思想家的妇女解放思想定位为近代妇女解放思想的萌芽，这大体上不错，但作者把这三百年来复杂的社会思想、背景都用经济上的资本主义萌芽和社会阶级矛盾、民族矛盾异常尖锐来笼统概括，并以此来作为这一时段妇女解放思想产生的社会条件，则并不能揭示晚明至清中期复杂的社会变化、思想背景及其对妇女解放思想的影响。

蔡尚思《中国礼教思想史》一书是对中国礼教思想的提纲挈领式的书写，其中也涉及了晚明至清中期的解放女性思想。本书第三章除了对李贽的男女二元论、徐允禄反对妇女守节、唐甄主张男女平等、袁枚的情感主义作了专门的讨论，又专辟一节"明清时代较开明者论妇女问题"对一些并不被经常讨论的比较开明的女性观作了简要的介绍，如谢肇淛反对重父轻母之说、魏禧的夫应为妻守节说、高炳曾的男女并重不可偏废说、李慎传的贞洁愈多风俗愈

[①] 张晶萍：《乾嘉考据学者的妇女观——关于乾嘉考据学者义理观的探讨之二》，《湖南师范大学社会科学学报》2004年第2期。

[②] 参见张莲波：《中国近代妇女解放思想历程（1840—1921）》，河南大学出版社2006年版，第2、3页。

[③] 参见张莲波《中国近代妇女解放思想历程（1840—1921）》，第1—18页。

薄说等①，为研究晚明至清中期的解放女性思想提供了较为丰富的材料。

萧萐父、许苏民《明清启蒙学术流变》（以下简称《流变》）一书中，作者依据明清中国社会历史变迁的特点，把明清启蒙学术分为以下三个阶段：第一阶段为明代嘉靖至崇祯，约16世纪30年代—17世纪40年代；第二阶段为南明宏光、永历到清康熙、雍正，约17世纪40年代—18世纪30年代；第三阶段为乾隆到道光二十年，即18世纪30年代—19世纪30年代。②《流变》一书所概括的早期启蒙学术三大主题之一即为"个性解放的新道德"，而这一时期的解放女性思想正处于该主题之下，其中理性层面的理欲、情理、个性与群己关系的论说和感性层面对伦理异化的批判，都直接或间接地涉及解放女性的问题。③ 因此，这一时期的解放女性问题也可纳入三个阶段的分期中来考察，以揭示这三百年来解放女性思想的发展线索及其与同时期的哲学思想、社会风潮的密切关系。④《流变》一书也涉及一些具体人物的解放女性思想。

吴根友《中国现代价值观的初生历程——从李贽到戴震》一书中，解放女性思想作为现代价值观的组成部分也有较多论述。在传统价值观向现代蜕变的核心标志中，解放女性思想也是"贵我"的组成部分，"李汝珍在《镜花缘》中喊出了妇女解放的历史要求，使得人类的另一半——妇女的价值受到了进一步的关注，同时也曲折地展现了女性这部分人类的'自我意识'的觉醒"⑤。在传统价值观向现代蜕变的多维表现中，女性解放思想也蕴含在艺术审美价值观念的变化和教育观念的变化之中。教育观念的变化之一正是"男女享有平等的受教育机会的实现"，从李贽"女子学道并非见短"到李汝珍《镜花缘》呼吁女子要享有平等的受教育的权利。"这一贯穿明清三百年，且逐渐明朗化的女子平等的享受教育的观念，从一个侧面表明传统的精英教育在逐渐地向近代平民化的教育观念蜕变；它同时也是妇女解放的思想在教育领域里的表达。"⑥ 在吴根友所论述的三个时期内，分别都涉及了这一时期

---

① 参见蔡尚思：《中国礼教思想史》，上海古籍出版社2006年版，第128—132页。
② 参见萧萐父、许苏民：《明清启蒙学术流变》，第2—5页。
③ 参见萧萐父、许苏民《明清启蒙学术流变》，第5—9页。
④ 本书的分期与此稍有不同，主要为突出解放女性思想自身的发展变化过程，但各时段的时代背景仍可在一定范围内以此为参照。
⑤ 吴根友：《中国现代价值观的初生历程——从李贽到戴震》，武汉大学出版社2004年版，第73页。
⑥ 吴根友：《中国现代价值观的初生历程——从李贽到戴震》，第78页。

的解放女性思想。一是"价值重估时期"李贽"识有长短、非关男女"的男女平等观。二是"推故而别致其新"的明清之际。这一时期的解放女性思想一定程度上是晚明时期打破天理人欲的一种理性回归,"此一时期的爱情观已发生了很大的变化,在一些才子佳人类的小说中,开始正面描写对理性爱的追求"①。三是回流中前进的18世纪,"此一时期的解放妇女的呼声更为强烈。一些进步作家以艺术的形式将传统社会中男尊女卑的观念颠倒过来,认为女性天生比男性更有道德价值,而在作家所虚构的女儿国中,女人仿照历史与现实中的男性生活方式对男性进行性别奴役,企图以艺术的想象形式唤醒男性中心社会的男人们的道德良知,希望他们尊重女性,在家庭与社会生活中真正做到男女平等"②。从该书的论述中,我们不仅可以看到这三百年来解放女性思想的兴起,更可以看到三百年中解放女性思想在每一时段内部的发展变化。既把三百年作为一个整体,同时也看到其内在逻辑进程。

张寿安《十八世纪礼学考证的思想活力》一书中有两章分别涉及对嫂叔有无服的讨论与婚姻关系的成立两个问题,前者所蕴含的是"男女有别"观念的松动,后者则与贞女问题密切相关。关于"室女守贞"的讨论,作者详细梳理了从毛奇龄到乾嘉考据圈众多学者对于室女守贞及其相关问题的讨论,认为"室女守贞与否的论辩,不只是一个道德信念或礼教问题,实际上它切中一个更根本的疑义:何谓婚姻?"③而这里所涉及的一个观念的变化在于:传统视婚姻为两个家族的结合,现代则视婚姻为男女双方的结合。④ 作者讨论了明清以降的学者通过经典考证把婚姻观念由"成妇重于成妻"转向"成妻重于成妇"的过程,从而也揭示了中国近代婚姻观念的一个转折。这也是需要我们发掘的隐含在烦琐考据之下的一条通向解放女性思想的重要线索。

3. 女性研究中的相关内容

在女性史的研究中,学者也常常涉及一些重要男性思想家的观点。陈东原于1928年所著的《中国妇女生活史》被认为是关于中国妇女史第一部系统性的论著,对于后来的中国妇女史研究产生了很大的影响。该书不仅对中国妇女生活有详细的考察,也留意到了同情妇女的男性学者。清代的李汝珍和

---

① 吴根友:《中国现代价值观的初生历程——从李贽到戴震》,第221—222页。
② 吴根友:《中国现代价值观的初生历程——从李贽到戴震》,第271页。
③ 张寿安:《十八世纪礼学考证的思想活力》,北京大学出版社2005年版,第307页。
④ 参见张寿安《十八世纪礼学考证的思想活力》,第270页。

俞正燮的同情妇女思想都为其所关注。① 刘士圣在《中国古代妇女史》一书中，简述了"明清之际同情妇女疾苦思潮的涌起"，他指出："有些有识之士发表了一些同情妇女疾苦思潮的议论。从现象上看，同情妇女的社会舆论空前高涨，反映妇女疾苦的文艺作品空前繁荣；从性质上说，这种逐步形成的同情妇女疾苦的思潮业已突破一般的同情和哀伤陈述的局限，进而'表现为对陈旧的，日渐衰亡的，但为了习惯所崇奉的秩序的叛逆'。这些事实，标志着明清两代的同情妇女疾苦思潮的涌起。"②

学者对缠足、贞节、女才等女性问题的专门研究，也为我们更全面地看待男性思想家的女性观提供了较为丰富的材料与观点。对于缠足问题，最早的缠足研究专著《中华妇女缠足考》一书的附录《近今之天足运动及其沿革》简述了天足运动的始末，涉及了袁枚、李汝珍、龚自珍等几位清代思想家的反缠足思想。③ 高洪兴《缠足史》一书不仅论述了缠足的起源、发展、风俗等，还对清代以来的反缠足呼声进行了概述，包括袁枚、李汝珍、俞正燮、龚自珍、钱泳五位思想家，将他们的反缠足论放在一个"天足运动"的整体背景中进行了考察。④ 美国学者高彦颐《缠足："金莲崇拜"盛极而衰的演变》一书则将"缠足"放在一个动态的历史情境中进行了考察，打破了"以'黑与白''男凌女''善或恶'等二分法来理解世界的方式"，其中还涉及了清代学者钱泳以考据方式对缠足的批评，这对我们今天思考缠足问题与看待思想家的反缠足论提供了诸多启示。⑤

对于贞女问题，董家遵《明清学者关于贞女问题的论战》一文将明清学者关于贞女的论战分为了甲派与乙派，并列举了各派学者的代表性文章与主要观点，本书重点论述的归有光、毛奇龄、汪中、俞正燮四人正是反对贞女的甲派的代表人物。⑥ 这种二分的派别划分为今天的贞女问题研究提供了诸多便利，但也忽略了学者反对或支持贞女态度背后的复杂原因。美国学者卢苇

---

① 参见陈东原《中国妇女生活史》，第191页。
② 刘士圣：《中国古代妇女史》，青岛出版社1991年版，第82页。
③ 参见贾逸君《中华妇女缠足考》，北平文化学社1929年版，第23—29页。
④ 参见高洪兴《缠足史》，上海文艺出版社1995年版，第152—156页。
⑤ 参见[美]高彦颐《缠足："金莲崇拜"盛极而衰的演变》，苗延威译，江苏人民出版社2009年版，第175—179页。
⑥ 参见董家遵《明清学者关于贞女问题的论战》，载《中国婚姻史研究》，卞恩才整理，广东人民出版社1995年版，第345—351页。

菁对明清时期的贞女问题进行了专门的研究，她尤其注意到了贞女自身的信念、处境，贞女的选择与家庭的冲突，并在第三部分重点论述了贞女所引发的考据圈内外的论争。[①] 田汝康《男性阴影与女性贞节——明清时期伦理观的比较研究》一书考察了晚明（1567—1644）及其以后，烈妇与未婚殉夫自杀人数陡增的现象背后的伦理、法律、宗教等因素，作者认为，道德认同是自杀行为的诱因，但并不是引发自杀行为的本质因素，他还通过历史统计数据、个案研究即对地区文化特征的分析，强调女性的自杀与男性文人因科考受挫而与日俱增的失意与焦虑直接相关。[②] 这一立足于社会学的研究为我们了解明清时期贞节观念提供了丰富的制度层面的参考，揭示了贞节观念与社会机制之间的密切关系。

对于明清时期的女才现象，很多女性文学的研究都有所涉及。与本书主题关系比较密切的主要有如下论著：美国学者孙康宜在《女子无才便是德?》一文中从袁枚、章学诚关于女才的争论出发，较为全面地梳理了自古以来关于女才与女德的争论。[③] 美国学者曼素恩在《缀珍录：十八世纪及其前后的中国妇女》一书中论及了清代学者"关于女性的论战"，着重分析了章学诚与袁枚对待女学的迥然相异的反应，她认为，前者心目中的典范是一个道德教化者，后者认为的理想典范则是一个年轻多情的唯美主义者。[④]

近年来，海外汉学在女性研究方面取得了较多的成果，为我们研究女性史与男性思想家的女性观提供了更为广阔的视角。在这一背景下重新审视晚明至清中期的解放女性思想，我们一方面可以避免简单、片面地看待女性问题与女性历史，另一方面也可以通过视域的交汇，让明清时期男性文人的女性观与明清时期女性的生活本身进行对话，在二者的交互凝视下发掘更多的意涵。

（二）可推进之处

前人对这一时期的解放女性思想的研究成果已经比较丰富，但由于尚无

---

① 参见［美］卢苇菁《矢志不渝：明清时期的贞女现象》，秦立彦译，江苏人民出版社2010年版，第221—255页。
② 参见田汝康《男性阴影与女性贞节——明清时期伦理观的比较研究》，刘平、冯贤亮译校，复旦大学出版社2017年版，第2—4、113—130页。
③ 参见［美］孙康宜《女子无才便是德?》，载《文学经典的挑战》，百花洲文艺出版社2002年版，第268—191页。
④ 参见［美］曼素恩《缀珍录：十八世纪及其前后的中国妇女》，定宜庄、颜宜葳译，江苏人民出版社2005年版，第110—121页。

专著研究，所以现有的研究或较为简略，或分散在相关的研究中，不足以展示这一时期解放女性思想的整体面貌。本书选取其中七位思想家的女性观作为代表，通过对这一时期的解放女性思想进行整体研究，可以进一步推进如下问题。

1. 揭示晚明至清中期解放女性思想的特点。作为中国传统社会自身的解放女性思想，有其不同于西方女性解放的独特之处，如"以复古求解放"，与传统女性观的密切联系等。

2. 揭示三百年来解放女性思想的在这一时段内部的变化特征。研究这一时期的解放女性思想的学者往往习惯于把这三百年看作一个整体，揭示其整体的外在特征，而忽视对其中具体时期的解放女性思想的发展变化加以细分。本书采用时间线索为序，以重要思想家的女性观为主线，突出思想家关注焦点的变化，从而尝试寻找晚明至清中期解放女性思想发展的内在理路，必要的时候对前后思想家的相关思想加以比较。

3. 晚明至清中期的妇女生活究竟是怎样的？被压迫或是有一定的地位？束缚相对松弛或更加紧张？单一或多样化？这是妇女史研究中的重要内容，一般以研究明清女性生活来回答此问题。本书的研究并不直接涉及此问题，但对男性思想家解放女性思想的研究可以为上述问题的回答提供一个可能的视角，在这些解放女性的论述中，我们也可以在一定程度上窥视当时女性的生活状况，从这个角度尝试对以上问题给予一定的回应。

4. 传统女性观与晚明至清中期解放女性思想的根本区别在哪里？哪些观念是可以被突破的？哪些观念是不可逾越的？这一时期的解放女性思想是如何连接了传统的女性观与近代的女性解放思想的？通过在一个动态的历史发展过程中考察这一时期的解放女性思想，本书的研究将尝试回答以上问题。

三 写作方法

第一，从原典出发。立足于对原典的分析，力求忠实于作者本意，在此基础上发掘其中的解放女性思想，既小心避免过度诠释，又尝试从材料中发掘新的意涵，注重材料之间的联系。

第二，历史方法与逻辑方法相统一。一方面，把这一阶段的社会历史背景作为思想逻辑的基础、出发点，另一方面，又通过去粗取精、由表及里的方法从中抽象出晚明至清中期解放女性思想发展的内在逻辑与特点。

第三，哲学史的泛化与纯化相结合的方法。[①] 一方面，把晚明至清中期的各种社会、经济、政治因素筛选出去，使其纯化为这一时期的解放女性思想，以便揭示其思想发展的特殊规律；另一方面，把社会多方面因素纳入研究视野，看到解放女性思想与社会政治、经济等因素的关系，丰富解放女性思想的现实土壤，此为泛化的方面。

第四，具体问题具体分析。以往的研究中，一些学者在阐释这一时期的解放女性思想时对文本的分析有时过于笼统，将各种文本中的可能有新思想的语句摘取出来，汇总为某个时段的解放女性思想。这种做法往往并不辨析哪些思想在何种层面上具有新思想，可能造成过度诠释之嫌。因此，本书在分析思想家的女性观时也尽可能地兼顾其思想的整体性、文本的具体语境，力图避免过度诠释与主观臆测。

[①] 参见萧萐父《哲学史研究中的纯化和泛化》，载《吹沙集》，第417页。

第一章　晚明至清中期解放女性思想的源头、构成与时代分期

在中国文明发展过程中，儒、道、佛三家共同构成了一个灿烂的文化传统，论及传统女性观，无疑也涵盖了三者。道家思想及道教对"阴性"的重视与推崇，佛教对"男女同尊，究竟平等"的强调，都构成了传统女性观的重要组成部分，但本书仅以儒家女性观为代表来展示传统女性观的发展过程，一则因为本书所研究的晚明至清中期具有解放女性思想的主要人物都可归为儒家范畴[①]，当然，这些思想家所接受的儒家思想也并非一种无差别的统一的思想观念，但总体上，他们对原始儒家都持有肯定的态度；二则因为儒家女性观在中国历史上的影响仍旧是最为深远的，道、佛两家的女性观虽然在特定历史时期或特定群体中有着较大的影响，但就整体而言，儒家女性观仍作为传统女性观的主流而在历史上发生着影响。

第一节　传统儒家女性观的源流与诠释

儒家，作为影响了中国士人几千年的一种文化传统，其内部是驳杂而多变的，"历史上并不存在统一的儒家，也不存在一脉相承的儒家传统"[②]，由孔子奠基的儒家传统，其发展经过了"原生、衍生、变异、衰落"[③]几个阶段。作为儒家思想的组成部分，儒家女性观在历史发展中也表现为多元变化，为后人留下了广阔的诠释空间。

[①] 严格说来，李贽是一个例外。由于其思想具有儒道佛三教合一的倾向，内部复杂且前后有一定变化，此处仍不妨将其作为"异端"而归为儒家学者。当观念可能超出儒家边界的时候，书中将进行说明。
[②] 萧萐父：《传统·儒家·伦理异化》，载《吹沙集》，第137页。
[③] 萧萐父：《传统·儒家·伦理异化》，载《吹沙集》，第141页。

一 晚明以前儒家女性观的发展历程

儒家女性观的发展是一个较为宏大的课题,此处不对其进行详述①,仅摘取其中最具代表性的文献与对后世(尤其是明清时期)影响最为深远的观点加以论述,以粗略展现明清以前传统女性观发展的概况。

(一)先秦时期的女性观与性别角色定位

反映这一时期女性观的代表性文献主要有《周易》《诗经》《礼记》及《仪礼》,这些经典奠定了后期儒家女性观发展的基础,也深深地影响了明清时期思想家女性观的形成。

在《周易》中,男女的地位以天/地、阳/阴的形式被明确固定下来,"天尊地卑,乾坤定矣。卑高以陈,贵贱位矣。动静有常,刚柔断矣。……乾道成男,坤道成女"(《周易·系辞上》),"天道下济而光明,地道卑而上行"(《周易·谦卦》),其中男性处于天之位,天道表现为乾、阳、动、刚、贵、健等特征,而女性处于地之位,地道表现为坤、阴、静、柔、贱、顺等特征。这样一来,也就相应地形成了男/女、外/内的分工模式,即"女正位乎内,男正位乎外。男女正,天地之大义也"。在此基础上,《易》进一步规定了女性的职责与本分,即"无攸遂,在中馈,贞吉。家人嗃嗃,悔厉吉;妇人嘻嘻,终吝"(《周易·家人》),若是逾越了这一界限,则是"阴虽有美,'含'之以从王事,弗敢成也。地道也,妻道也,臣道也,地道'无成'而代'有终'也"(《周易·坤卦》)。总之,《易》从哲学层面规定了坤之道,作为"阴"性的女性被赋予了一系列的特征与职责。

另一方面,《周易》哲学辩证的思维模式也使得其所描述的阴与阳、乾与坤之间有一种适度的张力,处于卑下地位的"阴"又是与"阳"共同构成"道"之不可或缺的因素,并且"阴"并不总是以一种固定化的模式处于下方,乾、坤二者都是有其内在活力的基本因素,所以阴阳之间有一种互补、互动的关系,并有着相互转换的潜在可能。这就使得《易》虽然规定了严格的性别角色分工,但却并没有把女性置于一个完全被动的状态,如"《咸》,感也。柔上而刚下,而气感应以相与,止而说,男下女,是以

---

① 彭华《儒家女性观研究》一书对儒家女性观的历史、思想体系与当代省思作了较为全面的考察,可参看。彭华《儒家女性观研究》,中国社会科学出版社2010年版。

'亨利贞，取女吉'也"（《周易·咸卦》），所指的是柔居上时，男女之间的一种交感，解经者常常以婚礼中的"亲迎"来作比。又如，"《恒》，久也。刚上而柔下。雷风相与。巽而动，刚柔皆应，《恒》。《恒》'恒无咎利贞'，久于其道也"（《周易·恒卦》），虽是刚居上的情况，但也强调刚柔皆应，才可恒久，而《序卦》对夫妇之道重要性的强调也由此而出。此外，《系辞下》云"子曰：'乾坤，其《易》之门邪？'乾，阳物也；坤，阴物也。阴阳合德，而刚柔有体。以体天地之撰，以通神明之德"，"上下无常，刚柔相易，不可为典要，唯变所适"，这都显示出阴阳之间活泼泼的互动与转换关系。《易》哲学中阴阳之间的生动张力及其对夫妇一伦重要性的强调，也为明清思想家阐释解放女性思想提供了丰富的思想资源和坚实的哲学基础。

在《礼记》及《仪礼》中，男女的社会性别角色以制度的形式进一步固定下来，《礼记·郊特牲》云"男女有别，然后父子亲；父子亲，然后义生。义生然后礼作，礼作然后万物安。无别无义，禽兽之道也"，奠定了"男女有别"在人伦关系中的基础性地位，男女之别广泛地体现在成年礼、婚、丧、祭祀等各个方面。在成年礼上，男性行冠礼，女性行笄礼，"女子十五而笄"（《礼记·内则》），又"女虽未许嫁，年二十而笄，礼之，妇人执其礼。燕则鬈首"（《礼记·杂记》），笄正是女性许嫁从人所迈出的第一步。[①] 在婚嫁上，婚姻六礼的礼辞中充分体现了男主女从的特色，《礼记·郊特牲》云"出乎大门而先，男帅女，女从男，夫妇之义由此始也"，强调了男女主从关系对夫妇之伦的重要性。[②] 在婚姻制度上，还有需要特别注意的"三月成妇"一说，新妇要三月庙见之后才称"来妇"，才可以有祭行，这三个月也就是新妇的考察期，其间如果女性亡故，仍归葬于其父家。《礼记·曾子问》中对此进行了详细记载，这也成为明清时期学者讨论贞女问题时重要的古礼依据。在丧服

[①] 王小健以人类文化学的视角考察了成年礼对两性的社会意义，在此基础上分析了古代冠笄之礼对男女各自的意义。详见王小健《中国古代性别结构的文化学分析》，社会科学文献出版社 2008 年版，第 263—273 页。

[②] 《礼记·昏礼》中也有强调夫妇同尊卑的论述，如"妇至，婿揖妇而入，共牢而食，合卺而酳，所以合体同尊卑以亲之也"，有学者指出，这里的"同尊卑"是针对一般的夫妇关系而言的，特指婚仪中的共食一牲，也就是说，夫妇本有尊卑，只是共牢同食时为了使大婿与新妇相亲近而不必讲究尊卑，其与《丧服四制》中所体现的夫妇地位差别并不矛盾。参见梁伟弦《〈礼记·昏义〉之"合体同尊卑"解——辨夫妇关系有两种古礼说》，《古籍整理研究学刊》1994 年第 3 期。

制度上，为父服重，为母服轻①；妻为夫服重，夫为妻服轻②；父系服重，母系服轻。在祭祀方面，丈夫主祭，妻子助祭，整个祭祀程序都体现出男性行礼开其端，女性继而从之的特色③。此外，在讨论"妇人不二斩"的问题时，《仪礼·丧服》云"妇人有三从之义，无专用之道。故未嫁从父，既嫁从夫，夫死从子"，明确了女性的"三从"地位。总之，礼的规定进一步细化与强化了男女的社会性别角色，男主女从与男女有别的观念在各种礼仪细节上得到了详尽的发挥。

"思无邪"的《诗经》中则保留了大量反映男女情爱的诗篇④，如朱熹所言："吾闻之，凡《诗》之所谓《风》者，多出于里巷歌谣之作，所谓男女相与咏歌，各言其情者也。"⑤ 这些有关女性的诗歌，一方面生动地反映了当时婚恋中女性的情感、心理及其地位，从男恋女的《关雎》到妇思夫的《卷耳》，从女子渴望爱情的《摽有梅》到反映婚姻不幸的《氓》，从描写女性美的《苤苢》到刻画女性具体生活的《葛覃》《采蘋》，等等，这些诗歌为我们今天了解古代女性的生活提供了非常生动的素材，展现出了当时朴素的婚姻爱情观念，也为明清进步思想家阐释其解放女性思想提供了经典依据，如唐甄以《白华》中"鸳鸯在梁，戢其左翼"一句来阐发"夫妇相下"之道，袁枚以"《诗经》好序妇人"来证明男女情爱之正当性；另一方面，这些诗歌也成了女性文学的源头与经典依据，如邹漪在《红蕉集》中指出"《三百》删自圣手，《二南》诸篇，什七出自后妃嫔御、思妇游女"⑥，袁枚也强调"圣人以《关雎》《葛覃》《卷耳》，冠三百篇之首，皆女子之诗"⑦，尽管这

---

① 为父"五服"中最重的斩衰，为母服齐衰三年，若父在，则服齐衰杖期。详见《礼记·丧服四制》。
② 前者为斩衰，后者为齐衰杖期。
③ 详见王小健《从〈仪礼〉看社会的性别化》，《妇女研究论丛》2004年第5期。
④ 关于《诗经》中的一些诗歌究竟是情爱描写还是政治隐喻，从古至今都有颇多争议。谢晋青通过对《诗经》有关女性诗歌的研究，指出"《诗经》底十五《国风》原来存诗一百六十篇，其中经我认为有关妇女问题的，共计是八十五篇。……最多的为恋爱问题诗，其次即为描写女性美和女性生活之诗，再其次就是婚姻问题和失恋问题底作品了"。谢晋青：《诗经之女性的研究》，商务印书馆1931年版，第105—107页。谢无量在《中国妇女文学史》中录入了《诗经》中古说确以为妇人所作之诗，共计十六家，并认为《诗经》中的妇人诗不止于此。参见谢无量《中国妇女文学史》，《谢无量文集》，中国人民大学出版社2011年版，第5卷，第16—27页。
⑤ （宋）朱熹：《诗集传》，赵长征点校，中华书局2011年版，第2页。
⑥ 胡文楷编著：《历代妇女著作考》，张宏生等增订，上海古籍出版社2008年版，第897页。
⑦ （清）袁枚：《随园诗话》，顾学颉校点，人民文学出版社1982年版，第590页。

种说法并不一定符合史实,但却的确是明清文人为女性作诗正名的一个有效策略。①

(二) 两汉时期对女性从属地位的强化

在宇宙论盛行的汉代,哲学上出现了"儒法合流"的走向,董仲舒的"天人感应"论与"人副天数"将"三纲"思想合法化,阳尊阴卑的思想被进一步固定下来。在《春秋繁露》中,董氏明确提出"王道之三纲,可求于天"(《基义》),天的权威性将君臣、父子和夫妇关系一并纳入一种模式化的固定关系中,"君臣、父子、夫妇之义,皆与阴阳之道。君为阳,臣为阴;父为阳,子为阴;夫为阳,妻为阴。阴道无所独行"(《春秋繁露·基义》)。阴、阳在《易》哲学中的生动张力被取消,高下、尊卑的等级秩序成了一种人伦世界的"永恒法则",作为"阴"类的女性被明确赋予了卑贱的类特征。②

东汉时期的《白虎通义》则将"三纲"思想进行了详细诠释,从理论上强化了女性的受压迫地位。《白虎通义》将女性之"三从"地位与其社会角色更为紧密地联系在一起,"男女谓男者任也,任功业也。女者如也,从如人也。在家从父母,既嫁从夫,夫没从子也"(《嫁娶》),"妇人无爵何?阴卑无外事。是以有三从之义:未嫁从父,既嫁从夫,夫死从子"(《妇人无爵》),夫妇二者的职责与地位则相应地表现为,"夫妇者何谓也?夫者,扶也,扶以人道也。妇者,服也,服于家事,事人者也"(《嫁娶》)。《白虎通义》也开启了夫妇在婚姻贞节上的双重标准,一方面,"妇人无外事,防淫佚也"(《丧服》),另一方面,"夫有恶行,妻不得去也,地无去天之义也"(《嫁娶》),表明妻没有去夫的权利。金春峰指出,"《白虎通》对夫权,作了更加绝对的肯定,对妇女的地位作了更加残酷的贬抑",当然,《白虎通义》也讲到夫妻宗法情谊的一面,如"妻者,齐也,与夫齐体。自天子下至庶人,其义一也"(《嫁娶》),"妻得谏夫者,女妇荣耻共之"(《谏诤》),但它不占主流,也不体现整个女性观的发展趋向。③

---

① 孙康宜指出,"明清文人所用来提高女性文学的方法就是这种凡事追溯到《诗经》传统的约定俗成的策略"。[美]孙康宜,《明清文人的经典论和女性观》,载《文学经典的挑战》,第86页。

② 如"男女之法,法阴与阳","阳贵而阴贱,天之制也","丈夫虽贱皆为阳,妇人虽贵皆为阴","诸在上者皆为其下阳,诸在下者皆为其上阴"。分别参见《春秋繁露·循天之道》《春秋繁露·阳尊阴卑》《春秋繁露·天辨在人》。

③ 参见金春峰《汉代思想史》,中国社会科学出版社1997年版,第493—494页。

这一时期，还出现了最早的女性史著作，即刘向的《列女传》。全书记载了母仪、贤明、仁智、贞顺、节义、辩通、孽嬖七种类型的女性形象，刘向有感于当朝"赵氏乱内，外戚擅朝"的危机而作此书，以正反两面的女性形象来劝诫与警示汉成帝，而这些人物的塑造也在一定程度上反映出作者的女性观。相比先秦儒家，刘向除了继承传统对女性社会角色的定位外，其女性观还有一些突出的特点，如肯定女性才智与价值，强调母教的重要性，重德轻色，重义轻利，等等。一方面，其所刻画的女性形象总体上是多元的，相比后世仅仅强调节烈的《烈女传》，它充分展现了女性价值的多样性，如女性的才智、胆识、节义，等等，这也为明清时期思想家发掘女性价值提供了丰富的历史素材；另一方面，其所刻画的单个女性形象又是缺乏张力的，由于刘向旨在树立正面榜样和反面典型，《列女传》所颂扬的女性往往具有让人望尘莫及的品德与智慧，而反面女性则成了"红颜祸水"的化身。这种简单的"二分法"，使得前者的高义品行在历史的发展中逐渐凝固化，产生一系列违逆人情的伦理异化现象，也使得后者成了"女祸论"观念的有力根据。而这些流弊，都成了明清进步思想家批判的基本对象。

值得注意的是，东汉时期也出现了"女性的声音"，即班昭的《女诫》。这也是中国历史上最为著名的女教作品，对后世的女性教育有着极大的影响。《女诫》包括了以下七个部分：卑弱第一、夫妇第二、敬慎第三、妇行第四、专心四五、屈从第六、和叔妹第七，意在教导女性如何为人子妇、为人妻。班昭认为，出嫁的女性应该卑弱以事人，敬顺丈夫，曲从舅姑，谨修妇行，并肯定了"《礼》，夫有再娶之义，妇无二适之文，故曰：夫者，天也"①。女性对自身卑下地位的认同，其历史影响实则较之男性的声音要更为深远，因为班昭在当时以一名"成功女性"的身份对女性的类特征进行了强化，其代表性、权威性与女性情谊所伴随的认同感都是毋庸置疑的，所以五四以来，以《女诫》为首的女教著作遭到了猛烈的批评。② 恩格斯指出，"母权制被推翻，乃是女性的具有世界历史意义的失败"③，我们进而可以说，女性对父

---

① （汉）班昭：《女诫》，载张福清编注《女诫——妇女的枷锁》，中央民族大学出版社1996年版，第2页。
② 陈东原指出，"班昭《女诫》系统地把压抑妇女的思想编纂起来，使他成为铁索一般牢固，套上了妇女们的颈子"。陈东原：《中国妇女生活史》，第37页。
③ ［德］恩格斯：《家庭、私有制和国家的起源》，人民出版社2018年版，第59页。

权制的强化与认同，乃是女性的彻底妥协，正是这种妥协，让女性在更长的历史过程中甘于甚至乐于处于较低的地位。

班昭在序中说明了她晚年作此书的目的：

> 伤诸女方当适人，而不渐训诲，不闻妇礼，惧失容它门，取耻宗族。吾今疾在沈滞，性命无常，念汝曹如此，每用惆怅。间作《女诫》七章，愿诸女各写一通，庶有补益，裨助汝身。去矣，其勖勉之！①

不难看出，班昭所书写的正是她四十多年来为妇的心得，也是父权制社会中女性的基本生存指南，其目的正在于让家族的女性吸取前人经验，少走弯路。对于处于弱势的女性而言，寻求已有空间中的生存法则显然比争取更广阔的生存空间要来得容易，在这个意义上讲，班昭的《女诫》不过是女性对历史的一种顺应，或者说是各种合力作用下形成的自然走向与自觉选择。她也许不曾料到，这篇两千余字的劝诫对后世影响之大、之广、之深，以至于具有深刻解放女性思想的李汝珍在《镜花缘》开篇即引此为典训，以表明自己的"正统"立场。

(三) 宋代对贞节观念的强化与性别特征的固化

宋代的女性观当然并不仅仅包含贞节观念，从周敦颐、二程到朱熹，众多哲学家都对阴阳乾坤之道进行了演绎和发挥，对两性关系的论述普遍地继承了《易》以来的"乾坤并建"与"阳尊阴卑"两种传统。在男女角色定位上，强化了先秦以来的"男女有别"与"男主外，女主内"的性别分工，强调女性在家庭中的作用与重要性。而这一时期理学的发展，则使得理欲关系愈加紧张，"天理人欲，不容并立"（《四书集注·孟子滕王公上注》），"革尽人欲，复尽天理"（《朱子语类》卷十三），天理与人欲处于二分的对立状态。对天理的过分推崇、对人欲的压抑，成了宋代女性观所根植的伦理土壤。

相比之前的女性观，这一时期最为突出的就是贞节观念的强化，最为著名的论述莫过于程颐的"饿死事小，失节事大"②一语：

---

① （汉）班昭：《女诫》，载张福清编注《女诫——妇女的枷锁》，第1页。
② 对于此语，历来批评者众多，也有为其辩护者，如冯友兰、陈荣捷，而刘昌元则对二人的辩护进一步提出了批评，他认为，"儒学内部有公正的要求"，而用"时代限制"来为程颐辩护已有失公正。详见刘昌元《论对"饿死事小，失节事大"的批评与辩护》，《二十一世纪》2000年第62期。

> 问:"孀妇于理似不可取,如何?"曰:"然。凡取以配身者,是已失节也。"又问:"或有孤孀贫穷无托者,可再嫁否?"曰:"只是后世怕寒饿死,故有是说。然饿死事极小,失节事极大。"①

我们从这段对话中可以看出,程颐事实上是意识到了男性的贞节问题的。此处已有男性贞节的考量,既然女性再嫁失节,那么男性娶再嫁者为妻也为失节。在后文中,程颐对男性再娶作了更为详细的阐释:

> 又问:"再娶皆不合理否?"曰:"大夫以上无再娶礼。凡人为夫妇时,岂有一人先死,一人再娶,一人再嫁之约?只约终身夫妇也。但自大夫以下,有不得已再娶者,盖缘奉公姑,或主内事尔。如大夫以上,至诸侯天子,自有嫔妃可以供祀礼,所以不许再嫁也。"②

也就是说,程颐已经意识到,从理论上讲,再嫁与再娶同样都是对"从一而终"的违背。但他却赋予了男性再娶在现实中的可能性,对于大夫以下的男子,需要有人侍奉公婆、主内事,所以不得不再娶,而大夫以上有嫔妃可以来承担这些任务,所以没有理由再娶。

我们当然相信程颐是真诚地认为男女都应该守节,并且这相比于"夫有再娶之义,妇无二适之文"公然宣称男女的双重道德标准的确要更具说服力。③ 但事实上,这段解释不仅不能显示出程颐对男女两性在贞节问题上一以贯之的态度,反而更加清楚地反映出其在贞节问题上的双重道德标准:其一,不可再娶者有嫔妃可以替亡妻主内事,所谓终身夫妇,不过是纳妾制度保证

---

① (宋) 程颢、程颐:《二程集》,王孝鱼点校,中华书局1981年版,第1册,第301页。
② (宋) 程颢、程颐:《二程集》,王孝鱼点校,第1册,第303页。
③ 朱熹亦把这种双重标准看作理所当然,云:"夫妇之义,如乾大坤至,自有等差。故方其生存,夫得有妻有妾,而妻之所天不容有二。"(宋) 朱熹:《晦暗先生朱文公文集》,《朱子全书》,徐德明、王铁校点,上海古籍出版社、安徽教育出版社2002年版,第23册,第3017页。陈荣捷为其辩护道:"宋代社会制度与二十世纪之社会制度当然不同。然吾人不能以二十世纪之标准,以评定宋代之习俗。亦犹一千五百年后,如实行公妻,而谓吾人在二十世纪之一夫一妻为不道德,不自由也。"陈荣捷:《朱子新探索》,华东师范大学出版社2007年版,第536页。笔者以为,若一千五百年后真实行公妻(虽然笔者并不认为有这种可能),彼时之学者基于当时的知识框架和伦理观念,恐怕定会评判现在的一夫一妻为不道德、不自由。

之下的终身夫妇，并非真正意义上的"男女一也"；其二，可再娶者是为着侍奉公婆、主内事等"不得已"的原因而再娶，反过来，女性因"孤孀贫穷"而无托，却要以"饿死事极小，失节事极大"来作极为严格要求，这实际上把男性家族之利益凌驾于女性的个体生命之上。①

此外，在"男主外，女主内"的社会分工中，男性不再娶并不会真正威胁其生存，而对于众多没有生活来源的女性而言，丧失了家庭的经济支柱，她们的生存可能受到威胁，因此，女性守节的阻力要更大。也就是说，对程颐而言，"终身夫妇"之约在理论上的确是针对男女双方，但"贞节高于生命"这样的要求则是仅仅针对女性的。而这两种要求，在程度上是有很大差别的。

在朱熹那里，对女性的贞节要求进一步强化，在其与吕祖谦所合辑的《近思录》卷六之《家道》中收入了程颐关于"饿死事小，失节事大"的对话。在写给门人陈师中的信中，朱熹亦劝其不要让寡居的妹妹改嫁，"朋友传说令女弟甚贤，必能养老抚孤，以全《柏舟》之节。……昔伊川先生尝论此事，以为饿死事小，失节事大，自世俗观之，诚为迂阔。然自知经识理之君子观之，当有以知其不可易也"②。可见，朱熹已经将程颐的观点在实践中推进，在家族以外的领域劝诫寡妇守节。

不过，在宋代社会中，理学家的贞节观的实际影响仍是比较微弱的③，即使是倡导"贞节高于生命"的程颐亦对其甥女的改嫁表示赞同，"与前朝和后世相比，宋代妇女因丧夫或离婚而再婚都并非更不合法。强烈反对寡妇再婚的法官也不得不维护再婚的合法性"④，而"饿死事小，失节事大"一语的更

---

① 李日章也指出，现实中，大夫以下的丧偶者在特殊情况下是可以再娶的，这个特殊情况也就是"奉公姑""主内事"，当然，在今天看来这个理由是有些让人啼笑皆非的，若是把男女双方放在一个真正对等的位置，那么"没有人'奉公姑'或'主内事'难道比'饿死'更严重吗？"李日章：《程颐程颢》，台北：东大图书有限公司1981年版，第160页。

② （宋）朱熹：《晦庵先生朱文公文集》，《朱子全书》，刘永翔、朱幼文校点，第21册，第1173—1174页。

③ 辛更儒批评了陈顾远《中国婚姻史》、陈东原《中国妇女生活史》中将宋代视为婚姻风气转折点的说法，他通过对宋代婚姻史料的研究指出，"朱熹干预陈俊卿女改嫁失败说明，理学家们提倡贞节的主张，在南宋中晚期并不能起到左右社会舆论，主导人们价值观念趋向以及改变时代风气的作用"，辛更儒：《论宋代妇女改嫁不受舆论非议》，《妇女研究论丛》1999年第3期。

④ ［美］伊佩霞：《内闱：宋代的婚姻和妇女生活》，胡志宏译，江苏人民出版社2004年版，第180页。

大影响实际上是在之后的明清时期才得以呈现①。当然,这种影响的非直接性也并不足以为宋儒的贞节观进行有力的辩护,因为明清严苛贞节观念形成的理论源头终归要追溯到宋代理学家这里②,所以清代学者钱大昕、钱泳等人为女性改嫁辩护时,也都不约而同地批评了宋儒的贞节观。

宋代的女性观除了在贞节观念上更加强化,女性的性别特征也趋于固化,我们可以从朱熹的女性观中略窥一二。朱熹的女性观既体现在其与学生刘清之共同编撰的《小学》一书中,也体现在其为女性所作的墓志铭中。此外,在其《朱子语类》《诗集传》中也有所体现。

虽然自先秦以来,在男女两性的社会性别建构中一直强化着男女之别,但到朱熹这里,可以说进一步固化了女性的性别特征,女性无论是在思想上、才学上以及能力上,都被看作与男性不一样的"阴类",而对女性家庭作用的单方面强调,则进一步固化了女性的类特征,与男女平等有了更远的距离。

在哲学思想层面,朱熹认为女性与男性在气禀上有着根本的区别,如其与门人的一段关于气禀的对话,"问:所以妇人临事多怕,亦是气偏了?曰:妇人之仁,只是流从爱上去"③。又如程颐曾谓范淳夫之女"此女虽不识孟子,却能识心",但朱熹则对此评价为:

> 人心自是有出入,然亦有资禀好底,自然纯粹。想此女子自觉得他个心常湛然无出入,故如此说,只是他一个如此。然孟子之说却大,乃是为天下人说。盖心是个走作底物。伊川之意,只谓女子识心,却不是孟子所引夫子之言耳。④

---

① 田汝康的研究指出,女性贞节崇拜的风俗是在朱熹提出他的思想之后的 300 年形成的。田汝康:《男性贞节与女性阴影:明清时期伦理观的比较研究》,刘平、冯贤亮译校,复旦大学出版社 2017 年版,第 77—78 页。
② 从清代文人方苞的议论中可以更清楚地看到宋儒贞节观的这种影响,他指出"尝考正史及天下郡县志,妇人守节死义者,秦周前可计什,自汉及唐,亦寥寥焉。北宋以降,则悉数之不可更仆矣。盖夫妇之义,至程子然后大明。……其论娶失节之妇也,以为己亦失节,而'饿死事小,失节事大'之言,则村农市儿皆耳熟焉。自是以后,为男子者,率以妇人之失节为羞而憎且贱之,此妇人之所以自矜奋也!……程子一言,乃震动乎宇宙,而有关于百世以下之人纪若此"。(清)方苞:《方苞集》,上海古籍出版社 2008 年版,第 105—106 页。
③ (宋)黎靖德编:《朱子语类》,王星贤点校,中华书局 1986 年版,第 1 册,第 57 页。
④ (宋)黎靖德编:《朱子语类》,王星贤点校,第 4 册,第 1403—1404 页。

朱熹认为女性与男性在认知能力上有着根本的区别，所以他强调"心却易识，只是不识孟子之意"。在朱熹这里，女性虽然在情感、心性上有值得肯定之处，但并不具有形而上学的思辨能力，更不能真正地把握最高的"道"。

这种差别在其为女性所作墓志铭中也有所体现，众所周知，朱熹对佛教持激烈的批评态度，也反对男子礼佛的行为，但在女性身上，他不仅容忍女性礼佛，还对她们的佛教信仰常常持赞赏的态度，如其在《太孺人陈氏墓志铭》中写到，"晚年好浮屠法，得其大指，遂不复问家事。恶衣菲食，逾二十年。而忧人之忧，赈其恶穷病苦，虽极力不倦"[1]，在《宜人黄氏墓志铭》中写到，"初好佛书，读诵拜跪，终日忘倦"[2]，在《建安郡夫人游氏墓志铭》中写到，"亦颇信尚浮屠法，娠子则必端居静室，焚香读儒佛书，不疾呼，不怒视"[3]。朱熹对女性佛教信仰的宽容态度，有学者认为这与朱熹以坤道的诚敬养成女性道德人格的工夫路径相一致[4]，信佛作为女性私领域的行为，与男性在公共领域的纲纪规范是相分离的。

在具体的女才层面，朱熹对女性教育的肯定也是有条件的。当其与人论及女子教育时，有这样一段记载：

问："女子亦当有教。自《孝经》之外，如《论语》，只取其面前明白者教之，何如？"曰："亦可。如曹大家《女诫》，温公《家范》，亦好。"[5]

显然，朱熹并不反对女性接受教育，在其所作的女性墓志铭中，所书写的对象也大都具有较高的受教育水平与较强的阅读能力。但朱熹更为看重的不是女性才学本身，而是其为家庭及教育子女服务的功用。所以他所认可的女性教育范围是比较狭隘的，主要局限于传统意义上的教女性如何更好地为父系

---

[1]（宋）朱熹：《晦庵先生朱文公文集》，《朱子全书》，戴扬本、曾抗美校点，第25册，第4305页。
[2]（宋）朱熹：《晦庵先生朱文公文集》，《朱子全书》，戴扬本、曾抗美校点，第25册，第4308页。
[3]（宋）朱熹：《晦庵先生朱文公文集》，《朱子全书》，戴扬本、曾抗美校点，第24册，第4212页。
[4] 参见王堃《坤德：儒家女性人格的养成与效应——以朱熹女性伦理为例》，《社会科学家》2017年第7期。
[5]（宋）黎靖德编：《朱子语类》，王星贤点校，第1册，第127页。

家庭服务的经典女教。

在夫妇伦理上，朱熹继承了传统儒家女性观对夫妇之别的强调，警惕夫妇之间的亲密无间的情感。在《答口易简》中，其言"《小学》之后，自明伦五段……明夫妇章全在一个'别'字。……始读婚礼，万世之始，至男女有别，然后父子亲。汉武帝溺于声色，游燕后宫，父子不亲，遂致戾太子之变。此亦夫妇无别而父子不亲之证"（《朱子文集》卷六十四），可知朱熹把"男女有别"放在了家庭伦理中的重要位置。在朱熹《诗集传》所注解的《诗经》中，对男女之情多有戒备，即使是家庭之内的夫妇关系，朱熹也强调距离的保持。比如《郑风·女曰鸡鸣》曰："女曰鸡鸣，士曰昧旦。子兴视夜，明星有烂。将翱将翔，弋凫与雁。"朱熹对此注解道："此诗人述贤夫妇相警戒之词。言女曰鸡鸣，以警其夫，而士曰昧旦，则不止于鸡鸣矣。妇人又语其夫曰：若是，则子可以起而视夜之如何。意者明星已出而烂然，则当翱翔而往，弋取凫雁而归矣。其相与警戒之言如此，则不留于宴昵之私，可知矣。"[①] 实际上，朱熹在其婚姻生活中也践行着这样一种"夫妇有别"的伦理关系，其文集中绝少见到对妻子刘清四情感的提及，朱熹的妻子是典型的贤妻良母，一生共生养了三男五女，于四十四岁时在劳累与贫困中去世，在刘氏病重的一年多时间里，朱熹也基本不在身边。妻子去世后，朱熹除了伤感悲痛外，对家庭琐事、养育子女等更是感到手足无措，虽然二人夫妻感情平淡，但在刘氏去世的二十五年间，朱熹也并没有续弦。[②]

朱熹的女性观代表了儒家女性观的正统典范，无论是其对"阳尊阴卑"的强调，对女性才学的定位，还是对"夫妇有别"的书写与践行，都让女性的性别气质更加固化，让女性成了与男性差异更明显的"人"。

总之，先秦至宋代的儒家女性观逐渐趋于稳定，也逐渐趋于单一。牢固的性别分工、严苛的贞节观念，都使得女性处于较低的位置，尽管其中有对抗夫权、父权的种种张力存在，尽管作为理论而存在的女性观并没有完全下放为实际生活中对女性的要求，但其仍然引导了往后的很长一段时间里女性地位的基本走向，也对晚明至清中期解放女性思想的出现产生了双重的影响。一方面，明清进步思想家对汉儒、宋儒所强化的纲纪与天理颇有微词；另一

[①] （宋）朱熹：《诗集传》，赵长征点校，第 66 页。
[②] 参见汲军、童腮军《择婿婚及对朱熹的女性观形成的影响》，《朱子学刊》2003 年第 1 辑。

方面，他们又从原始儒家那里找到了诸多思想资源，作为其阐释解放女性思想的理论基础。

二 儒家女性观的诠释与评价

尽管历史的发展中并不存在一个固定、统一的儒家女性观，但我们仍可以尝试概括出儒家女性观内部相对稳定的因素与两种不同的诠释路径，这些基本因素也派生出了后世对于儒家女性观的不同理解及评价。

（一）两种诠释路径

《说文》中对妻、妇二字的解释，从一个侧面反映出了诠释儒家传统中女性处境的两个维度。一方面，《说文》曰"妻者，妇与己齐者也。从女，从中，从又。又，持事，妻职也"，一般来讲，"妻"反映的是女性与男性平等的一面。[1] 从哲学上讲，也就是"一阴一阳之谓道"，"阴阳合德"，"刚柔相易"。在这个意义上，夫妇二者的关系是平等的，尽管内外分工不同，气质、性格各异，但二者相互需要、互为一体，在一定条件下甚至可以相互转换。妇对夫之"从"，更多是先后顺序上的跟从，而非绝对地服从。这种诠释强调阴阳之间的张力、变化与互动，阴阳的关系中渗透着一种生命力。

另一方面，《说文》曰"妇者，伏也。从女持帚，洒扫也"，段注云"妇主事人者也。《大戴礼·本命》曰'女子者，言如男子之教而长其义理者也，故谓之妇人'，妇人，伏于人也。是故无专制之义，有'三从'之道"。女性与阴、坤、地道、臣道、柔、弱等概念相联系，进而下滑为伏、从、低、贱等带有明显价值倾向的评价。而男性则与阳、乾、天道、君道、刚、强等概念相联系，进而上升为扶、主、高、贵等带有明显价值倾向的评价。从哲学上讲，也就是"天尊地卑，乾坤定矣"，"阳贵而阴贱，天之制也"。在这个意义上，夫的地位是完全高于妻的，男女的等次秩序是固定不变的，妇对夫之"从"强调的是从属与服从之义。

然而，这两种诠释路径在历史发展过程中并不是可以明显区分的，其边界往往是模糊的，二者或隐或显地交织在一起，共同构成了儒家女性观的基

---

[1] 当然，也有一种说法认为"妻"仅仅是对庶人而言的，因为《礼记·曲礼下》"庶人曰妻"、"士之妃曰妇人"，又，《释名·释亲属》"士庶人曰妻。妻，齐也，夫贱不足以尊称，故齐等言也"，显示出妻的称谓及其含义是针对地位较低的庶人而言的。但多数典籍将"妻"释为"与夫齐者"，而《白虎通义·嫁娶》则明确指出了妻与夫齐的范围是"自天子下至庶人，其义一也"。

本内容，所以我们很难简单地将其中之一作为儒家女性观的诠释代表。此外，两种诠释路径也有基本一致的设定，其一，"男主外，女主内"的社会性别角色设定；其二，都强调"男女有别"，此处的"别"一则为别异，即男女之身、心等方面的差异，一则为分别，即男女之别嫌，大防。这都是自始至终贯穿于儒家女性观中的。

（二）评价与对话

在评价儒家女性观时，超越五四以来的压迫/反抗路线，对儒学持同情理解态度的学者一般认为，原始儒家对女性是较为温和的，而汉儒、宋儒所倡导的凝固化的礼教纲常才造成了女性受压迫、受束缚的状况。但对于原始儒家女性观中男女地位是否平等，我们应该如何评价儒家女性观等问题，学界并没有达成完全一致的意见。

有的学者倾向于认为，儒家传统中（主要是原始儒家）的男女虽然分工不同，但在地位上是比较平等的，并常常将其作为理想两性关系的模型来看待，以林语堂、杜维明为代表。林语堂指出，"儒教意识到这种男女的不同有益于社会的和谐，或许在此儒教已经非常接近真理。然后，儒教也给予妻子与丈夫差不多'平等'的地位，但妻子地位多少低于丈夫，不过仍是平等的配偶，正如道教中代表阴阳的两条鱼，相辅相成……男女的不同并不意味着对妇女的束缚，而是意味着关系的和谐"[1]，并且，"在实际生活中，妇女并没有被男人压制"[2]。杜维明则主张将"三纲"与"五常"区别对待，认为"三纲"的观念是对孟子"五常"观念的偏离，而孟子那里的"夫妇有别"是以相互性为基础的，因此"说儒家传统中的妻子像一种财产一样归丈夫'所有'是错误的。妻子的地位不但由其丈夫的地位决定，而且也由她的家庭的社会地位决定。……在通常情况下，妻子往往掌握着日常生活的决定权。儒家的妻子具有顽强的忍耐力。……妻子并不受制于丈夫，她与他是平等的"[3]。

也有学者则倾向于认为，应该正视儒家历史上对女性的歧视和压迫。比如李晨阳就坦白承认，"无论我们怎么看，在中国受儒家影响的很长时期里，

---

[1] 林语堂：《中国人》（全译本），郝志东、沈益洪译，学林出版社1994年版，第146页。
[2] 林语堂：《中国人》（全译本），郝志东、沈益洪译，第154页。
[3] 转引自李晨阳《儒家与女性主义：克服儒家的"女性问题障碍"》，载姜新艳编《英语世界中的中国哲学》，中国人民大学出版社2009年版，第563—564页。

妇女受压迫、受歧视的事实是不能否定的"①，但是，他也强调这种压迫与歧视并不具普遍性和绝对性，儒家传统仍然"为妇女的道德发展和社会发展参与留出了一定的空间"，进而为"妇女未来的发展和实现男女平等提供了一个起步点"。② 在对传统儒家思想进行考察时，李晨阳还指出，孔孟原始儒家那里，虽然对女性有过一些引起争议的表达，但"我们至多可以说这些早期儒家经典作家不加批判地接受了当时社会对妇女的歧视态度，而没有证据说它们制造了这种态度"，而汉代的董仲舒把阴阳哲学引入儒家，才导致男尊女卑被广泛地固定下来。所以，李晨阳认为应该抛弃后儒歧视女性的思想，回到原始儒家，从孔孟思想出发，把儒家伦理学改造成不歧视妇女甚至支持男女平等的伦理学。③ 基于这种基本认识，李晨阳试图对儒家在女性问题上的缺失作出回应，他将儒家与女性主义关爱伦理学进行比较，指出了二者的相似之处。④ 郑宗义则不同意这种对孔孟儒学与后儒区分开来的对话策略，而是主张将不同的诠释传统都视作儒学发展过程中的一部分，并解构其中的封闭成分，重释其普遍的开放成分，认为这是儒学得以与女性主义对话的有效策略。⑤ 郑宗义也将儒学与女性主义关怀伦理学进行了对话⑥，并指出二者可以进一步攻错之处，其对话的目的在于"借着女性主义的某些睿识来善化自身，使儒学成为一套能够包容女性声音、体现两性平等及促进两性相互协调的思想"⑦。

笔者认为，这种诠释与对话，对于儒学的丰富和发展而言，无疑是有积

---

① 李晨阳：《儒家与女性主义：克服儒家的"女性问题障碍"》，载姜新艳编《英语世界中的中国哲学》，第557页。
② 李晨阳：《儒家与女性主义：克服儒家的"女性问题障碍"》，载姜新艳编《英语世界中的中国哲学》，第560页。
③ 参见李晨阳《儒家的仁学和女性主义哲学的关爱》，载蔡德麟、景海峰主编《全球化时代的儒家伦理》，清华大学出版社2007年版，第305—306页。
④ 具体有以下几点：第一，二者都以关系性的人为基础；第二，作为核心概念的"仁"和"关爱"之间有相似的脉络；第三，相比康德伦理学和功利主义伦理学，此二者都不那么依赖普遍规则；第四，二者都主张爱有差等。参见李晨阳《儒家的仁学和女性主义哲学的关爱》，载蔡德麟、景海峰主编《全球化时代的儒家伦理》，第305页。
⑤ 参见郑宗义《儒学、哲学与现代世界》，河北人民出版社2010年版，第325页。
⑥ 当然，相比李晨阳倾向于将先儒与后儒在女性问题上的观点划清界限的策略，郑宗义的观点有所不同，他更倾向于充分发掘儒学传统在女性问题上的价值，以避免削足适履。参见郑宗义《儒学、哲学与现代世界》，第330页。
⑦ 参见郑宗义《儒学、哲学与现代世界》，第325页。

极意义的。但这样的对话也可能导致一种危险，这要从女性主义关怀（关爱）伦理学内部的分歧及其招致的批评说起。关怀伦理学产生于20世纪70年代，由卡罗尔·吉利根（Carol Gilligan）最早提出，《不同的声音——心理学理论和妇女发展》是其代表作。吉利根通过对"不同的声音"的描述，对道德发生论上的"男性"模式提出了挑战，并在研究中提出了两种不同的道德视角，即公正视角与关怀视角，虽然她的研究证明男女都可能有这两种视角，但"她的确是从对女性的经验研究中发现关怀视角的"，而后来的很多研究者则直接将关怀视角与女性相联系。内尔·诺丁斯（Nel Noddings）则是关怀伦理学的另一位重要代表，她从伦理学层面将关怀伦理学进行了理论化和系统化，并明确将女性与关怀联系起来，认为大多数女性比男性更倾向于联系情境、基于关怀、注重情感与感觉。[1]

将女性的视角进行凸显，其本意当然是要让学者在研究中注意到"女性的声音"，并以"关怀"来批评仅仅强调"公正"的缺失，但将女性与关怀视角相联系，将导致女性/男性、关怀/公正的二分，可能陷入一种本质主义的话语中，对女性的发展与两性的沟通都造成了潜在的威胁。因此，"不同的声音"也招致了很多的批评[2]，而关怀伦理学的内部也发展出了不同的理论走向，最具代表性的就是琼·C. 特朗托，她认为将女性与关怀联系在一起是错误的，进而试图建立一种超越性别的关怀伦理学。特朗托认为吉利根的关怀伦理学是典型的"妇女道德"理论，这种道德性别化的策略可能导致很多危险，因此，为了找到"关怀"的定位，她重新区分了一种二元伦理学理论，即康德式的"道德观"理论和"情境道德"理论，关怀伦理学显然属于后者，而这一区分，与性别没有关系。[3]

学者将儒学与女性主义伦理学进行对话时，往往是与吉利根、诺丁斯的理论进行比较与对话，而非超越性别界限的关爱伦理学。与女性主义伦理学进行对话，对于拓展整个儒学的包容性而言，当然是没有问题的。但从解放女性的角度来反思，将儒学与强调道德性别化的女性主义关怀伦理学进行对

---

[1] 参见肖巍《女性主义关怀伦理学》，北京出版社1999年版，第85—116、130—146页。
[2] 这些批评有来自心理学的、伦理学的、政治学的，其中最为集中的批评是道德上的性别差异问题，而吉利根对此的回答也是暧昧不清的，她又强调"不同的声音"并不等于女性的声音。参见肖巍《女性主义关怀伦理学》，第116—123页。
[3] 参见肖巍《女性主义关怀伦理学》，第159—181页。

话，并不能真正地拓展儒家女性观的内涵，或者说，这种对话从根本上仍是在用一种相近的现代理论来诠释传统的儒家女性观，而并不能生长出儒家女性观的转型。我们可以非常清楚地看到，这种在女性主义关怀伦理学内部已招致深刻批评的"妇女道德"与儒家传统所刻画的"理想女性"的品质具有极大的相容性，男/女、公正/关怀、自主/关系、独立/依赖的二分法正是传统儒家女性观男/女、外/内的性别角色分工中可以自然生长出来的二分状态，正如"妇女道德"可能导致女性重新陷入被压迫地位，或者导致男女道德的一种二分对立，传统的儒家女性观也面临同样的危险。因此，道德性别化的"关怀"视角并不能促使儒家女性观取得实质性的发展。①

回过头来，我们再反观晚明至清中期思想家对女性问题的讨论，通过对本土解放女性思想资源的开掘，也许可以更加清楚地看到儒家女性观自身的张力、内部发展及其边界。

第二节　晚明至清中期解放女性思想的构成与时代分期

明清时期的儒家女性观一方面延续了传统女性观中的主要思想，包括"男女有别"与"男主外，女主内"的分工，"三从"、"四德"，双重道德标准等，并发展出更加繁荣的女教②，使得明清女性地位相对低下；另一方面，明清社会的经济、政治等各方面的发展又为女性生活带来了新的内容，在传统儒家女性思想被继承的同时，也出现了丰富的解放女性思想，使得这一时期的儒家女性观内部出现了分化与新动向。不过，我们并不能将其笼统地视为现代意义上的女性解放，本书以"解放女性思想"来概括这一时期在女性观上出现的新兴思想，以区别于传统儒家女性观与近代以来的女性解放。

---

① 对于特朗托的超越性别的关怀伦理学是否可以与儒家女性观进行有效对话，仍是一个值得探讨的问题。

② 如明代明成祖徐皇后的《内训》、吕坤的《闺范》、温璜录其母教诲之《温氏母训》、清代陆圻的《新妇谱》、蓝鼎元的《女学》、陈弘谋的《教女遗规》等。"中国传统训诲劝诫辑要"之"女诫"对古代女教文献进行了部分汇编，其中，东汉1篇、唐代2篇、明代7篇、清代10篇，除去作者不可考的篇目，明清两代的女教作品占了其中的85%，从中我们可以粗略了解明清女教之繁盛。篇目辑要来源张福清编注《女诫——妇女的枷锁》。

一　晚明至清中期解放女性思想的定义与构成要素

尽管引言中已经阐明，解放女性并不等同于女性解放，但我们仍需要借助女性解放（Women's liberation，妇女解放）的概念来理解解放女性的内涵，并阐明本书中"解放女性"的定义及其构成要素。

（一）解放女性的定义

在《中国大百科全书》中，妇女解放词条的基本定义是：

> 通过男女劳动者共同奋斗，反对歧视妇女，使妇女获得应有的社会地位和权利，实现男女权利完全平等的一项社会目标和社会运动。妇女解放是相对妇女受压迫而言的，它是阶级解放、社会解放、人类解放的组成部分，阶级、社会、人类的解放是妇女解放的基本前提。妇女解放是全社会的共同责任，更是妇女自身的奋斗目标。妇女解放的程度是衡量人类解放和社会进步的尺度，高度文明的社会必然是妇女获得彻底解放的社会。

解放女性的衡量标准为：

> （1）政治上获得参政权、选举权、被选举权及管理国家的权利；法律上享有与男子完全平等的权利和义务。（2）经济上有充分就业的机会和广阔的就业途径，对个人和家庭生活资料有占有权、使用权、处置权、继承权。（3）普遍享有义务教育的机会，接受符合自身发展能力的教育，使才智得到充分发挥，作用被社会完全承认。（4）婚姻以爱情为基础，家庭内部夫妻平等，实现家务劳动现代化、社会化。（5）意识形态中完全消除男尊女卑的性别歧视，建立尊重妇女的良好社会风尚。（《中国大百科全书·社会学·妇女解放》）

不难看出，现代意义上的妇女解放有着明确的目的、意识与实现途径，而晚明至清中期的解放女性则表现为一系列零散的、非自觉的思想观念。但从具体的衡量标准来看，明清思想家除了对第二点没有较为突出的讨论，其他几点都有不同程度的涉及：关于女性政治权利的构想，在《镜花缘》中体现得非常突出，而更多的思想家则对历史上著名的女主给予了极大的肯定和赞赏；关于女性教育及才智的问题，思想家进行了激烈的讨论，但普遍对女才给予认可，而《镜花缘》与《红楼梦》两部小说更是把女性才智刻画得淋漓尽致；家庭婚姻中的诸多问题也是思想家讨论的重点，家庭中的男女平等、婚姻的情感基础等都包含在其中；对意识形态中男尊女卑的批评及对女性的尊重，也是思想家的基本出发点和立足点。因此，我们可以说，这一时期的思想家在传统的框架下充分讨论了解放女性的相关问题，发展出了丰富的解放女性思想，这也正是本书使用"解放女性思想"来概括这些新兴女性观的原因。

"解放"一词，一般是相对于束缚而言的，相应地，解放女性也正是针对束缚女性而言。就传统社会对女性压迫的一面来讲，解放女性思想的确是针对女性的受压迫的状况而产生的。另一方面，也正如很多学者所指出的，女性在传统社会并非仅仅只有受压迫的一面，她们在其中也有一定的活动空间与发展余地，因此，本书所论述的"解放女性思想"也并不仅仅针对女性的束缚而言，而是包含了更为广泛的对女性的体恤之情。换言之，我们所说的解放女性思想并非完全是在一个"压迫/反抗"模式下产生的，而是包含了宽泛意义上的同情女性与理解女性，也许后者并不能直接产生出现代意义上的解放女性思想，甚至可能在具体的观点上与之相抵牾，但在一定的历史境遇中，却都是思想家尝试去理解女性，为女性争取更宽松、更人性化的生存环境所作的努力。

综上，本书论述的解放女性思想包含的主体部分与女性解放相一致，但在边界上有一定的差异，后者比前者要更为系统和深刻，但前者的外延要更为宽泛。

(二) 晚明至清中期解放女性的构成要素

厘清了这一时期解放女性思想的基本定义之后，我们需要进一步说明其所构成的基本要素。尽管这些思想缺乏系统性、内在统一性，但将其看作一个思想整体，仍然可以发掘出思想家所讨论的突出主题：朴素的男女平等意识、肯定女性才智与价值、打破女性身体与精神的双重束缚。

从思想家的基本出发点和情感倾向上讲，他们普遍地对女性有一种同情与体谅，其中部分思想家有朴素的男女平等意识；从对女性的总体评价上看，思想家充分认可女性的价值与地位，其中部分思想家亦肯定了女性在家庭之外的价值，甚至有打破"男主外，女主内"分工的思想倾向；从具体问题的探讨上，思想家对缠足、贞节、婚姻制度等都进行了反思，其中部分思想家反对缠足的思想与近代的反缠足论述并无二致，意识到了男女的双重道德标准以及纳妾制度的不合理；此外，思想家也为女性所遭到的不公正评价进行辩护，对女性中的弱势群体充满了同情与体恤。尽管这七位思想家的观点并不足以概括这一时期所有的解放女性思想，但作为其典型代表，他们的思想基本可以反映出这一时期解放女性思想的主题。七位思想家所讨论的具体问题见下表：

表1-1　　　　　　　　七位思想家主要女性观汇总表

	基本出发点	女性价值、地位	女性才智	弱势群体	婚姻观与贞节观	对待缠足的态度	对"女祸论"的态度
李贽	同情女性；男女平等	肯定女性家庭内外的价值	肯定、赞赏女性才智（与男性同等）		赞赏自由婚恋；改嫁不为失节、反对强迫女性守贞		批评"女祸论"
唐甄	同情女性；家庭中的男女平等	充分肯定女性在家庭中的价值、地位	认为女性的家内智慧与男性的家外智慧同等		同情妒妇		批评"女祸论"
袁枚	同情女性；爱护、怜惜女性		肯定女才（诗才），积极推进女子教育	同情妓女，赞赏侠义的妓女	认可自由婚恋；反对贞女；为改嫁正名	反对缠足	批评"女祸论"，为女性辩诬
章学诚	同情女性	肯定女性对家庭、乡里、社稷的贡献	肯定女才（合"礼"之才）、胆识	赞扬侠义的妓女	支持、赞赏贞女		
汪中	同情女性		肯定、赞赏女才	同情妓女	批评贞女、同情寡妇		
俞正燮	同情女性；男女平等		肯定女性才智	同情妓女	反对贞女、认可改嫁，为妒妇正名	反对缠足	批评"女祸论"，为女性辩诬

续表

	基本出发点	女性价值、地位	女性才智	弱势群体	婚姻观与贞节观	对待缠足的态度	对"女祸论"的态度
李汝珍	同情女性；对社会性别的反思	充分肯定女性在家庭内外的价值	肯定女才之体与用（与男性同等）		痛斥纳妾；似认可贞女及烈妇	反对缠足	

二 晚明至清中期解放女性思想的时代分期及背景

结合思想变迁、社会政治经济的变革与女性问题的具体发展，本书将这三百年粗略分为以下三个时期。

（一）晚明至清初（16 世纪 30 年代—17 世纪）

在这一百多年的较长时段里，中国社会经历了政治、经济、思想文化等方面的重要变化。在政治上，晚明社会的动荡与朝代的更迭对社会各方面的稳定造成了极大的冲击。万历三十年（1602），七十五岁的哲学家李贽在狱中自刎，折射出了当时错综复杂的政治形势；崇祯皇帝的自杀也标志着一个王朝的覆灭与另一个王朝的正式开始，取得战争胜利的清初统治者则对明代遗老充满恐惧与敌视的复杂态度。在经济上，资本主义的萌芽在曲折中艰难地发展与恢复。商品经济的繁荣与发展促使明王朝发生了一系列的经济制度变革，也引发了"工商皆本"的呼声。在生产劳动方式上，这一时期江南的许多农家妇女与男子一样进行农业劳作，同时农家男子也与女性一同从事家庭纺织业，普遍地表现为一种"夫妇并作"的模式。① 商品化也带来了印刷业的蓬勃发展，在文化与经济的相互作用下，印刷业的三种形式（官刻、私刻和坊刻）都加快了发展的步伐，越来越多的文化读物走进家庭，随之而来地也走近家庭中的女性。② 经济及技术的发展为女性教育提供了一个非常有利的契机。

在哲学思想上，王学内部出现分化，泰州学派的兴起对"良知"进行了深刻的改造，并极大地动摇了理欲之间的紧张关系，愚夫愚妇的良知良能与百姓

---

① 参见李伯重《多视角看江南经济史（1250—1850）》，生活·读书·新知三联书店 2003 年版，第 281 页。

② 参见 [美] 高彦颐《闺塾师：明末清初江南的才女文化》，李志生译，江苏人民出版社 2005 年版，第 36—41 页。

日用的伦常之道得到了充分肯定,到李贽那里甚至出现了令人振聋发聩的"颠倒千万人之是非"的呼声。同时,西方传教士也带来了许多新知识,其中就包括经过文艺复兴洗礼之后的基督教伦理。① 虽然我们难以知道这些观念是否对思想家的解放女性思想产生过明确影响,但在整个社会中,这些思想的传播很可能会通过对社会风气的某种作用而起到间接的影响。在明清朝代更替之时,顾炎武、王夫之等思想家通过对晚明思想的反思与明亡教训的总结,进一步深化了这一时期出现的新哲学思想,在批评李贽思想的同时又与其有着若隐若现的继承关系。② 黄宗羲、唐甄等人则对专制政治进行了激烈的批评,由于君臣关系与夫妇关系的相似性,唐甄对君主的批评也构成了其批评"夫为妻纲"的思想基础。

在文学上,明末清初涌现了一大批描写才子佳人与凸显女性意识的作品。"三言"、"二拍"、《牡丹亭》等正是其代表,男女自主婚恋,女性的聪明才智、侠义勇敢等都是晚明文学作品中常见的主题。这些作品与李贽的解放女性思想交相呼应,共同反映了晚明个性解放、追求自由的时代潮流。值得一提的是,这一时期的女性文学也得到了蓬勃发展,既有士人之妻、女及亲属③,也包括名妓与歌女④,她们的出现为明清文学的发展注入了新的活力,也引发了一些正统思想家的焦虑与担忧,"女子无才便是德"一语在晚明的流行正是其真实写照。

(二) 清代前期(18 世纪)

18 世纪的中国社会经历了清代统治的最高峰——"康乾盛世",但在"太平"的盛世之下,却隐藏着中国社会的重重危机与矛盾。在政治上,中央集权仍在延续,并在康熙、乾隆的强有力干预下有所发展。⑤ "文字狱"在这一时期

---

① 具体包含"一夫一妻制、婚姻应以爱情为基础、反对讲'男女之大防',以及基督教对人的道德生活的各种要求"。许苏民:《李贽评传》,南京大学出版社 2006 年版,第 54 页。

② 参见萧萐父、许苏民《明清启蒙学术流变》,第 3 页。

③ 高彦颐在《闺塾师:明末清初江南的才女文化》一书中展示了作为职业艺术家、作家的黄介媛(1620—1669)、王端淑(1644—1661),兼具文学修养、精神追求与温柔母性的沈宜修(1590—1635)及其早卒的传奇女儿叶小鸾(1616—1632),母亲兼教师的顾若璞(1592—1681)等才女的生活内外。尽管多为上层女性,但仍显示了这一时期江南才女文化的繁盛。详见[美]高彦颐《闺塾师:明末清初江南的才女文化》,李志生译,第三章、五章、六章。

④ 高彦颐指出:"名妓文化繁盛于晚明时期,无论是其能见度,还是其文化水平,都在这一时期达到了顶峰。"[美]高彦颐:《闺塾师:明末清初江南的才女文化》,李志生译,第 269 页。

⑤ 参见[美]韩书瑞、罗友枝《十八世纪中国社会》,陈仲丹译,江苏人民出版社 2008 年版,第 7 页。

愈演愈烈，康、雍、乾三朝文字狱所见于记载的就有一百零八起，乾隆年间更是"竭尽妄意引申、构陷人罪之能事，株连无辜，备极残酷，遂至冤狱遍于国中"①。科举制度在这一时期也得到了极大的发展，进士的数目扩大了三分之一，正规官僚体制中官职数目也在增加。② 在经济上，这一时期呈现出了战后的复苏局面，资本主义萌芽得到了较大的发展，统治者实施了减免赋税、恢复农业生产、开垦荒地、兴修水利工程等一系列有利于经济发展的政策，为社会繁荣创造了前提条件。此外，城市化进程此时也没有受到政府的太多干预。③

在学术思想上，由于"文字狱"的影响，这一时期的治学途径基本转为考据、音韵、训诂等小学，尽管没有发展出像宋明理学一样系统化的思辨哲学，但学者通过细致的考证与潜心钻研，开启了实事求是的治学精神，对古籍整理与小学发展作出了极大的贡献，另一方面也以隐晦、含蓄的方式表达其新兴思想，从考据中开出义理。从启蒙学术流变的角度来看，这一时期的求知务实精神包括了戴震重"心知""察分理"的知识论，袁枚对"道统"论的批评，郑燮发出"学者当自树旗帜"的呐喊以及戴震、袁枚等反对名教"杀人"，批评扭曲人性的伦理异化现象，等等。④ 这一时期的学者也对许多具体的女性问题展开了热烈讨论，贞女、女才等问题都是学者关注的重点。此外，这一时期国家层面还组织编纂了《四库全书》，包括当时最为著名学者在内的成千上万文人都参与其中。

在文学上，反映市民阶层追求的通俗作品盛行，同时也出现了《红楼梦》这样耐人寻味的作品，其中既反映出作者的女性意识，也从一个侧面折射出当时社会的才女文化现象。这一时期女性文学仍然呈现出繁盛的景象⑤，从"蕉园七子"到"随园女弟子"，从完颜恽珠到金纤纤、孙云凤，而女性文学的繁盛也引起了文人对女才的反思与论争。值得注意的是，与晚明社会相比，

---

① 冯天瑜：《明清文字狱述略》，载《明清文化史札记》，上海人民出版社2006年版，第230页。
② 参见［美］韩书瑞、罗友枝《十八世纪中国社会》，陈仲丹译，第10页。
③ 参见［美］韩书瑞、罗友枝《十八世纪中国社会》，陈仲丹译，第19—25页。
④ 参见萧萐父、许苏民《明清启蒙学术流变》，第5页。由于本书分期与该书中的分期稍有差异，故此处的引用也略去了不在18世纪中的人物。
⑤ 大体来讲，清代是女性文学最为繁盛的时期。据胡文楷《历代妇女著作考》所收录的女性，汉魏六朝33人，唐五代22人，宋辽46人，元代16人，明代近250人，清代3660余人。参见张宏生、石旻《古代妇女文学研究的现代起点及其拓展》，载胡文楷编著《历代妇女著作考》，张宏生等增订，第1206页。

这一时期艺妓与闺秀之间的分野已经日趋明显,受过良好教育的闺阁女性自觉地与青楼文化中的艺妓区别开来,完颜恽珠在其所编的《国朝闺秀正始集》中将艺妓作品删去正是这一趋向的显著反映。①

(三)清代中期(19世纪初—19世纪40年代)

这一时期是西方坚船利炮进入中国前的最后时期。政治上,仍然实行专制统治,以"文字狱"、科举制对文化思想进行控制。官僚体制内部也矛盾重重,官员奢靡贪污成风,恶性膨胀,对社会财富消耗巨大②,这时的"白莲教起义""天理教起义"也正是种种社会矛盾积压的爆发,清代社会呈现出由盛转衰的局面。经济上,仍旧闭关锁国,发展相对迟缓,人口的过度增长抵消了生产的有效增加,各地财政拮据更加严重。③ 这一时期"男耕女织"的典型劳动分工成了江南农家劳动的支配性模式,而"夫妇并作"的经济模式仍然不同程度地存在。④

学术上,实事求是的乾嘉学风在嘉道年间仍旧延续。这一时期女性文学依然繁荣发展,并且出现了江南寒士与闺阁诗人彼此欣赏、唱和的文化现象。⑤ 另一方面,女性问题在这时也愈加突出,如贞女、缠足等现象都更为广泛与普遍,思想家对女性问题进行了深刻全面的反思,几乎涉及了前人所讨论的女性问题的方方面面,只是由于时代学风的影响,这些思想没有发出解放女性的直接呐喊声,而是将其隐匿在文学创作与考据背后的义理诉求中。

本章小结

晚明以来的解放女性思想并非脱离于传统的无根之木、无源之水,无论是"以复古解放",还是通过批评礼教纲常而解放女性,传统的女性观(主要是儒家女性观)都是我们需要首先了解的。先秦时期虽然已经开始有了较为

---

① 当然,也并非所有的闺秀都有意识地与艺妓截然分开,仍有一些人在沿袭着晚明的传统,艺妓与闺秀的相互影响在盛清是秘密、隐蔽地进行的。参见[美]曼素恩《缀珍录:十八世纪及其前后的中国妇女》,定宜庄、颜宜葳译,157—158页。
② 参见张艳丽《嘉道时期的灾荒与社会》,人民出版社2008年版,第1—3页。
③ 参见张艳丽《嘉道时期的灾荒与社会》,第6—11页。
④ 参见李伯重《多视角看江南经济史(1250—1850)》,第282页。
⑤ 参见陈玉兰《清代嘉道时期江南寒士诗群与闺阁诗侣研究》,人民文学出版社2004年版,第111—113页。

明确的男/女、外/内的社会性别分工，但尚未形成一种凝固化的纲常，"男女有别"与男女平等之间保持了适度的张力。而从两汉到宋代，"夫为妻纲"的观念确立并且强化，男女的不平等在两性分工中不断加剧。对于传统儒家女性观，学界并没有统一的评价，虽然对儒家持"同情的理解"态度的学者都倾向于认为原始儒家对女性的态度是较为温和的，但对于儒家（包括原始儒家）是否有压迫女性，在何种程度上压迫女性的问题，学者仍有一定的分歧。承认儒家女性观缺失的学者试图通过与现代西方女性主义关爱伦理学的对话来使儒家女性观善化自身，但本书认为，从解放女性的角度来看，这种对话并不能使儒家女性观取得实质性发展，我们仍需要通过对本土解放女性思想资源的开掘，来获取儒家女性观的内在张力、发展过程及其边界。

晚明以前的女性观有两个重要特点，即"男主外，女主内"的社会性别分工和严格的"男女有别"的观念。这虽然为晚明至清中期的解放女性思想提供了丰富的传统资源，但也为其划定了一定的界限。在这一界限内，女性在家庭中的价值可以得到充分的肯定，家庭中的男女可以有完全平等的地位，但女性价值的局限性也是显而易见的。跨越了这一界限，解放女性的思想则赋予了女性更大的价值与更多的自由，女性作为独立的"人"的意义得到更多的体现。

晚明至清中期解放女性思想所讨论的主题涉及了女性问题的诸多方面，与现代意义上的妇女解放（女性解放）的内容大体一致，因此，我们借助了今天的"妇女解放"一词来梳理"解放女性"的定义及构成要素。同时，通过对具体的时代分期及背景的简要叙述，为后文思想家女性观的论述提供相应的思想及社会土壤。

第二章　理欲关系的松动

——解放女性思想的哲学奠基与初步萌芽
（16世纪30年代至17世纪）

  这一时期是解放女性思想的萌芽时期。晚明特殊的时代背景下，市民经济蓬勃发展，理欲之间的紧张关系逐渐消解，大量反映男女情爱的文学作品流行于世，这时候，李贽大胆而新奇的解放女性思想可以说应运而生。其女性观打破了传统思想的种种束缚，发出了彻底的男女平等的声音。而经过了明清朝代更替，清初唐甄的解放女性思想则仍是在传统儒家女性观的框架之下为女性进行呐喊。不同于后来思想家对女性具体问题的广泛探讨，作为萌芽时期的解放女性思想与哲学的联系更加紧密，李贽与唐甄的男女平等都建立在一定的哲学理论基础之上。他们在女性/性别问题上的哲学阐述，也为整个三百年的解放女性思想奠定了哲学基础。

第一节　李贽的女性观

  李贽，福建泉州府晋江县人，生于嘉靖六年（1527），卒于万历三十年。初名载贽，后改为李贽，号卓吾，又称笃吾。因其生于泉州，泉州为温陵禅师福地，故号温岭居士。后于河南共城为官，安乐窝在百泉之上，自谓百泉人，又号百泉居士。四十岁时，人谓其性太窄，常自见过，亦时时见他人过，当自宏阔。于是，李贽以宏父自命，又为宏父居士。后因思念父亲白斋公，又自号思斋居士。[①]

  万历三十年，七十五岁的李贽在狱中自刎，李贽在当时及其死后的数十

[①]　参见（明）李贽《焚书注Ⅰ·卓吾论略》，《李贽全集注》，张建业、张岱注，社会科学文献出版社2010年版，第1册，第233—235页。又见容肇祖《李贽年谱》，生活·读书·新知三联书店1957年版。

年里，其不凡的个性与独行的人格都备受当时青年世子追捧，万历皇帝下令焚烧的《焚书》也屡焚不止。而李贽之死，也正缘起于其"异端"的身份。在李贽的迫害者所列出的异端罪行中，涉及李贽女性观及其实践的主要有以下几点：其一，其著作中"以卓文君为善择佳偶"；其二，寄居麻城时，"与无良辈游于庵院，挟妓女，白昼同浴"；其三，居黄安时，勾引士人妻女入庵讲法，曰"大道不分男女"，又"作《观音问》一书，所谓观音者，皆士人妻女也"。① 究竟是李贽对女性的何种态度让其迫害者加予如此"罪名"，这需要我们从李贽的女性观中去寻找答案。

一 李贽女性观的哲学基础

李贽的著作中，并没有试图建立一个完整的女性观体系，其女性观主要表现在《初潭集》"夫妇"的编辑及评论，对历史上著名女性的评价，答女弟子问学的书信以及他个人的婚姻及交友实践中。从其著作中，我们的确能够发现他在女性问题上所持有的不同于传统的新观念，这些观念的形成，除了与李贽的个人经历、家庭背景有关②，也与其哲学思想有着密切联系。

（一）"天地，一夫妇也"——夫妇的本体论地位

1588 年，李贽初落发③龙潭时编纂了《初潭集》一书，该书通过对刘义庆《世说新语》和李贽好友焦竑《焦氏类林》中材料进行重新分类编排，对书中记载进行批点、评论，进而阐述其自己的思想。该书沿用了传统基本的五伦作为分类来进行编排，但对五伦的顺序作了较大的改变。《中庸》中引孔子之言，"君臣也，父子也，夫妇也，昆弟也，朋友之交也：五者天下之达道也"（《中庸·第二十章》），在孟子那里，明确了五伦的基本规范，即"父子有亲、君臣有义、夫妇有别、长幼有序、朋友有信"（《孟子·滕文公上》），

---

① 据《明神宗万历实录》卷三六九；《明史》卷二二一《列传》一○九；《明书》卷一六○《异教传》，以上参见张建业《李贽评传·附录二》，福建人民出版社1992年版，第384—385 页。

② 吕嘉华《李贽的妇女观》一文分析了李贽先祖的家庭历史、职业、宗教信仰、婚姻关系及其所长大的社会风气对李贽女性观的影响。参见吕嘉华《李贽的妇女观》，硕士学位论文，香港大学，1997 年。

③ 李贽在《初潭集序》中强调："虽落发为僧，而实儒也……善读儒书而善言德行者，实莫过于卓吾子也。"详见（明）李贽《焚书注Ⅱ·豫约·感慨平生》，《李贽全集注》，张建业、张岱注，第 2 册，第 109—110 页。尽管对于李贽的学派归属学界一直有争议，但编排该书时，李贽的自我认同大体仍是儒家。落发并非因为皈依佛教，而是不愿受人管束。

传统的五伦中，夫妇常常居于第三位，而李贽《初潭集》所编排的顺序则为：夫妇、父子、师友、兄弟、君臣。把夫妇一伦置于五伦之首，并非李贽的偶然选择①，而是有明确的形而上的诉求的，李贽在《初潭集序》与《夫妇篇总论》中都对其缘由作了阐释。

在《初潭集序》中，李贽对孔门四科与五伦的关系作了基本定位（见下图）：

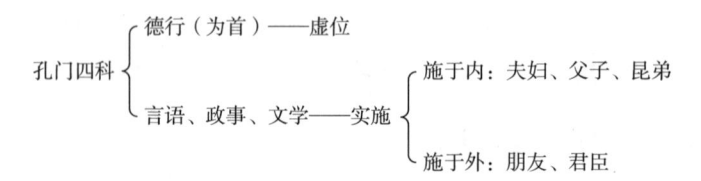

```
           ┌ 德行（为首）——虚位
孔门四科 ┤                        ┌ 施于内：夫妇、父子、昆弟
           └ 言语、政事、文学——实施 ┤
                                     └ 施于外：朋友、君臣
```

李贽强调德行为孔门四科之首，而夫妇则为五常②之首，"言夫妇则五常可知"③。在《夫妇篇总论》中，李贽进一步对夫妇在五伦中的首要地位作了阐释：

> 夫妇，人之始也。有夫妇然后有父子，有父子然后有兄弟，有兄弟然后有上下。夫妇正，然后万事万物无不出于正矣。夫妇之为物始也如此。极而言之，天地，一夫妇也，是故有天地然后有万物。④

强调夫妇在五伦中的原初性地位在传统典籍中并不少见，如"有天地然后有万物，有万物然后有男女，有男女然后有夫妇，有夫妇然后有父子，有父子然后有君臣，有君臣然后有上下，有上下然后礼义有错"（《易传·序卦》），"君子之道造端乎夫妇，及其至也，察乎天地"（《中庸》），"夫妇之道，不可不正也，父子君臣之本也"（《荀子·大略》），"敬慎重正，而后亲之，礼之大体，而所以成男女之别，而立夫妇之义也。男女有别，而后夫妇有义；夫妇有义，而后父子有亲；父子有亲，而后君臣有正。故曰：昏礼者，礼之本也"（《礼记·昏义》），等等。

---

① 以五伦来分类编排，这种写法借鉴了《焦氏类林》一书，但焦竑在编排该书时，五伦的排序是"君臣、父子、兄弟、夫妇、师友"，可知李贽对五伦的重新排序是有意为之。
② 按上下文意，此处的五常并非仁、义、礼、智、信，而是等同于五伦。
③ （明）李贽：《初潭集注Ⅰ·初潭集序》，《李贽全集注》，籍秀琴注，第12册，第1页。
④ （明）李贽：《初潭集注Ⅰ·夫妇篇总论》，《李贽全集注》，籍秀琴注，第12册，第1页。

从发生顺序上看，夫妇在自然顺序上处于原初位置，所以伦理秩序的建构造端乎夫妇，其意在于强调夫妇一伦在初始意义上的重要性。严格来讲，我们如果把每一个构成夫妇的个体都看作上一个生命体的延续，则并不容易判定父子与夫妇二者的先后顺序，人类婴儿与抚养者首先是一个"互绕联体"，"从现实的生成顺序看，有夫妇才有亲子；但从人类学、哲学人类学或人类形成史的发生结构上看，有亲子才有夫妇"①。因此，夫妇在发生顺序上的先于父子，更多的是从当下人伦秩序建构的角度来定位的。

在传统观念中，从关系本身的重要性来讲，父子重于夫妇。即使是当夫妇位于父子之前的情况，其论述重心也在后者，也就是说夫妇关系因其初始地位决定着父子、君臣乃至整个人伦秩序的稳定，但并不意味着夫妇关系在整个人伦世界具有最重要的作用，而是借助于对夫妇一伦重要性的强调来巩固意义序列后端的父子关系。正如我们说人活着首先要吃饭，然后才能够去实现自己的人生价值与理想，我们认为吃饭具有原初性的重要意义，但并不意味着吃饭是人活着最为重要的事情。

李贽的论述继承了传统典籍中的夫妇在发生顺序上为五伦之始的思想，不仅如此，他还进一步肯定了夫妇在重要性上为五伦之首。从《夫妇篇总论》对夫妇关系的论述可知，他并非借助夫妇的重要性来论证意义序列后端的父子、君臣的重要性，而是直接将夫妇一伦置于本体论地位。由于夫妇之正关系到万事万物之正，从这个意义上讲，夫妇亦为万物之始。李贽这里将"初始性"与"重要性"的概念作了微妙的转换，正是由于夫妇在重要性上关系到万物之正，所以夫妇可以看作万物之始。其转换的根据大概在于，万事万物的性状直接取决于人类最基本的家庭单位——夫妇的视野，离开人类主体的万事万物是不可被把握的。夫妇既为万物之始，李贽进一步解释，天地归根结底也可看作一夫妇，所以说"有天地然后有万物"。这就对《周易》中的"有天地然后有万物"作了一个创造性的解释，其目的在于揭示夫妇关系在整个人类社会以及宇宙万物中的重要地位。

（二）夫妇的不可归约性——阴阳并尊的可能

从万物构成的角度，李贽将夫妇置于本体论的重要位置。在此基础上，李贽还明确提出"夫妇为二"，且此二者为万物生成的基本根据：

---

① 张祥龙：《家与孝：从中西间视野看》，生活·读书·新知三联书店2017年版，第97页。

> 然则天下万物皆生于两，不生于一明矣。而又谓"一能生二"，理能生气，太极能生两仪，不亦惑欤？夫厥初生人，惟是阴阳二气，男女二命耳。初无所谓一与理也，而何太极之有？……若谓二生于一，一又安从生也？一与二为二，理与气为二，阴阳与太极为二，太极与无极为二。反覆穷诘，无不是二，又恶睹所谓一者，而遽尔妄言之哉！故吾究物始，而但见夫妇之为造端也。是故但言夫妇二者而已，更不言一，亦不言理。一尚不言，而况言无？无尚不言，而况言无无？何也？恐天下惑也。①

李贽"天下万物皆生于两"的论述首先始于对宋儒所提出的理气关系、阴阳、太极等宇宙生成论问题的关注与回应。自张载提出"天地之器，虽聚散攻取百涂，然其为理也，顺而不妄"（《正蒙·太和》）以来，理气关系作为一对哲学范畴进入思想家的视野，朱熹认为理在气先，"未有天地之先，毕竟是先有此理"②，且理可衍生出气，"盖太极即在阴阳里。如'易有太极，是生两仪'，则先从实理处说。若论其生则俱生，太极依旧在阴阳里。但言其次序，须有这实理，方始有阴阳也"③。而王廷相等人对此提出了批评，反对理先气后，认为"理载于气，非能始气也"④，"理根于气，不能独存也"⑤。

从宇宙生成论的角度，周敦颐《太极图说》谓"太极动而生阳，动极而静，静而生阴。静极复动。一动一静，互为其根；分阴分阳，两仪立焉。……五行，一阴阳也；阴阳，一太极也；太极，本无极也。五行之生也，各一其性。无极之真，二五之精，妙合而凝。'乾道成男，坤道成女'，二气交感，化生万物。万物生生，而变化无穷"⑥，在周敦颐这里，阴阳、动静是太极的运行过程，男女是太极衍生出万物的自然环节，其描述并未凸显男女的自然禀赋在人伦世界中的差异。朱熹则对其作了详尽的疏解："阳而健者成男，则父之道也；阴而顺者成女，则母之道也。是人物之始，以气化而生者也。气聚成形，则形交气感，遂以形化，而人物生生，变化无穷矣。自男女

---

① （明）李贽：《初潭集注Ⅰ·夫妇篇总论》，《李贽全集注》，籍秀琴注，第12册，第1页。
② （宋）黎靖德编：《朱子语类》，王星贤点校，第1册，第1页。
③ （宋）黎靖德编：《朱子语类》，王星贤点校，第5册，第1929页。
④ （明）王廷相：《王廷相集》，王孝鱼点校，中华书局1989年版，第753页。
⑤ （明）王廷相：《王廷相集》，王孝鱼点校，第603页。
⑥ （宋）周敦颐：《周敦颐集》，陈克明点校，中华书局1990年版，第3—5页。

而观之，则男女各一其性，而男女一太极也；自万物而观之，则万物各一其性，而万物一太极也。"① 在朱熹这里，阴阳不仅被更为抽象的太极统摄，阳健阴顺的意涵也被明确地赋予到了男/女、父/母等现实的人伦关系之上。

对于宇宙生成论的问题，李贽并没有沿着宋儒的思路继续讨论下去，但他意识到了，如果男女、阴阳被更抽象的概念统摄，且阴阳的尊卑分野在伦常关系中被固定下来，这对于现实中的性别关系是危险的。这种危险，早在汉儒的宇宙论中就有明确的体现，"天之常道，相反之物也，不得两起，故谓之一。一而不二者，天之行也"（《春秋繁露·天道无二》），在董仲舒那里，天道是不能有"二"的，否则便会出现并尊的可能。因此，李贽以"天下万物皆生于两，不生于一"的论述彻底消解了理气何者为先的问题，把夫妇、阴阳作为不能再进一步归约的宇宙本体，也就让夫妇、阴阳从哲学上有了并尊的基础。

从反面来讲，李贽认为，如果假定天地万物生于一，那么一又从哪里来？如果说万物生于无，那么无无又为何？正如庄子所言"有始也者，有未始有始也者，有未始有夫未始有始也者；有有也者，有无也者，有未始有无也者，有未始有夫未始有无也者"（《庄子·齐物论》），李贽也深知这样的无穷后退无法从逻辑上给出满意的答案，反而"滋人以惑"，于是他拒绝把二简化为一，而是以庄子式的体知将问题直接消解为"不如相忘于无言，而但与天地人物共造端于夫妇之间"②，把高深玄奥的宇宙论问题置于百姓日用的伦常社会中。

既然反面的无穷递推会"滋人以惑"，李贽便尝试从正面来阐释其宇宙论观点。根据李贽的观察，天下万物都可以归结为最初的"二"，如一与二、理与气、阴阳与太极、太极与无极等，万事万物无不是"二"，所以他认为，"二"是构成世界万物的基本要素，又因为夫妇是万物的造端，所以"阴阳二气""男女二命"是万物之始。

李贽特别强调，"但言夫妇二者而已"，夫妇二者已是本体论意义上的最根本单位，不能将其再抽象为一、理或是无。李贽把"夫妇"作为五伦之本，并且把夫、妇二者同时作为万物的本体，这与传统对五伦的阐述有着根本的

---

① （宋）周敦颐：《周敦颐集》，陈克明点校，第5页。
② （明）李贽：《初潭集注Ⅰ·夫妇篇总论》，《李贽全集注》，籍秀琴注，第12册，第1页。

差别，也不为同时代的思想家所接受，如明代四大高僧之一云栖袾宏（别号莲池）虽然看重李贽的"超逸之才，豪雄之气"，但却对其夫妇论的观点提出了直接批评："卓吾以世界物皆肇始于阴阳，而以太极生阴阳为妄语。盖据《易传》'有天地然后有万物'，而以天阴地阳、男阴女阳为最省之根本，更无先之者。不思《易》有太极，是生两仪，同出夫子传《易》之言，而一为至论，一为妄语。"① 而自诩为儒家的李贽在夫妇论上的观点也超出了传统儒学的范畴。在先儒那里，虽然阴阳、乾坤都是诠释世界万物的基本要素，但再向上追溯时，二者一定要有一个为本、为根、为主，在夫妇关系上，也就自然地有了高低尊卑，也就是有"位"。李贽把万物之始、世界之本归结为夫妇二者，既是对宇宙本体论问题的一种回应，也为其阐述具体的夫妇关系、日用伦常关系奠定了基础。"二"既然不能抽象为"一"，那么夫妇二者，男女两性便具有各自的独立性，双方的主体性都不会被淹没在更为抽象的哲学范畴中。

正是由于李贽将夫妇二者作为万物之本体，他在《初潭集·夫妇篇》中对诸多典故中的夫妇关系的点评也颇为率性通透，尽管其仍然关注于夫妇之德性，但却丝毫没有"夫为妻纲"的迂腐气息。

此外，李贽对理欲关系的看法也在一定程度上影响了其女性观的表达。自朱熹强调"存天理，灭人欲"以来，天理与人欲的关系愈加紧张。但宋明理学中"以气释理"的心学一派，自阳明后学伊始，理欲关系开始出现松动，何心隐以"欲惟寡则心存，而心不能以无欲"② 为人欲之合理性打开了缺口，从反面肯定了"欲"之存在价值，李贽则从正面进一步肯定了私欲的合理性，指出"夫私者人之心也。人必有'私'，而后其心乃见。若无'私'则无心矣"，"虽大圣人不能无势利之心，则知势利之心，亦吾人禀赋之自然矣。……虽盗跖亦有仁义之心"，"穿衣吃饭，即是人伦物理；除却穿衣吃饭，无伦物矣"。③ 李贽将穿衣吃饭作为人伦物理给予肯定，也就认可了饮食男女、日用伦常的正当性，人类的感性需求被作为一种正当愿望，因此李贽在对女性的评价上也格外能够体恤她们的具体处境，尊重她们的真实情感与生活体验。

---

① （明）袾宏：《竹窗随笔》，心举点校，华东师范大学出版社2013年版，第170页。
② （明）何心隐：《辩无欲》，《何心隐集》，容肇祖整理，中华书局1960年版，第42页。
③ （明）李贽：《焚书注Ⅰ·答邓石阳》，《李贽全集注》，张建业、张岱注，第1册，第8页。

二 充分肯定女性价值、地位

在"男主外,女主内"的社会分工中,女性的价值主要体现在家庭中,且往往是出嫁后的家庭,即夫家中。李贽则对女性在家庭内外的价值进行了充分的肯定,进而赋予了女性与男性同等的地位。

(一) 对女性家庭领域价值的扩充

传统的女性价值是基本不出于家庭之外的,因为女性"在家从父、出嫁从夫、老来从子",所以其价值往往体现在父家与夫家。又由于女儿终归是要出嫁的,在父权制社会中,女性不具备传宗接代的资格,因此父母往往不看重女儿,对家庭的期望总是寄托在男性后辈身上,并不认为女儿能担当起父家的家庭重任,这在一定程度上也造成了家庭内部的重男轻女现象。李贽却打破了传统的这种偏见,大胆地指出"有好女子便当立家,何必男儿",认为只要是有才识、有见地的女性,同样可以为家庭作出巨大的贡献,女性对父家的贡献能够与男性相当。如在《初潭集·夫妇一》"合婚"条中,李贽收入了《世说新语·贤媛》中汝南李氏女络秀的典故,络秀为了自家的门第考虑,不顾父兄的劝阻,自作主张嫁予安东将军周浚为妾,并悉心劝导自己的儿子,后终使得李氏在当时得到了正当的礼遇。李氏女络秀的故事在今天看来也许有违婚姻的纯洁性,有功利主义之嫌,正如李贽所批"此女求夫,求势利也",但另一方面,从效果上看,该女子的确用自己的智谋为父家作出了巨大的贡献,故李贽又曰"有好女子便立家,何必男儿"[1]。

为父报仇的女子赵娥也为李贽所大力称赞,该典故主要讲述了赵娥为父报仇一事:赵娥父亲为李寿所杀,赵娥兄弟俱已病故,她孤身一人为父报仇十余年,终将李寿刺死,向县令自首,后得赦免。[2] 李贽将其列入《初潭集·夫妇二》"才识"条下二十五位夫人[3]之一,在赞赏才识典范时,特别指出"赵娥以一孤弱无援的女儿,报父之仇,影响不见,尤为超卓"[4]。此外,《初

---

[1] (明)李贽:《初潭集注Ⅰ·夫妇一》,《李贽全集注》,籍秀琴注,第 12 册,第 5 页。
[2] 参见(明)李贽《初潭集注Ⅰ·夫妇二》,《李贽全集注》,籍秀琴注,第 12 册,第 11 页。李贽所引原文为焦竑《焦氏类林》卷一下《夫妇》中的记载。该典故的记载详见(宋)范晔《后汉书·列女传》,中华书局 1965 年版,第 2796—2797 页。
[3] 按李贽的批点为二十五位夫人,但从现存的文献上来看,仅有二十三位,此处从李贽的说法。
[4] (明)李贽:《初潭集注Ⅰ·夫妇二》,《李贽全集注》,籍秀琴注,第 12 册,第 40 页。

潭集·夫妇四》"苦海诸媪"条下，李贽收入了李文姬救弟的事件：李固被罢免，三子回乡，李固之女文姬料到李氏有灭门之灾，故暗地将少子李燮托付于李固门生王成，王成为其义气所感，将李燮带入徐州，隐姓埋名为酒家佣，而王成则以占卜谋生，二人暗地往来。十多年后，梁冀自杀，李燮将事情始末告诉酒家，酒家备车隆重地遣回李燮，姐弟二人得以相见，旁人无不感动。文姬告诫弟弟："先公为汉忠臣，遭遇倾乱，梁冀肆虐，令吾宗祀将绝。今幸而得济，慎无以一言加于梁氏；加梁氏，则连主上，祸重至矣。"李燮谨从其教诲。①

对于赵娥与李姬的典故，李贽点评道："李姬、赵娥，一也。娥主于复仇，故性命不顾；姬主于有后，故委曲图全。皆所重者父也。但其才智实有大过人者。人亦何必不女，人之父亦何必以女女之乎？"② 这在赞赏三位杰出女性的同时，也触及了一个更为根本的问题，即女性在父家的价值与地位。女性在原生家庭的身份归属并非固定不变的，随着时间的推移，未嫁女"从父"的归属往往会转变为既嫁女"从夫"的归属。正是因为女儿在父家扮演的是一个早晚要出嫁的尴尬角色，所以虽然同为父母之子女，但男儿与女儿的地位往往并不一样。鉴于此，李贽疾呼，世间同样有才智过人的女性，父亲为何把女儿当作弱女子看待，其实有好女子同样可以与男子一样立家，不必一定寄望于男性。

虽然李贽没有将女儿不受父母重视的根本原因追溯到父权制的影响，但他已经意识到了女儿有与男子一样的能力，可以为父家作出同样的贡献，这无疑是对传统女性观的一种突破。自古以来，史书中不乏孝女的记载③，但其赞赏的角度主要侧重于女儿的孝顺美德、通达智慧或牺牲精神，而鲜有涉及女儿在父家所承担的责任的问题，李贽此处批点的新意正在于，他敏锐地意识到了现实中男儿与女儿在家长眼中的不平等，指出有能力的女子同样可以担负起父家的责任，父亲不必把女儿当作弱女子看待。这样一来，女性在家庭中的价值就不仅体现在出嫁后为夫家传承子嗣、主持中馈等，还体现在为父家承担家庭责任，作出巨大贡献，因此，作为子女的男女双方在家庭中的

---

① （明）李贽：《初潭集 I·夫妇四》，《李贽全集注》，籍秀琴注，第12册，第112页。该典故的记载又见《后汉书》卷六十三。
② （明）李贽：《初潭集 I·夫妇四》，《李贽全集注》，籍秀琴注，第12册，第113页。
③ 如（汉）刘向《古列女传》卷六记载的齐伤槐女，宋范晔《后汉书·列女传》记载的孝女曹娥。

价值和地位也应该是平等的。

(二) 对女性公共领域价值的认可

李贽不仅创造性地扩充了女性在家庭内的价值,破除世人轻视女儿的思想,还从更广泛意义上对女性的价值地位给予了全面的肯定,往往用"真男子"来称赞历史上杰出优秀的女性。在《初潭集·夫妇二》中,李贽分列了才识、言语、文学方面杰出的女性,对她们给予了高度肯定。许允妇阮氏,其貌不扬,兼具言语、政事、文学等才干,李贽大赞"如此,男子不能"[①]。对"才识"条目下僖负羁妻、钟离春、巴寡妇清等杰出女性,李贽评价道:"此二十五位夫人,才智过人,识见绝甚,中间信有可为干城腹心之托者,其政事何如也。……李温陵长者叹曰:'是真男子!是真男子!'已而又叹曰:'男子不如也!'"[②]

在政事上,李贽不仅在《藏书》中对一代女皇武则天多有褒扬,在《初潭集·夫妇四》中"苦海诸媪"条目下,还记载了一位携女军英勇征战的女英雄,"李昌夔在荆州打猎,大修装饰。其妻孤氏亦出女队二千人,皆著红紫绣袄子及锦鞍鞯",李贽称其"与夫人城一也,可谓真男子矣"[③],对于该条目之下的杰出女性,李贽评论道:

> 若无忌母、婕妤班、从巢者、孙翊妻、李新声、李侃妇、海曲吕母,皆的的真男子也。天下皆男子,夫谁非真男子者,而曰真男子乎?然天下多少男子又谁是真男子者,不言真,吾恐天下男子皆以我为男子也。故言男子而必系之以真也。[④]

站在今天的理论视角之下,当代的学者对李贽以"真男子""出世丈夫"来颂扬女性的说法提出了疑问,认为李贽所称赞的"丈夫"非常明显地带有传统社会的性别刻板形象,即"理想男性气质 = 理想人格 = 自立、阳刚、远

---

① (明) 李贽:《初潭集注Ⅰ·夫妇二》,《李贽全集注》,籍秀琴注,第12册,第41页。
② (明) 李贽:《初潭集注Ⅰ·夫妇二》,《李贽全集注》,籍秀琴注,第12册,第43页。
③ (明) 李贽:《初潭集注Ⅰ·夫妇四》,《李贽全集注》,籍秀琴注,第12册,第115页。"夫人城"的典故出自《晋书》:东晋朱序之母韩氏凭着过人的胆识,带领百余婢与城中女子,在襄阳城之西北角成功地阻挡了敌方的进攻,后人以此处为夫人城。参见(明)李贽《初潭集注Ⅰ·夫妇二》,《李贽全集注》,籍秀琴注,第12册,第42页,又见《晋书》卷八十一《朱序传》。
④ (明) 李贽:《初潭集注Ⅰ·夫妇四》,《李贽全集注》,籍秀琴注,第12册,第115页。

大理想",显示出理想人格男性化的倾向。① 实际上,将有成就的女性称赞为"丈夫""男子"是当时社会惯常的做法。如与李贽同时代的儒家学者吕坤,在其著名女教著作《闺范》中称赞为丈夫辩屈的晋弓之妻"若妇人者,气伸万乘之上,辩屈一人之尊,岂不毅然一丈夫哉"②,评价为父报仇的赵娥曰"此丈夫行而女身",甚至认为英勇杀盗的谢娥"至其智勇,有伟丈夫所不及者"③。

虽然李贽和吕坤在哲学思想与女性观上相去甚远,但对优秀女性的赞美之辞却如出一辙,"真男子"也好,"伟丈夫"也罢,思想家关注的焦点都在主体的德行而非性别。当他们以"丈夫""男子"来称赞女性时,其性别刻板形象是来自社会的语言习惯层面而非观念层面。④ 我们实在不必站在今人的角度去苛责李贽以"真男子"这一词语来称赞女性是对女性自身独特价值的无视,在传统社会的语境中,这已经是李贽可以给予女性的最高褒扬了,女性也可以因其英勇、刚毅等所谓的"男性品质"而被称赞,这恰恰说明评价者破除了对女性内在特性的固有偏见。我们甚至可以说,李贽所言"真男子"的内涵,已超出了性别上的男女,而是泛指一切有胆识、有智慧、有才华的人。与其说是"真男子",不如说是"真人"。

至于论者谓李贽在"我平生不爱人苦哀哀,不爱人闭眼愁眉作妇人女子贱态","何必拘拘株守若儿女子然乎"等表述中所流露出的将"女性特征"作为"男性气质"的匮乏而对其进行否定的倾向⑤,此类质疑也有一个基本的前提,即默认了将李贽生活时代所感知到的广泛意义上的女性特质作为女性的内在属性。而如果我们只是将李贽所理解的"妇人态"作为彼时社会的一种实然描述,便不会对生活在明代的思想家提出超越性别刻板印象的要求。换句话说,我们并不能基于当下对性别刻板印象的反思去苛求古人的性别意识。但在当时的历史条件下,李贽能够从多方面看到女性的价值,肯定女性

---

① 参见陈晓杰《李卓吾的女性观与明代社会——以"出世丈夫"为线索》,《文史哲》2022年第5期。
② (明)吕坤:《吕坤全集》,王国轩、王秀梅整理,中华书局2008年版,第1520页。
③ (明)吕坤:《吕坤全集》,王国轩、王秀梅整理,第1472页。
④ 类似的用法可参考"英雄"一词,如果我们可以接受英雄这一具有明显男性意味的词汇用于对女性的称赞,也就不会因李贽称赞女性为"出世丈夫""真男子"而介怀。
⑤ 参见陈晓杰《李卓吾的女性观与明代社会——以"出世丈夫"为线索》,《文史哲》2022年第5期。

在家庭以外的更广泛意义上的才识、文学、政事等多方面的成就，就已经远远超出了传统对女性价值地位的看法了。更何况，即使是在女性解放程度更高的今天，女性的价值也并未得到普遍的承认，"男女有别"与"男女平等"之间的张力时常失衡。当我们在纠正女性解放过程中"无差别的男女平等"的偏失时，难免又落入传统女性观的窠臼中，倾向于认可女性在家内的价值，在根本上轻视女性在家庭之外的价值、地位。① 因此，李贽对女性价值的全面肯定，不仅仅具有历史意义，也具有极大的现实启迪作用。

三　为女性鸣不平——批驳"女子见短说"与"女祸论"

在父权制社会男尊女卑观点的笼罩下，传统女性观对女性的偏见是不可避免的，这些偏见包括了质疑女性才智的"女子见短说"与质疑女性道德的"女祸论"等，李贽在文章中有理有据地对这两种流行观点进行了批评，以破除人们对女性才德的偏见。

（一）"谓见有男女岂可乎？"——批评"女子见短说"

"女子见短说"更加通俗的表达是"妇人之见"，即认为女性普遍见识浅，并把女性的见识作为见识平庸、短浅的代名词。进而，又有人把"妇人见短"作为女子不宜学道的理由②，对女性学道提出疑问。传统社会女性的受教育程度普遍较低，但也并非绝对地排斥女性识字读书。曼素恩在研究盛清时代的博学女子所引起的争论时，将女性问学的经典形象归纳为以下两种："一是以女历史学家班昭为代表的严正不苟的女教师；另一则是以诗人谢道韫为典型的优雅的咏絮才女"③，曼素恩的分类主要为引出18世纪末章学诚与袁枚所挑起的一场关于女性学问的性质与目的争论。④ 而在李贽的关注焦点中，

---

① 林语堂的一段话可以作为这种观点的典型："笔者认为，不断增加的知识与教育是一大进步，是向理想女性的接近；但是我敢打赌，我们不会有（正如我们不曾有）世界著名的女钢琴家和女画家。我确信，她烧的高汤比她写的诗歌味道更好。她真正的巨著是那个脸蛋圆圆的小男孩。"林语堂：《中国人》（全译本），郝志东、沈益洪译，第160页。林语堂虽然在女性问题上持有诸多较为开明的观点，但仍然把女性的家内价值凌驾于其独立价值之上，不承认女性可以在家庭之外的领域有真正杰出的成就，相比之下，李贽对女性价值的肯定则是全面的、毫不含糊的。

② （明）李贽：《焚书注Ⅰ·答以女子学道为见短书》，《李贽全集注》，张建业、张岱注，第1册，第143页。

③ ［美］曼素恩：《缀珍录：十八世纪及其前后的中国妇女》，定宜庄、颜宜葳译，第103页。

④ 参见［美］曼素恩《缀珍录：十八世纪及其前后的中国妇女》，定宜庄、颜宜葳译，第110页。

如果要对女性问学的形象进行分类，大概还可以加上一点，即"学道"之女性形象。①

道在中国古代哲学思想中含义非常宽泛，"道"多有哲学与宗教的意味，儒家有"一阴一阳之谓道""道问学"之道，道家有"道可道、非常道""道法自然"之道，佛教则有"八正道"等关于生命之根本与世界之规律的探究。"学道"在世俗看来往往是男性领域的事，因为其关涉对生命、宇宙最根本的思想，并且往往对逻辑思维有较高的要求，所以女性学道极少被关注，即使清代激烈的女才争论中，也几乎都是只涉及诗才、文才等，唯一可能与学道有所关联的也只是具有宗教信仰的女性，而其正当性也常常遭到质疑。李贽对女性学道的辩护正是源于世人对其与澹然、明因等女性讨论佛教问题的质疑，但他对女才的理解并不仅限于佛学的范畴，而是广泛意义上的和男子一样的才学，其中就包括了探讨天人性命之义、宇宙世界之根本法则的可能。

李贽的经典驳文《答以女子学道为见短书》正是通过驳斥"女子见短说"，以维护女性正当的学道权利。世俗谓"妇人见短，不堪学道"，李贽以严密的逻辑分析了其中的问题。既然妇人见短是不堪学道的原因，那么妇人是生来就见短吗？非也！"妇人不出阃域，而男子则桑弧蓬矢以射四方，见有长短，不待言也"，妇人的见短只是后天情势造成的结果，而非女性生来就见短，所以"妇人见短"就不能成为排斥女性学道的有效理由。

随后，李贽又破除了世俗对见识之长、短与男、女性别相对应的刻板影响：

> 所谓短见者，谓所见不出闺阁之间；而远见者则深察乎昭旷之原也。短见者只见得百年之内，或近而子孙，又近而一身而已；远见者则超于形骸之外，出乎死生之表，极于百千万亿劫不可算数譬喻之域是已。短见者祇听得街谈巷议，市井小儿之语；而远见者则能深畏乎大人，不敢侮于圣人之言，更不惑于流俗憎爱之口也。余窃谓欲论见之长短者当如此，不可止以妇人之见为见短也。

---

① 许苏民指出，"女子无才便是德"的"才"大致有三种解释：一为读书识字；二为富于才情、吟诗作赋；三为与男子一样地"学道"。参见许苏民《李贽的真与奇》，南京出版社1998年版，第162页。

李贽用几个排比句将短见与远见的差别彰显得淋漓尽致，并从逻辑上指出了见识的长短与男女性别之间没有必然联系：

> 故谓人有男女则可，谓见有男女岂可乎？谓见有长短则可，谓男子之见尽长，女人之见尽短，又岂可乎？设使女人其身而男子其见，乐闻正论而知俗语之不足听，乐学出世而知浮世之不足恋，则恐当世男子视之，皆当羞愧流汗，不敢出声矣。①

李贽的此番议论可谓对自古以来的"妇人之见"一语进行了彻底的颠覆。在李贽看来，人的见识固然有远见与短见之分，但见识之长短应以见识的内容与深度来区分，与性别没有内在的必然联系。就人的见识形成的社会原因来看，女子之所谓"短见"，是因为女性被囿于闺阁之内，没有机会游走四方，若是女性也有与男性一样的机会接触更广阔的社会，求知学道，能够闻正论，轻俗语，那么女性之见识同样让人汗颜。

李贽此处的观点不仅驳斥了世俗的"女子见短说"，还涉及了一个更深入的问题，即"女人并不是生就的，而宁可说是逐渐形成的"②。当然，李贽并不具有三百年后女性主义者的问题意识，但是其所探讨的内容的确已经触及了这样一个根本的问题，就女性的见识而言，他已经看到了"见短"并不是女性的自然属性，只是因为在社会进程中，女性的思想与活动范围往往被局限在闺阁内，所以才会显得见识短浅，而那些有机会博闻学道的女性，其见识完全不输于男性。

他在驳文中称赞那些学出世道，"欲为释迦老佛、孔圣人朝闻夕死之人"，如庞蕴夫妇及女儿灵照，三人同师马祖学道，并先后坐化，此例在李贽看来可谓求出世道之典范，将其称为古今快事。③

---

① （明）李贽：《焚书注Ⅰ·答以女子学道为见短书》，《李贽全集注》，张建业、张岱注，第1册，第143—144页。

② ［法］西蒙娜·德·波伏娃：《第二性》（全译本），陶铁柱译，中国书籍出版社2004年版，第309页。

③ 参见（明）李贽《焚书注Ⅰ·答以女子学道为见短书》，《李贽全集注》，张建业、张岱注，第1册，第144页。

李贽不仅在观念上认可女性之见识，还在实践中招收女弟子①，对学道的女性充满敬意，并通过书信对她们予以指导。李贽对居孀为尼的梅澹然尤为赞赏，评价甚高，肯定其学道的先导之功"自信、明因向往俱切，皆因尔澹师倡导……若澹师则可以化人立地成佛，故其火力自然不同"②，又称赞"梅澹然是出世丈夫，虽是女身，然男子未易及之，今既学道，有端的知见"③。对于梅家的另一位女性善因，李贽也颇为欣赏，"若善因者，以一身而综数产，纤悉无遗；以冢妇而养诸姑，昏嫁尽礼。不但各无间言，亦且咸得欢心，非其本性平和，真心孝友，安能如此？我闻其才力其识见大不寻常，而善因固自视若无有也。时时至绣佛精舍，与其妹澹师穷究真乘，必得见佛而后已。故我尤真心敬重也"④。可见，李贽在实践中也是积极支持并鼓励女性学道的。

在对朱熹的女性观进行诠释时，我们看到，正统儒者朱熹也对女性礼佛持肯定态度，并对女性的佛教信仰表示出赞赏的态度，但与李贽对女性学佛的称赞相比，二人观念背后的思想旨趣又大相径庭。

其一，李贽本人与佛教关系密切，虽然他并非真正意义上的佛教徒，但他在行为方式、思想旨趣上受佛学影响较大，将佛学与儒学一样看作通向圣贤之法的根本途径，甚至有将佛教的出世道作为最高法的倾向。所以李贽对女性学佛的肯定实际上代表着他从根本意义上认可女性对"道"的把握可以与男性相一致。换言之，李贽认为，最高层面的"道"在性别上并无差异。而朱熹之所以肯定私领域中的女性学佛，与他从根本上否定女性的最高智识有着内在一致性，在朱熹那里，女性成德达道的要求与男性有根本差异，因而女性成德的途径也就可以与男性有所区别。追溯到哲学层面，朱熹认为，最高层面的"道"是天道，而地道坤道为其所统帅，所以可以在一定意义上

---

① 不过因李贽本人"不肯为人师"，论及他与梅澹然的"师生"关系时，李贽谓澹然："虽不曾拜我为师……然已时时遣人走三十里问法，余虽欲不答，得乎？彼以师礼默默事我，我纵不受半个徒弟于世间，亦难以不答此请。故凡答彼请教之书，彼以师称我，我亦以澹师答其称，终不欲犯此不为人师之戒也。呜呼！不相见而相师，不独师而彼此皆以师称，亦异矣。"（明）李贽：《焚书注Ⅱ·豫约·早晚守塔》，《李贽全集注》，张建业、张岱注，第 2 册，第 105 页。

② （明）李贽：《焚书注Ⅱ·观音问》，《李贽全集注》，张建业、张岱注，第 2 册，第 79 页。

③ （明）李贽：《焚书注Ⅱ·豫约·早晚守塔》，《李贽全集注》，张建业、张岱注，第 2 册，第 105 页。

④ （明）李贽：《焚书注Ⅱ·豫约·感慨平生》，《李贽全集注》，张建业、张岱注，第 2 册，第 108—109 页。

与之相区别。

其二，李贽所肯定的学佛的女性可以在一定程度上独立于家庭伦理事务之外，比如其在为女才辩护时所称赞的庞公庞婆及其女儿灵照学出世道，先后坐化之例，女性在学道的同时甚至可以游离于世俗事务之外①，而朱熹笔下学佛女性则是要在完成了儒家所要求的基本家庭责任之后或者与家庭伦理不相冲突的情况下才可以得到正面肯定，所以在其为女性所作的墓志铭中，更多是对孝敬的儿媳、贤惠的妻子、严慈的母亲等女性家庭角色的书写与称颂。

(二) 批评"女祸论"

"女祸"一词最早出现在北宋时期，《新唐书》作者在总结唐玄宗时期的政局变幻时感叹道："呜呼，女子之祸于人者甚矣！自高祖至于中宗，数十年间，再罹女祸，唐祚既绝而复续，中宗不免其身，韦氏遂以灭族。玄宗亲平其乱，可以鉴矣，而又败以女子。"②《辞源》将"女祸"一词释为"旧史称宠信女子或由于女主执政而败坏国事为女祸"③。大体上，"女祸"包括了女性"色惑"与"弄权"两方面的行为，在古人眼中，女性用色或用权，都可以致"祸"。④ 在"色惑"方面，其主体通常是美丽的女子，因其貌美而让当权者沉溺于女色、不思朝政，或因其貌美而以"枕头风"的方式扰乱当权者在政治上的基本判断力；在"弄权"方面，其主体则与女性之外貌没有必然联系，但凡干涉朝政的女子都可能是弄权者。很多时候，这两方面并没有明显界限，被称为"祸水"的女子常常可能既年轻貌美，同时又倚仗其外貌的优势而干涉朝政，所以"女祸论"也常常有另一种典型的表达方式——红颜祸水。

---

① 有学者指出，李贽对澹然、善因等梅家女性进行称赞时，没有提出类似"你们若想要成为出世丈夫，就必须抛弃一切俗事而出家"的建议，反而对这些虔诚的女性佛教徒也能同时完成"齐家"之职责赞叹不已。进而认为，女性成圣、成佛的愿望，对社会的性别分割以及父权统治几乎不会构成任何实质性威胁。参见陈晓杰《李卓吾的女性观与明代社会——以"出世丈夫"为线索》，《文史哲》2022年第5期。笔者认为，李贽的女性观原本就没有试图从制度设计层面构建现实社会中女性成圣的可能，我们只能说，相比同时代的思想家，李贽在观念上给了女性学道最大的可能，这种可能表现在，在一些特定的情况下，她们可以抛弃俗务去追求成圣成佛之路。而反过来，我们并不能期待李贽会去鼓励世俗中的学道女子抛弃家庭俗务，以彻底打破"男主外，女主内"的社会分工。

② (宋) 欧阳修、宋祁：《新唐书》，中华书局1975年版，第1册，第154页。

③ 《辞源》(修订本)，商务印书馆1988年版，第730页。

④ 参见如刘咏聪《两汉时期之"女祸"观》，博士学位论文，香港大学，1989年，第4页。

尽管"女祸"一词见诸典籍已是北宋,但其思想观念的渊源可以追述到更早时候,我们熟知的"牝鸡之晨,惟家之索"(《尚书·牧誓》),"哲夫成城、哲妇倾城"(《诗经·大雅》)都蕴含了"女祸"的意味。据考证,"'女祸论'概产生于西周末期,历经春秋、战国时期得到强化"[1]。这种观念在历史中影响颇大,刘向《古列女传》作为第一部专门记载女性的史书,其写作缘由也与"女祸"思想分不开,并有"维女为乱,卒成祸凶"(《古列女传·孽嬖传》)一语,在《水浒传》《西游记》等古典小说中也不难见到"女祸论"的痕迹,"红颜祸水"的观念在民间更是深入人心。虽然被看作祸水的女人并不能作为所有女性的代表,但"女祸论"的确对女性尤其是貌美的女性造成了负面影响,把破家亡国的罪责加诸女性,也使得男性所应承担的责任被有意无意地忽略。

作为天地、阴阳的一半存在,女性对家国的影响无疑很大,然而,将破国亡家的根本原因归结到女色却有失偏颇。李贽在《初潭集·夫妇三》"贤夫、俗夫"条目的批点中,对"女祸论"进行了深刻的批判。其批判主要有两个层面。其一,声色是把"双刃剑",施于庸人俗夫可破国亡家,施于英雄可成就大业。诚然声色迷人,从结果上看,一方面它可能导致"破国亡家,丧身失志,伤风败类",但另一方面它也可以成就英雄,如"汉武以雄才而拓地万余例,魏武以英雄而割据有中原,又何尝不自声色中来也。嗣宗、仲容流声后世,故以此耳"[2]。因此,声色不一定是祸,也可能是福,"女祸"之喻着实高估了女性的影响力。世人往往由亡国败家而看到女色之祸,却对女色所助而成就的霸业轻描淡写。其二,家国兴亡之根源不在声色惑溺,而在其君其夫贤能与否。李贽指出:

> 其所破坏者自有所在,或在彼而未必在此欤?吾以是观之,若使夏不妹喜,吴不西施,亦必立而败亡也。周之共主寄食东西,与贫乞何殊,一饭不能自给,又何声色之娱乎!固知成身之理,其道甚大;建业之由,英雄为本。彼琐琐者,非恃才妄作,果于诛戮,则不才无断,威福在下也。此兴亡之所在也,不可不慎也。[3]

---

[1] 耿超:《"女祸论"源流考》,《光明日报》2011年4月7日。
[2] (明)李贽:《初潭集注Ⅰ·夫妇三》,《李贽全集注》,籍秀琴注,第12册,第75页。
[3] (明)李贽:《初潭集注Ⅰ·夫妇三》,《李贽全集注》,籍秀琴注,第12册,第75页。

在古代社会，国君作为一国之主，男性作为一家之主，本应该为家国的兴亡负责，却有推脱者将其罪责归咎于女色，岂非舍本逐末？因此李贽特别把男性分为了贤夫与俗夫，并曰"夫而不贤，则虽不溺志于声色，有国必亡国，有家必败家，有身必丧身，无惑矣。彼卑卑者乃专咎于好酒及色，而不察其本，此俗儒所以不可议于治理欤"[1]。对比《新五代史》中的一段话"自古女祸，大者亡天下，其次亡家，其次亡身，身苟免矣，犹及其子孙，虽速不同，未有无祸者也"[2]，我们可以更清晰地看到，某些平庸的史家将天下、家、身亡归因于"女祸"，而李贽则将国、家、身亡归因于夫之不贤，声色惑溺只是亡国的表面现象。对"女祸论"的批评，也是李贽对历史上家国兴亡祸福的现象深刻反思的结果。

四 开明的婚恋观与贞节观

由于李贽的思想在很大程度上摆脱了礼教束缚，因此在婚姻及贞节问题上，他都表现出较为开明的态度，既肯定出于男女双方意愿的自由婚恋，也认可女性在具体境遇下的守节或改嫁的选择。

（一）尊重婚姻主体意愿的自由婚恋思想

在传统社会中，男女的婚姻结合的正道应是"父母之命，媒妁之言"，并且由于"男女有别"的限制，年轻男女几乎没有恋爱婚姻的自由。合乎于"礼"是婚姻的第一位，按《礼记·内则》"聘则为妻，奔则为妾"，合于礼法的婚姻应是按"纳采、问名、纳吉、纳征、请期、亲迎"六个步骤进行的，六礼不备的婚姻即是"奔"。

家喻户晓的司马相如与卓文君的故事，在后世被奉为才子佳人的爱情标本，在今天看来也可谓忠贞爱情的典范。然而，他们的结合也正是不为正统观念所认可的"奔"之举。据《明神宗万历实录》卷三六九记载，张问达疏劾李贽的罪状中就含有"以卓文君为善择佳偶"[3]一条。那么，我们就从李贽文本中来解读一下此"罪状"究竟是如何被成立的。李贽在《藏书·司马相如

---

[1] （明）李贽：《初潭集注Ⅰ·夫妇三》，《李贽全集注》，籍秀琴注，第12册，第104页。
[2] （宋）欧阳修：《新五代史》中华书局1974年版，第1册，第127页。
[3] 张建业等编著：《附录》，《李贽全集注》，第26册，第326页。

传》中记载了司马相如与卓文君的故事,并在评语中写道:

> 虽然,又有奇者。方相如之客临邛也……令虽奏琴,空自鼓也,谁知琴心?……空自见金而不见人,但见相如之贫,不见相如之富也。不有卓氏,谁能听之?然则相如,卓氏之梁鸿也。使其当时,卓氏如孟光,必请于王孙,吾知王孙必不听也。嗟夫,斗筲小人,何足计事?徒失佳偶,空负良缘,不如早自决择,忍小耻而就大计。《易》卜云乎:同声相应,同气相求,同明相照,同类相招,云从龙,风从虎。归凤求凰,安可诬也!①

的确,在李贽看来,卓文君奔司马相如是"善择佳偶",因为她能听知"琴心",能识见司马相如之才学,更能勇敢追求真爱。如此"同声相应,同气相求"的"凤求凰"之举,又岂是名教所能羁络?在《初潭集》中,李贽称赞为父家求利的女子络秀时也说"好女子与文君奚殊"②,可见,在李贽这里,卓文君完全可以称得上好女子的典范。

东汉时期的梁鸿,志向高节而有才学,其妻孟光貌丑,有贤德而慕高义,他们因为志同道合而结合,后隐居于霸陵山中多年,过着简朴的生活③,后世常将他们"举案齐眉"的典故作为恩爱夫妻之典范。李贽对二人的高义行为与夫妻情深非常欣赏,他在《初潭集·夫妇一》"合婚"条目中编排了该典故,并点评道:"此妇求夫,求道德也。"④李贽将司马相如比作文君之梁鸿,以证卓文君所选择的正是其合适的夫君。但相比孟光选择梁鸿,卓文君又要更胜一筹,同是选择自己的婚姻,文君所克服的阻力要更大。因为梁鸿在当地以才德而闻名,当孟光向父母表示欲嫁梁鸿,其父母是赞同并支持的。而文君则不然,当时的司马相如客临邛崃,不过是一介贫穷书生,无功无名,若是文君也像孟光一样请于其父,卓王孙是肯定不会赞成的。因此,卓文君奔于司马相如无疑是克服了更大的困难,需要更多的勇气与决心。可见,李贽称卓文君"善择佳偶"既非空穴来风之语,亦非标新立异之言,而确

---

① (明)李贽:《藏书注 Ⅳ·司马相如》,《李贽全集注》,漆绪邦、张凡注,第7册,第149页。
② (明)李贽:《初潭集·夫妇一》,《李贽全集注》,籍秀琴注,第12册,第5页。
③ 事见《后汉书》卷八十三《梁鸿传》。
④ (明)李贽:《初潭集注Ⅰ·夫妇一》,《李贽全集注》,籍秀琴注,第12册,第5页

实是有感而发，有据而论的：一来因卓文君慧眼识夫，能够找到自己的"梁鸿"；二来因卓文君有勇有谋，能够"忍小耻而就大计"，敢于自主追求婚姻幸福。

史书记载文君父亲卓王孙以其女之举为耻，李贽则反其道而论之，曰"天下至今知有卓王孙者，此女也。当大喜，何耻为"①，认为卓王孙至今仍名载史册，乃是由于其女文君之故，他应为此感到高兴才对。当然，这只是李贽对卓王孙的幽默调侃，隐藏在背后的值得卓王孙高兴的真正原因还在于，李贽认为卓文君奔司马相如之举"非失身，正获身"②。史书称卓文君"失身"于司马相如，原因大约有二：一是文君之举是六礼不备的"奔"，没有遵循婚姻的礼法；二是卓文君是新寡，改嫁司马相如便有违于"一与之齐，终身不改"（《礼记·郊特牲》）的贞节要求。而李贽则赋予了女性"失身""获身"以新的标准，许苏民对其作了具体的阐述："衡量妇女'获身'还是'失身'，要看其是否出于她自己的选择：是自己的主动选择，就是'获身'；而被迫的、并非出于自愿的婚姻，才是'失身'。这就把传统的观念颠倒过来了，一切都必须在个人的主体性面前决定其是非、善恶、取舍。"③ 在"获身"与"失身"之辩中，体现的正是李贽关于男女婚姻恋爱自由的思想。此外，在李贽对《西厢记》《拜月亭》《红拂记》等文学作品的评论中，也体现了其主张男女真情流露、自主择偶的开明婚恋观。④

虽然李贽还没有从近代意义上来讨论婚恋自由问题，但其论述中所包含的思想无疑已经触及了该问题，并清晰地表现出了对婚姻主体意愿的尊重与对个人幸福的人道关怀。主体的真实意愿依托于内心的本真，李贽在其名篇《童心说》中有言，"童心者，真心也。……夫童心者，绝假纯真，最初一念之本心也。若失却童心，便失却真心；失却真心，便失却真人"⑤，童心之核心在于"真"，他之所以对卓文君奔司马相如的"非礼"行为大加赞赏，正是由于这是卓文君真实意愿与情感的展现，反映出其本心的内

---

① （明）李贽：《藏书注Ⅳ·司马相如》，《李贽全集注》，漆绪邦、张凡注，第7册，第147页。
② （明）李贽：《藏书注Ⅳ·司马相如》，《李贽全集注》，漆绪邦、张凡注，第7册，第147页。
③ 许苏民：《李贽的真与奇》，第166页。
④ 详见许苏民《李贽的真与奇》，第166—172页。
⑤ （明）李贽：《焚书注Ⅰ·童心说》，《李贽全集注》，张建业、张岱注，第1册，第276页。

在诉求。同样,李贽对女性改嫁与守节的看法也诉诸了女性内心的真实意愿。

(二)肯定改嫁、赞赏出于爱情自愿之守节

在女性贞节问题上,李贽表现出了同样的开明态度。明清两代是中国历史上贞节观念最为严苛的时期,据董家遵对《古今图书集成》中节妇、烈女的统计,明代的节妇达 27141 人,占历代节妇总数的 72.9%,烈女达 8688 人,占历代烈女总数的 71.46%。[①] 不难看出,宋儒的严苛贞节观尽管没有对宋代产生明显的影响,但明清两代经官方意识形态的提倡,在实践中已经产生了较大的负面作用。

诸多文本都显示,李贽是赞成女性改嫁的。在《初潭集·夫妇一》之"丧偶"条目中,李贽的评点鲜明地表现了其开明的贞节观,如庾亮之子在苏峻难中遇难,诸葛道明之女为庾亮的儿媳,诸葛欲让其女改嫁,写信向庾亮提及此事,庾亮应允道"贤女尚少,故其宜也",对该典故,李贽的评论只有一个字"好"。[②] 与此相反,书中还记载了"竹林七贤"之一王戎不让未过门的儿媳"再嫁"之事,王戎之子王绥欲娶裴遁之女,女未过门而王绥早亡,王戎过于悲痛而不许人再向裴遁女提亲,致使此女到老也无人敢娶。对于此事,李贽深感不平,斥责"王戎不成人,王戎大不成人"[③]。可见,李贽不仅赞同女性改嫁,也反对强迫女性守贞,这与其重视女性个人幸福的态度是一致的。

论及历史上有名的才女改嫁时,李贽也没有像正统史家一样予以责难。卓文君的例子不再赘述,对于东汉末年著名才女蔡文姬的不幸遭遇,李贽在行文中也表现出了极大的理解与同情。蔡文姬在"流离鄙贱,朝汉暮羌"的遭遇中没有选择一死,而曰"薄志节兮念死难",李贽没有如道学家般"责之以死",而是从具体境遇中对其给予了人道的理解。因为李贽作《书〈胡笳十八拍〉后》时已是七十五岁高龄,经历了大半生的客居异乡,流离四处,所以他说"读之令人悲哀叹伤,五内欲裂,况身亲为之哉",从中深切地体会到

[①] 需要注意的是,清代人数所占比例较少并非因为当时贞节观念不及明代浓厚,而是《古今图书集成》所收集的材料仅限清初,时间较短。参见董家遵《历代节妇烈女的统计》,载《中国古代婚姻史研究》,卞恩才整理,广东人民出版社 1995 年版,第 244—248 页。

[②] 详见(明)李贽《初潭集注Ⅰ·夫妇一》,《李贽全集注》,籍秀琴注,第 12 册,第 31 页。

[③] 详见(明)李贽《初潭集注Ⅰ·夫妇一》,《李贽全集注》,籍秀琴注,第 12 册,第 31 页。

了文姬的悲苦与真情,并发出了"我愿学者再三吟哦,则朝闻夕死"的呼声。① 不仅是对历史人物,李贽对自己亲属的改嫁也表现出了同样的开明态度,他在《哭贵儿》诗中写到,"汝妇当更嫁,汝子是吾孙"②,明确地劝说贵儿之妻改嫁,因为贵儿之妻年纪尚少,李贽出于人道的考虑,希望她趁年轻觅得合适的夫君,以安度余生。

李贽之所以对改嫁持宽容并赞同的态度,主要是基于对个体意愿与幸福的考虑,也就是说,若是女性愿意改嫁,并且她改嫁后确实能够生活得更好,何不成人之美呢?然而,李贽赞同改嫁并不意味着反对寡妇守节或室女守贞,因为李贽所赞同的改嫁行为是具体境遇下的女性选择,而并非将其泛化为一个普遍法则,劝所有女性都应改嫁。改嫁与否本应是女性个人意愿所决定的,并不是其他任何人的意愿所能取代的。需要注意的是,改嫁这一行为本身可能包含了许多复杂的因素,改嫁或守寡虽然是衡量失节与否的方便标尺,但在具体的生活中,改嫁却涉及伦理、经济、政治、心理等多种因素,对于不同的女性而言,改嫁的意义也各不相同。有的女性与丈夫情深意笃有的则非,有的女性在丧偶后有经济能力抚养老幼有的则非,有的女性有来自娘家的经济及情感支持有的则非,有的女性有"从一而终"的信仰有的则非。李贽所尊重的是每个女性的个体意愿,反对的是"必以死劝人"。因此,赞同改嫁并不意味着反对守节,改嫁与否只是个人意愿的具体表现,我们必须看到李贽开明的贞节观背后的基本根据,这也是其"各从所好,各骋所长"③ 的尊重个性思想在婚姻伦理领域的自然延伸。

黄仁宇在《万历十五年》一书中这样写道:"赞扬有成就女性,并不等于提倡男女平权,宣传妇女解放。一个明显的证据是李贽对寡妇的守节,其褒扬仍然不遗余力。"④ 并把李贽肯定卓文君私奔与其褒扬寡妇守节看作"自相矛盾的言论"⑤。赞同改嫁与褒扬守节真的就不能兼容吗?这需要我们首先考

---

① 参见(明)李贽《续焚书注·书〈胡笳十八拍〉后》,《李贽全集注》,张建业、张岚注,第3册,第294—295页。
② 贵儿一作桂儿,可能是李贽弟弟的儿子过继给他做后嗣的。据《焚书》卷六《哭贵儿》一诗"水深能杀人,胡于浴于此",贵儿可能是溺水而死。参见(明)李贽《续焚书注·哭贵儿》,《李贽全集注》,张建业、张岚注,第3册,第340页注1。
③ (明)李贽:《焚书注Ⅰ·答耿中丞》,《李贽全集注》,张建业、张岱注,第1册,第41页。
④ 黄仁宇:《万历十五年》,生活·读书·新知三联书店1997年版,第235页。
⑤ 黄仁宇:《万历十五年》,第239页。

察李贽褒扬守节的原因，褒扬的是哪种意义上的守节，结合前文李贽对改嫁的看法，再从理论上来讨论二者是不是相互矛盾的。

诚然，李贽在文章中对守节的寡妇有过肯定与颂扬。例如在《初潭集》卷三的"贤妇"条目中，收入了襄阳卫敬瑜妻誓不改嫁，感动禽鸟的典故：

> 襄阳卫敬瑜妻，年十六而敬瑜亡，父母舅姑咸欲嫁之，誓而不许；截耳置盘中为誓，乃止。所住户有燕巢，常双来去，后忽孤飞。女感其偏栖，乃以缕系脚为志。后岁此燕复来，犹带前缕。女因为诗曰："昔年无偶去，今春犹独归。故人恩既重，不忍复双飞。"①

显然，从敬瑜妻的角度，她十六而不肯再嫁，并非为守节而守节，而是感念于亡夫生前对自己的恩情而作出的选择。所以褒扬守节的女性并不意味着与其赞同改嫁的态度相矛盾，这恰恰说明，在李贽的观念中，女性并非一成不变的抽象整体，而是有着不同境遇、理想、期许的鲜活存在，守节也好，改嫁也罢，不能简化成他评价女性道德的唯一标准。让人敬佩和感动的是具体情境中女性的抉择，如卓文君"自择佳偶"的勇气、敬瑜妻守望亡夫之情义，而非形式上的改嫁或守节。

如果要追问这些多元的选择是否有内在逻辑的一贯性，答案无疑是肯定的。对于黄仁宇对李贽贞节观的误读，许苏民在《李贽的真与奇》一书中已经通过对李贽文本的分析作了有理有据的详细辩驳，并对李贽的贞节观作出了一段非常精辟的总结，此处不惮其烦将其引述："李贽的贞操观是建立在'真情'和人的尊严的基础上的。只要出于真情，无论是私奔，还是守节，都无可非议；只要是出于真情，包括怀生畏死、'薄志节兮念死难'的真情，即使'朝汉暮羌'，也是可以理解而不必像道学家那样'以必死劝人'；只要是出于真情，无论是因拒绝卖淫而自杀，还是因拒绝逼婚而自杀，或者因为不肯受侮辱而自杀，都是值得同情和尊敬的。在这里，价值是多元的，也不是自相矛盾的。李贽将这些不同的价值选择联系在一起的纽带，就是对人的价值选择权利的尊重。"② 因此，是否出自真情才是李贽对贞节行为的评价标准。

---

① （明）李贽：《初潭集注Ⅰ·夫妇三》，《李贽全集注》，籍秀琴注，第12册，第93页。
② 许苏民：《李贽的真与奇》，第178页。

从伦理学的角度来看，黄仁宇的研究之所以会把李贽赞同女性改嫁与其褒扬节妇看作一种矛盾，还缘于没有厘清伦理学中的两个概念，即"道德义务"和"超道德的行为"。"道德义务"是指"道德上带有强制性的应尽的责任或要求"，违背道德义务的行为是道德上不允许的，也就是不道德的行为。"超道德的行为"（Supererogation）是指"超出道德义务所要求的行为"，这种行为有两个特征："第一，行为主体道德上没有义务非得采取这样的行动。换言之，行为主体不采取这样的行动在道德上是可允许的；第二，这样的行动是有价值的行为，值得赞美和歌颂。"① 我们在此基础上来考察女性的改嫁与守节，寡妇守节可以说正是属于超道德的行为，一方面，寡妇没有道德上的义务必须守节，也就是说，如果她改嫁，是道德上允许的；另一方面，寡妇守节②是有价值的行为，是值得赞美和歌颂的。若是我们错把这种超道德的行为当作一种道德义务来对道德主体作强制要求，那么就会陷入这样一种误区，即认为赞同寡妇改嫁与赞赏寡妇守节是不相容的。

在具体的情境中，合于人情的超道德行为正体现出贞节之真义。如果我们因为对道德义务界限的划分而取消对超道德行为的颂扬，拒不承认寡妇守节的道德价值，则不能予以整个社会道德向上提升的可能维度，也不能对超道德行为的主体给予合适的评价。所以我们可以看到，在明清贞节观念发生激烈碰撞之时，有批评贞女者，有反省烈妇者，却几乎没有人从道德上对节妇予以简单的否定。

五 李贽女性观的实践及影响

李贽的女性观不仅表现在其著作中，也表现在其家庭生活的具体实践中，并对当时社会及后世的女性观产生了极大的影响。

（一）李贽女性观的实践

李贽一生仅有一次婚姻，与黄氏共育四男三女，最后仅有大女儿存活下来。③ 尽管没有子嗣，李贽仍没有纳妾，与其妻举案齐眉四十余年。1547年，李贽与黄宜人结婚，是年李贽二十一岁，黄氏十五岁。黄宜人大半生随李贽

---

① 陈真：《道德义务与超道德行为》，《伦理学研究》2008年第5期。
② 此处所讲的寡妇守节仅指李贽所称赞的出于爱情而自愿守节的行为，而非泛指一切寡妇守节行为。
③ 参见（明）李贽《焚书注Ⅰ·复邓石阳》，《李贽全集注》，张建业、张岱注，第1册，第25页。

宦游河南、南京、北京、云南、湖北等地，从李贽及其友人著作的几处记载中，可以对夫妻二人的情谊有所了解，并可见李贽对妻子的尊重与恩情。

其一，1564年，李贽复任北京国子监博士，其祖父讣至，次男于京去世，遂决定回乡安葬曾祖、祖父、父亲三代。为了节省开支，只得用赙金的一半把妻子黄氏和三个女儿安置在他曾任教谕的河南共城，买几亩田给她们耕作度日，余下一半则用作回乡安葬的费用。但黄宜人希望跟随丈夫一同回乡，于是李贽反复与其商量：

> "吾有一言，与子商之：……第恐室人不从耳。我不入听，请子（李贽自己代称）继之！"居士入，反覆与语。黄宜人曰："此非不是，但吾老母，孀居守我，我今幸在此，犹朝夕泣忆我，双眼盲矣。若见我不归，必死。"语未终，泪下如雨。居士正色不顾，宜人亦知终不能迕也，收泪改容谢曰："好好！第见吾母，道寻常无恙，莫太愁忆，他日自见吾也。勉行襄事，我不归，亦不敢怨。"遂收拾行李托室买田种作如其愿。①

从这个寻常的生活片段中我们可以看到，夫妻二人在家庭事务上的分歧采取的是以共同商量的方式。面对黄宜人的不情愿，李贽没有以强硬的态度自作主张，而是反复劝说，晓之以理，而黄宜人也终能理解丈夫的难处，虽有不愿，亦以大局为重。尽管最后的决定是黄宜人听从了李贽的意见，但其中也体现了李贽对妻子意愿的尊重与理解。

1566年，李贽安葬祖父等完毕后，回到共城家中，与其妻黄宜人再次见面，此时二女儿和三女儿已经因饥荒而夭折。李贽回忆当时到家的情形：

> 居士曰："吾时过家葬毕，幸了三世业缘，无宦意矣。回首天涯，不胜万里妻孥之想，乃复抵共城。入门见室家，欢甚。问二女，又知归未数月俱不育矣。"此时黄宜人泪相随在目睫间，见居士色变，乃作礼，问葬事，及其母安乐。居士曰："是夕也，吾与室人秉烛相对，真如梦寐矣。乃知妇人势逼情真，吾故矫情镇之，到此方觉展齿之折也。"②

---

① （明）李贽：《焚书注Ⅰ·卓吾论略》，《李贽全集注》，张建业、张岱注，第1册，第234页。
② （明）李贽：《焚书注Ⅰ·卓吾论略》，《李贽全集注》，张建业、张岱注，第1册，第235页。

夫妻再相见，却要共同面对丧女之痛，个中滋味难为所人道，卓吾的"展齿之折"①之语更是包含了对妻女的复杂情感，强作的镇定只是为了照顾妻子的情绪。此一段，将夫妻二人相敬如宾、相濡以沫的情感展现得淋漓尽致。

其二，1587，李贽遣家眷回乡。"遣妻"一事，实属不得已之举，李贽在写给耿定向的信中提到"贱眷思归，不得不遣；仆则行游四方，效古人之求友"②，在另一篇给曾继泉的信中也说"后因寓楚，欲亲就良师友，而贱眷苦不肯留，故令小婿小女送之归"③，而黄氏去世后，李贽在怀念妻子的诗中写道"丈夫志四海，恨汝不能从"④。从中我们可以推测，当初李贽遣妻回乡，主要是由于黄宜人思归，不愿在湖北久留，另一方面李贽又不愿归乡⑤，一心在湖北与师友学道。如此，夫妻二人只能暂时分别。由于路途遥远，李贽让女儿女婿护送妻子回乡，黄氏身边有亲女外甥朝夕服侍，并把余下的俸禄如数交予，这才安心在外学道。⑥而这一别，却成了李贽与黄宜人的永别，这也是李贽所不曾料及的。⑦

其三，1588年闰六月初三，黄宜人病逝，年五十六岁。据耿定力《诰封黄宜人黄氏墓表》记载，李贽闻讣后不为所恸。⑧实际上，李贽此处只是强忍

---

① 此典故出自《晋书》卷七十九《谢安传》："玄（谢安侄子）等既破坚，有驿书至，安方对客围棋，看书既竟，便摄放床上，了无喜色，棋如故。客问之，徐答云：'小儿辈遂已破贼。'既罢，还内，过户限，心喜甚，不觉展齿之折。其矫情镇物如此。"如谢安彼时强掩喜悦之情，李贽此处正是强掩内心的悲痛，故作镇定。
② （明）李贽：《焚书注Ⅰ·与耿司寇告别》，《李贽全集注》，张建业、张岱注，第1册，第67页。
③ （明）李贽：《焚书注Ⅰ·与曾继泉》，《李贽全集注》，张建业、张岱注，第1册，第129页。
④ （明）李贽：《焚书注Ⅱ·哭黄宜人》，《李贽全集注》，张建业、张岱注，第2册，第263页。
⑤ 李贽在说明自己剃发原因时也提到"其所以落发者，因家中闲杂人等时时望我归去，又时时不远千里来迫我，以俗事强我，故我剃发以示不归，俗事亦决然不肯与理也"，（明）李贽：《焚书注Ⅰ·与曾继泉》，《李贽全集注》，张建业、张岱注，第1册，第129页。而李贽这里所讲的俗事，黄仁宇联系两千多年的家族观念对其进行了具体的历史分析，指出李贽此时若回泉州，必定会陷入无数的邀功纠缠之中。参见黄仁宇《万历十五年》，第214—216页。
⑥ 参见（明）李贽《焚书注Ⅰ·与曾继泉》，《李贽全集注》，张建业、张岱注，第1册，第129页。
⑦ 与妻子的相会本在李贽的余年安排之中，他也并不曾料到夫妻二人自此已相隔两方。1588年，李贽在《与焦漪园太史》中写道："弟以贱眷尚在，欲得早晚知吾定动，故直往西湖下居，与方外有深意者为友，杜门深处，以近余年，且令家中又时时得吾信也。"黄宜人已于本年闰六月病逝，此时李贽尚未闻讣。（明）李贽：《续焚书注·与焦漪园太史》，《李贽全集注》，张建业、张岚注，第3册，第86页、第93页注61。
⑧ 参见（明）李贽《焚书注Ⅱ·哭黄宜人》，《李贽全集注》，张建业、张岱注，第2册，第263页注1。

悲痛的"矫情镇物"。① 之后，李贽写下了数首怀念妻子的诗歌。在《哭黄宜人》六首中，李贽描述了夫妻四十余年来的深厚情谊："结发为夫妇，恩情两不牵。今朝闻汝死，不觉情凄然！不为恩情牵，含悽为汝贤。反目未曾有，齐眉四十年。中表皆称孝，舅姑慰汝劳。宾朋日夜往，龟手事香醪。慈心能割有，约己善持家。缘余贪佛去，别汝在天涯。近水观鱼戏，春山独鸟鸣。贫交犹不弃，何况糟糠妻！冀缺与梁鸿，何人可比踪？丈夫志四海，恨汝不能从！"② 此诗展现出的是一幅恩爱夫妻的画面，黄宜人的贤惠、勤劳、善良，李贽对妻子的深深感怀及夫妻相敬如宾四十余载的情景都得以重现。

1689年，在李贽次年得知黄氏后事办妥后，写给女婿庄纯夫的信中写道：

> 相聚四十余年，情境甚熟，亦犹作客并州既多时，自同故乡，难遽离割也。夫妇之际，恩情尤甚，非但枕席之私，亦以辛勤拮据，有内助之益。若平日有如宾之敬，齐眉之诚，孝友忠信，损己利人，胜似今世称道学者，徒有名而无实，则临别尤难割舍也。何也？情爱之中兼有妇行妇功妇言妇德，更令人思念耳，尔岳母黄宜人是矣。独有讲学一事不信人言，稍稍可憾，余则皆今人所未有也。我虽铁石作肝，能不慨然！况临老各天，不及永决耶！已矣！已矣！③

其中，李贽将黄宜人的德行与假道学作对比，彰显出了黄氏的敬、诚、孝友忠信等品质，以及他对妻子的怀念之情。他所称赞黄氏的"妇行妇功妇言妇德"与古礼中的"妇德、妇言、妇容、妇功"（《礼记·昏义》）稍有差别，但基本内涵大体相当。

值得注意的是，尽管李贽与妻子感情深厚，也充分认可黄宜人身上的种种美德。但在诗文中，他也附带地提到了些许遗憾之处，即妻子黄氏"独有讲学一事不信人言，稍稍可憾"。在《哭黄宜人》六首的最后一首诗中也有所

---

① 从李贽后来的诗文中我们可以看出他内心的真实感受，他在给女婿庄纯夫的信中写到，"自闻讣后，无一夜不入梦，但俱不知是死"，（明）李贽：《焚书注Ⅰ·与庄纯夫》，《李贽全集注》，张建业、张岱注，第1册，第108页。此信写于1689年，距李贽闻讣最少已经半年了，可知李贽对黄氏的感情之深。

② （明）李贽：《焚书注Ⅱ·哭黄宜人》，《李贽全集注》，张建业、张岱注，第1册，第262—263页。

③ （明）李贽：《焚书注Ⅰ·与庄纯夫》，《李贽全集注》，张建业、张岱注，第1册，第108页。

印证，李贽虽然后悔自己贪恋佛法，与妻子分隔两地，但另一方面又从心底希望妻子能够与他一起求道，"冀缺与梁鸿，何人可比踪？丈夫志四海，恨汝不能从"所表达的正是夫妻共同学道的愿望。因为李贽心目中的理想婚姻模式，除了夫妻相敬如宾、举案齐眉外，还有重要的一点，即共同的精神追求。从李贽所反复提到的梁鸿之例与《答以女子学道为见短书》中庞蕴夫妇之例中都可对此有所了解。梁鸿、孟光虽然以举案齐眉而闻名，然李贽此诗中提到梁鸿又别有深意，因为梁鸿、孟光除了夫妻恩爱外，还有共同的求道理想，并为此而终身相伴，这正是李贽所称颂的[1]；而庞蕴夫妇之例，在李贽看来，既是女性学道的典范，也是夫妻共同求道的典范。这一点，正是李贽之对其妻黄宜人所感到些许遗憾之处。而李贽晚年与梅澹然女士的关系，显然并非污蔑者所说的"勾引士人妻女入庵讲法"之类，但不可否认他们在精神上有着某种微妙的情感，一些学者将其定位为"精神之恋"[2]，对此后人在可见的文本中很难作出确定性的评价，然也可以看作李贽在心理上对缺乏志同道合精神伴侣的夫妻生活的一种间接补偿吧。

（二）李贽女性观的影响

李贽的女性观对同时代的文人士大夫产生了极大的影响。比李贽年龄稍小的戏曲家、文学家汤显祖即对他推崇备至，影响了明清时期无数闺阁女性的《牡丹亭》也与李贽的女性观分不开，剧中所贯彻的女性自主追求恋爱婚姻，冲破礼教束缚的思想正是对李贽婚恋观的一种继承与发展。汤显祖"今君有严客，临邛自清光。王孙尔何为，众宾临高堂。何足当蹲鸱，安知穷凤凰。幸然有好女，琴心能见伤"[3]一诗对卓文君的评价与李贽的观点也极为相似。周育德指出："汤显祖对李贽却是五体投地，在反传统、反礼教方面，李贽的思想对汤显祖是有影响的。尤其在文艺思想方面，李贽的童心说既影响了汤显祖的文艺观，也影响了汤显祖的戏曲创作。"[4]

---

[1] 李贽在《初潭集·夫妇一》中收入了梁鸿、孟光的典故，又在《司马相如》文中将司马相如比作文君之梁鸿。

[2] 详见许苏民《李贽的真与奇》第一章（六）"莲花原属似花人——晚年李贽与澹然女士的精神之恋"，南京出版社1998年版；张再林也认为，二人是纯粹的"柏拉图式"的精神上的守望，参见张再林《车过麻城·再晤李贽》，中国社会科学出版社2009年版，第39页。

[3] （明）汤显祖：《相如二首》，《汤显祖诗文集》，徐朔方笺校，上海古籍出版社1982年版，第808页。

[4] 周育德：《汤显祖论稿》，文化艺术出版社1991年版，第139页。

李贽对女性的态度也影响了晚明"公安三袁"之一的袁中道，袁氏关于男女才智无别的观点、男女平等的意识、强调夫妇之真情等都直接继承了李贽的女性观，而对贞节问题，则在李贽的基础上作了一个创造性的转换。① 此外，李贽的新兴女性思想也对晚明白话小说的女性形象塑造产生了极大的影响，如冯梦龙在《闺智部总叙》中对女才的辩护"成周圣善，首推邑姜，孔子称其才与九臣埒，不闻以才贬德也。夫才者智而已矣，不智则惷。无才而可以为德，则天下之惷妇人毋乃皆德类也乎"，《蒋兴哥重会珍珠衫》中反映的新兴的婚姻道德观，凌濛初"二拍"中对女性爱情婚姻的描述等②，这些作品中所反映的个性解放思想和自由婚恋意识，都与李贽对女性才智、婚恋、贞节的态度有着很大的联系。

　　值得一提的是，李贽女性观的影响范围不仅仅限于文人士大夫，当时的一些上层女性对其思想也颇为推崇，如晚明女诗人王凤娴（约1573—1620），这是一位对国家命运有深切关注的女性，她在读了李贽《焚书》以后，非常赞同其对传统礼教的激烈批评、对男女自然情爱与女性才学的肯定，并作《读李卓吾〈焚书〉一绝》一诗赞扬道："字字刀圭范世仪，言之水蘗是吾师，禅宗顿解毫端里，正是风幡一转时。"③ 虽然这些女性在具体的社会生活中不得不恪守传统"女诫"规范，我们很难在文本上看到她们对李贽女性观大胆继承的一面，但可以想象，阅读过李贽作品的女性，在其自我认可以及对待性别角色的态度上，都应该受到巨大的精神冲击并有过深刻的反思。

第二节　唐甄的女性观

　　唐甄（1630—1704），原名唐大陶，字铸万，后来改名唐甄，别号圃亭。四川达州人，八岁随父前往江苏吴江，此后随父宦游各地。顺治十四年回蜀参加乡试，中举人。进士不中，后任山西长子县知县，十月而去职。政治失

---

① 参见郑培凯《晚明袁中道的妇女观》，《近代中国史研究》1993年第1期。
② 参见吴根友《晚明至清末解放女性思想简论》，载俞湛明、罗萍主编《社会性别与女性发展》，武汉大学出版社2010年版，第18—20页；曹亦冰《李贽与晚明短篇小说中的女性文化》，《首都师范大学学报》（社会科学版）2005年第3期。
③ ［美］高彦颐：《闺塾师：明末清初的江南才女文化》，李志生译，第235—236页。

意后定居苏州，曾卖田经商，失败后由经商而为牙，后靠坐馆授徒、为宾客幕僚或著书卖文为生，后半生过着日渐穷困的生活。① 其最重要的著作为《潜书》，原名《衡书》②，历时三十年而写成。

唐甄为后人所关注得最多的是其政治思想，他在书中提出了一系列进步的政治观念和主张，对君王的残暴统治进行了激烈的批判，同情民生疾苦，大胆地指出"自秦以来，凡为帝王者皆贼也"③。正如他在政治领域批判君主专制，在家庭伦理中，唐甄也批判了以"夫为妻纲"为基础的夫妇之道，对女性的不平等地位给予了深切的体恤和同情，并在此基础上阐释了丰富的解放女性的思想。

一 解放女性的哲学基础

唐甄所提出的解放女性思想与其哲学思想有着密切联系，其哲学基础主要有以下两点。

（一）对"夫妇相下"思想的改造与发展

"夫妇相下之道，恒道也"④ 是唐甄解放女性思想最直接的哲学基础。"夫妇相下之道"并非唐甄的发明，而是源自对经典的再阐释。唐甄在《内伦》篇首引《诗经·小雅·白华》"鸳鸯在梁，戢其左翼"一句，又引"郑玄曰：'鸟之雌雄不可别者，以翼知之。右掩左，雄；左掩右，雌；阴阳相下之义也。'"⑤ 注疏中的"阴阳相下"之义针对的是周幽王不卑下申后，以妾为妻的行径。此外，孔氏还以《周易·咸卦》为夫妇之卦，引其《象》曰"止而说，男下女"来证阴阳相下之义。⑥

---

① 据杨宾《唐铸万传》、王闻远《西蜀唐圃亭先生行略》及李之勤《唐甄事迹丛考》，参见（清）唐甄《潜书》，吴泽民编校，中华书局1963年版，第224—229页、第252—292页。
② 《衡书》只刻十三篇，后增加为九十七篇，更名为《潜书》。《四库全书总目提要》以唐甄与唐大陶为二人，故将《衡书》与《潜书》列为不同著作。
③ （清）唐甄：《潜书》，吴泽民编校，第196页。
④ （清）唐甄：《潜书》，吴泽民编校，第77页。
⑤ 原文中还有"夫妇之道，亦以礼义相下，以成家道"一句，孔颖达疏为："是左翼敛在右翼之下，为雄下雌之义，故恩情相好，以成匹耦。以兴夫妻聚居，男当有屈下于女，为阳下阴之义，故能礼义相与，以成家道。"参见《毛诗正义》，北京大学出版社2000年版，第1091页。
⑥ 参见《毛诗正义》，第1091—1092页。《周易正义》中，孔氏对《咸卦》题解疏曰："此卦明人伦之始，夫妇之义，必须男女共相感应，方成夫妇。"参见《周易正义》，北京大学出版社2000年版，第163页。

经典中释"男下女"之义所举的实例皆为婚姻中的"亲迎"之例①,虽然强调阴阳相下,但仍旧是在一个大的阳尊阴卑的框架下而言之。唐甄则在此基础上把阴阳相下之义泛化为普遍的夫妻相下之道,进一步曰"夫妻相下之道,恒道也"②。因此,男女阴阳相下之道就不再局限于婚姻之始或一些具体的礼义之中,而是普遍化为家庭内伦中的基本法则,这便对"男尊女卑"的传统观点构成了直接的冲击。唐甄也意识到了这种泛化的夫妻相下之道中所包含的颠覆性观念,他说"夫天高地下,夫尊妻卑;若反高下,易尊卑,岂非大乱之道",然而既然"《诗》之为义,《易》之为象"肯定"男下女"之义,那么其中必定有其深意。于是,唐甄对此给出了一个巧妙的解释:"盖地之下于天,妻之下于夫者,位也;天之下于地,夫之下于妻者,德也。"③朱熹在论乾坤时也讲"乾坤阴阳,以位相对而言,固只一般",但他在其后却以分言进一步强化了这种"位"的关系,指出"乾尊坤卑,阳尊阴卑,不可并也"④。唐甄则明确反对将"位"的关系固定化,并以"德"来对抗"位"所造成的单方面的高下之分。他认为,天高地下、夫高妻下只不过是位置使然,代表的是一种实然状态,却并不能代表价值上的应然,相反,反其高下的"夫下于妻"才是德行的表现。因此,他虽然也以位来讲夫居于妻之上,但也同样地看重另一面,即,就德行而言,夫也要下于妻。

唐甄所强调的夫妇相下之"相下"一词,从字面上讲,即相互为其下,用更通俗的表达,即相互谦让、退让,相互尊重的意思。⑤ 传统的礼义中虽然也要求夫妻双方的"相下",但往往并未摆脱"位"的束缚和阳尊阴卑的基本框架,而唐甄这里则借助对"阴阳相下"之义的重新解释,阐发了其男女对等的新思想,并以此作为基础,从多方面表达了其解放女性的思想。

(二)朴素的平等观念与"守弱"思想

朴素的平等观念与"守弱"的思想是唐甄解放女性思想间接的哲学基础。

---

① 如《毛诗正义》:"男有下女之义者,即就而亲迎之类是也。":《毛诗正义》,第1092页。《周易正义》:"婚姻之义,男先求女,亲迎之礼,御轮三周,皆是男先下于女,然后女应于男。":《周易正义》,第164页。

② (清)唐甄:《潜书》,吴泽民编校,第77页。

③ (清)唐甄:《潜书》,吴泽民编校,第77页。

④ (宋)黎靖德编:《朱子语类》,王星贤点校,第5册,第1683页。

⑤ 如《后汉书》卷七十:"昔廉、蔺小国之臣,犹能相下。"(宋)范晔:《后汉书》,第2273页。《传习录》卷上:"处朋友,务相下则得益,相上则损。"(明)王阳明:《王阳明全集》,上海古籍出版社1992年版,第11页。

唐甄对君权的批判在其整个思想体系中非常突出，在君臣关系上，他主张抑天子之尊，让其归于质朴，"天子之尊，非天帝大神也，皆人也。是以尧舜之为君……无不与民同情也"①。唐甄对天子之尊的批判，正源于其朴素的平等观念，在他看来，"人无贵贱"②，"天地之道故平，平则万物各得其所"③，并认为"天地虽大，其道惟人；生人虽多，其本惟心；人心虽异，其用惟情；虽有顺逆刚柔之不同，其为情则一也"④，人情皆可相通。这种朴素的平等观念，施于政治领域，为反对君对臣民的绝对权威；施于家庭领域，则是反对"夫为妻纲"的教条。尽管唐甄的平等思想与近代意义上的平等观还有很大差别，但它已足以对传统的五伦关系进行重新省视，为家庭内的夫妻、男女关系赋予新的意涵。

依据唐甄《潜书》中《尊孟》《宗孟》《法王》等相关篇目，其思想的学术渊源大抵是"尊孟宗王"⑤，但对其思想的具体定位学术界尚无定论⑥。对于唐甄学术思想的定位，此处暂不作具体考察，但笔者认为，唐甄哲学思想中，除了明显地有心学与事功之学外，在思维方式上还有一些老子思想的痕迹，尽管这在唐甄整个哲学思想中并不突出，但却对其政治思想与女性观有着非常重要的影响。唐甄在《潜书》中明确提到老子⑦共十一次，涉及《性功》《有为》《独乐》等六篇文章。唐甄在《性功》篇中对儒释道三家思想进行了对比，指出"老养生，释明死，儒治世"，谓老氏曰"老惟养生，故求归

---

① （清）唐甄：《潜书》，吴泽民编校，第67页。
② （清）唐甄：《潜书》，吴泽民编校，第149页。
③ （清）唐甄：《潜书》，吴泽民编校，第96页。
④ （清）唐甄：《潜书》，吴泽民编校，第105页。
⑤ 张廷枢在为此书所作的序中说："其论心性，则尊崇孟子及陆子静王阳明；夫先立乎其大与致良知，皆孟子之学。"潘耒在序中也说："论学术则尊孟宗王。"（清）唐甄：《潜书》，吴泽民编校，第5—6页。
⑥ 侯外庐认为，唐甄的学旨表面上是王守仁学说的继承，但实际上他已经超越王学的局限，参见侯外庐《中国思想通史》第5卷，人民出版社1956年版，第315页。杨向奎指出，"唐甄之学不仅阳明亦道程朱"，"在整个哲学领域内，他始终是出入于阳明、程朱之间"，杨向奎：《论唐甄》，《贵州社会科学》1984年第2期。卢敦基认为，唐甄早年提倡事功，晚年复归于王学，笼统地说唐甄超越了王学的局限并不妥当。参见卢敦基《唐甄哲学思想的发展》，《浙江学刊》1988年第3期。解成则通过对唐甄《潜书》中具体篇章及写作时间的考证，指出"唐甄始终是以心学与事功两者共存，互相包容来建构自己的思想体系的"，解成：《唐甄思想发展线索之我见——与卢敦基同志商榷》，《河北学刊》1990年第5期。
⑦ 唐甄行文中既有称老氏，亦有称老聃，或仅以老代指老子之学，凡指老子或老子之学，都在统计范围之内。

根复命,以万物百姓为刍狗"①,比较明显地表达了其重事功,反对空谈心性的思想;在《有为》篇中,唐甄也说:"老氏与于治而不辨于理。"② 据此,老子的养身、复命与无为之道,在唐甄看来是远于事功的,是不为其所肯定的。然而,晚年的唐甄穷困潦倒,为病痛所困扰之时,亦开始关注老子的养身之道,他在《大命》中提道:"吾闻老聃多寿,尝读其书曰:'吾为无身,是矣无患。'盖欲窃之而未能也!"③ 可见,唐甄曾欲学老氏之养身而未得其旨,对此,他在《博观》中也有所提及"老氏载魄抱一而能无离,专气致柔而能婴儿,涤除玄览而能无疵。以之求长生……是皆逆阴阳之用,窃天地之机,以私其身"④。而在《独乐》篇中,唐甄对老子"天下有大患,为吾有身;及吾无身,吾有何患"一句进行了详细的阐释,从中可见其尝试学老之用功。尽管唐甄最终并未对老子思想产生直接认同,但在其学老的过程中,老子思想不可避免地对唐氏产生了影响。

综观全书,不难看到唐甄思想中有近于老子之处。在政治上,他崇简尚朴,注重时风,指出"朴者,天地之始气,在物为萌,在时为春,在人为婴孩,在国为将兴之候。……圣人执风之机以化天下,其道在去奢而守朴。……尚素,弃文,反薄,归厚,不令而行,不赏而劝,不刑而革,而天下大治矣"⑤,这与老子"绝圣弃智,民利百倍……以为文不足,见素抱朴,少私寡欲"(《道德经》第十九章)的思路是一致的,尽管唐甄在具体的措施上与老子思想有较大差别,但他们都主张化繁为简,返璞归真,反对虚文、奢侈之风。老子把未孩之婴儿作为纯真的典范,唐甄也认为"孺子未入于世而近于天"⑥。老子之尚俭,与其贵柔、守弱的思维分不开,由于对"阴"的推崇,老子也被认为是最早的女性主义者,但实际上,老子的文本中并没有对现实中的性别问题作具体探讨。而唐甄在部分地汲取了老子"贵柔"思想的基础上,具体地探讨了家庭伦理中的夫妇关系,提倡夫妻平等,并对女性作为"阴"性所拥有的独特价值进行了肯定。

需要说明的是,唐甄"守弱"的思想与老子思想也有根本的不同,即唐

---

① (清)唐甄:《潜书》,吴泽民编校,第 22 页。
② (清)唐甄:《潜书》,吴泽民编校,第 51 页。
③ (清)唐甄:《潜书》,吴泽民编校,第 97 页。
④ (清)唐甄:《潜书》,吴泽民编校,第 100 页。
⑤ (清)唐甄:《潜书》,吴泽民编校,第 102—103 页。
⑥ (清)唐甄:《潜书》,吴泽民编校,第 26 页。

甄对阴、弱的强调并没有达到要以弱胜强的"柔弱胜刚强"的程度，相比老子，唐甄的"守弱"思想更为温和。因此，表现在女性观上，他亦是主张男女平等，而非单方面地抬高女性的价值。可以说，"守弱"的思想是唐甄发现女性价值、地位的一个视角，而非其女性观的全部基石。

二 肯定女性的价值、地位，主张"男女一也"

与李贽对女性多方面价值的肯定相比，唐甄则更强调女性在家庭内的价值。由于传统社会对男/女，外/内的区分，女性的活动范围主要限于家庭私人领域，而男性的活动范围则是更加广阔的公共领域。女性在家内可以有一定的权力、地位，有时候甚至拥有较大的权力（如贾母），但女性不能有功名，一般不能直接参与公共事务，因此，女性尽管有可能在一定范围内行使权力，获得价值，但其价值往往易遭忽略与漠视，换言之，女性在家内的价值并未得到应有的承认。

正是基于此，唐甄对女性在家庭中的价值进行了充分的肯定和发掘，他说："人若无妻，子孙何以出？家何以成？帑则孰寄？居则孰辅？出则孰守？"[①] 家庭之运作需要夫妻双方的共同支撑，男性贡献了家庭日常所需的开支及相关的外界资源，而女性则在打理一个家庭内的各种繁杂事务，照顾家人的寝食起居等，人们往往强调男性所承担的家庭责任，而对女性所负担起的家庭责任习以为常。唐甄的过人之处就在于，他看到了女性所承担的这一部分责任与男性的责任有着同样的价值，不仅如此，他还补充道："不必贤智之妻，平庸之妻亦有之。"[②] 这实际上是对女性在家庭中价值的一个普遍肯定，因为史书中多颂扬有智慧、有贤德的妻子，现实中家道不和的男性时有抱怨妻子的不贤不智，唐甄则对此作出了明确的回应，平庸的妻子都同样地担当起了主妇的责任，而不是要智慧过人、贤德突出的女性价值才被肯定。

此外，唐甄还肯定了女性在人口再生产中的功劳。女性的生育职责在一些人看来是理所当然、平凡无奇的，但实际上，这是女性是对人类发展非常重要的一种生产行为。如恩格斯指出："历史中的决定性因素，归根结底是直接生活的生产和再生产。但是，生产本身又有两种。一方面是生活资料即食

---

① （清）唐甄：《潜书》，吴泽民编校，第77页。
② （清）唐甄：《潜书》，吴泽民编校，第77页。

物、衣服、住房以及为此所必需的工具的生产；另一方面是人自身的生产，即种的繁衍。"① 可见，女性在人口再生产中的巨大作用是不容忽视的。

唐甄也正是基于对女性在人口再生产中的功劳的格外关注，故而强调妻子是子孙得以出生、生命得以延续的关键。此外，唐甄还基于人情皆同的思想而对女性的智慧给予了肯定，认为"君子观于妻子，而得治天下之道；观于仆妾，而得治天下之道；观于身之骄约，家之视效，而得治天下之道"②，治天下之道与日用生活之道是内在相通的，女性也就自然具备了掌握这种道的能力。这就把女性的价值从家庭之内延伸到了更加广阔的公共领域，虽然唐甄并未明确指出女性能够打破内外之分，获得向外的价值，但该论述已表明，在唐甄看来，女性所具有的智慧在根本上与男性并没有差别。

既然男女只是由于分工差别，其所拥有的智慧与从事的事务并无高下之分，唐甄"男女平等"的思想也就呼之欲出，他在《备孝》篇中明确指出"男女一也"。唐甄的男女平等思想主要包括了以下三个层面。

（一）父母同尊

从传统观念来讲，母亲的形象无疑是正面的、自我牺牲的、伟大的，母亲总是让人尊敬的、受人爱戴的，如熊秉真所言，"在传统中国性别关系的制约下，具有讽刺意味的是：一个男子一生中最熟悉、觉得和自己最相似、并且可以公开地、无所顾忌地热爱的唯一女性往往就是他的母亲"③。母亲作为女性一生中的重要角色，其地位相对女儿、妻子而言也是最高的。

中国传统文化中的孝道通常都是父母并称，如"父母唯其疾之忧"（《论语·为政第二》），"父母在，不远游，游必有方"（《论语·里仁第四》），"用天之道，分地之利，谨身节用，以养父母，此庶人之孝也"（《孝经·庶人章》），作为"七出"之一的"不顺父母去"（《大戴礼记·本命》），等等。在具体的实践中，对母亲之孝甚至影响更为深远，在著名的"二十四孝"故事中，孝顺父母双方的共五例，孝父的五例，其余十四例皆为孝母的事迹，而古代官吏告老还乡也经常以回家奉母为理由。

尽管如此，在具体的礼制及思想观念中，父母之尊仍有所差异，突出的

---

① ［德］恩格斯：《家庭、私有制和国家的起源》，人民出版社2018年版，第7页。
② （清）唐甄：《潜书》，吴泽民编校，第105页。
③ 熊秉真：《明清家庭中的母子关系——性别、感情及其他》，载李小江等编《性别与中国》，生活·读书·新知三联书店1994年版，第540页。

表现就是《礼记》中丧服制度的规定:"资于事父以事母而爱同,天无二日,土无二王,国无二君,家无二尊,以一治之。故父在为母齐衰期者,见无二尊也。"(《礼记·丧服四制》)在对"斩衰:括发以麻。为母,括发以麻,免而以布"(《礼记·丧服小记》)的注解中,孙希旦曰:"父母之丧,其哀痛迫切之情初无降杀,唯以家无二尊,而母之服杀而为齐衰,故其始亦为之括发,至序东袭绖而后改而免焉。"① 朱熹在论及阴阳尊卑时也明确指出"以一家言之,父母固皆尊,母终不可以并于父"②。可见,在正统的儒家观念中,尽管人情中的孝母常常具有优势,但尊父在经礼中地位仍然高于尊母。

唐甄正是基于对父母之尊在经礼中的差异的观察,进而指出"父母,一也"。不仅如此,他还看到了父权制社会中父系亲缘与母系亲缘之间的巨大差别,继而强调"父之父母,母之父母,亦一也。男女,一也;男之子,女之子,亦一也"③。从宗法伦理的角度来讲,唐甄承认父系亲缘的重要性,"人之为道也,本乎祖而非本乎外,本之重如天焉",但是从礼外之情、服外之义的角度,他也同样强调母系亲缘的一面,指出"若以言乎其所生,母不异于父,母所从出可知矣;是故重于祖而亦不得轻于外也"④。唐甄这里当然不是主张推翻传统的父权制社会,而是欲对家庭关系中重父轻母、重男轻女、重祖轻外等不平等现象进行矫正。

为了使自己的观点更有说服力,唐甄还从典籍中找出了相关证据,如《春秋·僖公五年》中书"杞伯姬来朝其子"的记载,杞伯姬为杞伯之妻、鲁庄公之女,出嫁而归,带其子朝见庄公。⑤ 唐甄从该记载中发掘出其微言大义:妇人归宁本是小事,孺子尚幼,由其母携手而来,也都很平常,本不必特意书写。朝之礼乃是大礼,以此加于孺子,并特意书写,正是孔子重视其中的深刻含义,"欲教天下之人,爱其母之所从出如祖父母,爱其女之所出如其孙",所以"特起朝之文以见义"⑥。在唐甄看来,孔子书写此事之深意正

---

① (清)孙希旦:《礼记集解》,沈啸寰、王星贤点校,中华书局1989年版,第859页。
② (宋)黎靖德编:《朱子语类》,王星贤点校,第5册,第1683页。
③ (清)唐甄:《潜书》,吴泽民编校,第74页。
④ (清)唐甄:《潜书》,吴泽民编校,第74页。
⑤ 伯姬之子年纪尚小,因诸侯在场,其子见庄公必须举行朝仪,因其子年幼不懂朝礼,只好由伯姬牵着朝见,故称"朝其子"。参见唐甄撰,注释组注《潜书注》,四川人民出版社1984年版,第232页,注8。
⑥ (清)唐甄:《潜书》,吴泽民编校,第74页。

在于教天下人对待母系亲缘应与父系亲缘同样地重视与尊敬。于此，唐甄在经典的范围内把礼制厚此薄彼的规定和人情的要求很好地结合起来，既承认古礼的地位，又借助对典籍的创造性解释，阐发了父母同尊的平等思想。

（二）子女平等

时至今日，家庭中的父母性别偏好仍常常以重男轻女的方式或隐或显地呈现出来。在古代社会中，由于男性劳动力的身体优势，男性传承子嗣的社会性别规定以及男性在光耀门楣方面的重要作用，重男轻女的观念更为突出和普遍，在明清时期甚至一度出现过溺女婴的现象。[①] 在传统"三从"的规定中，"既嫁从夫"所体现的正是女性出嫁后的归属，一般来说，女性出嫁之后与原生家庭的亲缘关系便会淡薄，礼制的诸多规定也体现出了这一意涵。

对于出嫁女与原生家庭的关系，明清时期也有思想家持较为开明的态度。如比唐甄稍早的明代思想家唐顺之（1507—1560），其妻庄氏尽管已是"既嫁从夫"，但却"未尝一日辍其母子之恋，其为父母家计者，亹亹焉悉其乏而排其难，较其家事，未尝少内外之也"，甚至临终尚嘱咐"以田五亩以遗吾家"，而唐顺之对此也非常体谅，"自父母之慕，虽男子或移于妻子，而女子于父母家，记《礼》者亦外而不内"，并在言语中充满了对妻子的赞赏之情。赵园认为，唐顺之在称道其妻时，"与世俗所谓'妇德'，有标准之异"。[②]按世俗妇德的要求，既嫁女应以夫家利益为其心之所系。[③]

在《备孝》一文中，唐甄明确讨论到了"三从"观念之下女性出嫁以后与原生家庭的关系问题，既然"人之于父母，一也"，那么"女子在室于父母，出嫁于父母，岂有异乎？"按照丧服制度的规定，女子出嫁后，"重服于舅姑夫，轻服于父母"，但是唐甄认为，"以言乎所生，男女一也；恩不以服

[①] 明清时期的溺婴问题并不仅仅涉及女婴，但溺女的数量远高于溺男。这与当时妆奁昂贵、家庭贫穷等原因是分不开的，而重男轻女的观念无疑也是溺女的重要原因。参见常建华《明代溺婴问题初探》，载《中国社会历史评论》第四卷，商务印书馆2002年版；张建民《论清代溺婴问题》，《经济评论》1995年第2期；王美英《明清时期长江中下游地区的溺女问题初探》，《武汉大学学报》（人文科学版）2006年第6期。

[②] 参见赵园《言说与伦理践行之间——明清之际士大夫与夫妇一伦之一》，《中国文化》2012年第2期。

[③] 正统的儒者强调的是"子妇无私货"，在宋代，尽管法律规定女性是可以自由支配自己的妆奁的，但大儒朱熹则对女性把其妆奁拿出来与夫家共享的行为赞赏有加。参见汲军《从墓志铭看朱熹的女性观》，《朱子学刊》2005年第1辑。

薄，服不以恩薄"，既然男女都是父母所生，所以父母对女儿的恩情并不因为出嫁后服叙的变化而变化，服叙的缩短也并不代表着恩情的减少。

在阐释策略上，唐甄同样仍然诉诸对经典之义的发掘，他留意到《春秋·桓公九年》中"纪季姜归于京师"的表达，按杜预注曰："季姜，桓王后也。书字者，申父母之尊。"① 周桓王新娶的王后，姜姓，字季。诸侯尚且不称其字，季姜作为王后，已是与天子同尊，史书为何还要称其字呢？唐甄对此解释道："称字，所以申父母之尊也。父母之尊，不降于天子，岂降于舅姑！"② 也就是说，尽管季姜已经是王后了，但是当其面对自己的父母时，仍然是女儿的身份，父母对女儿尚且不因为女婿是天子而屈尊，其恩情又怎会薄于舅姑呢？《春秋》向来以微言大义著称，所以唐甄对此进一步阐释，"仲尼恐为人妇者习焉而忘其情，尊舅姑，降父母；近舅姑，远父母；亲舅姑，疏父母；故特起王后称字之文以见义也"③。尽管我们无法知晓孔子短短几个字的书写中是否真有其深意，但唐甄的解读表明他对"三从"之义所造成的违逆人情现象有深入的思考。

女儿未嫁从父，嫁人以后又归属于夫家，那么既嫁之女面对自己的父母又该如何自处？其女儿的身份是否应该被重视？对出嫁女而言，父母与舅姑之间孰轻孰重？按照礼制的规定，后者重于前者，但父母与女儿有着不可分割的血脉联系与十余年的养育恩情，一旦嫁人则要对父母降服，屈父母之尊于舅姑，可见在现实中礼制的规定于人情确然有难安之处，并会从客观上强化家庭中的重男轻女观念。唐甄正是意识到了礼制对人情的违逆之处，因而他特别强调"人之于父母，一也；女子在室于父母，出嫁于父母，岂有异乎"④。既然女儿在室与出嫁后，对于父母而言都具有同样的意义，那么父母就没有必要以重男轻女的观念来对待子女。

大概是由于唐甄只有一个女儿，他对宗法社会中的重男轻女的观念有极为难得的反思，并且一以贯之地阐述了其家庭中的男女平等的思想。当唐甄与友人汪氏谈起对子女的性别偏好时，汪氏和众人一样曰"爱男"，而唐甄却

---

① （清）钟文烝：《春秋谷梁经传补注》，骈宇骞、郝淑慧点校，中华书局1996年版，第108页。
② （清）唐甄：《潜书》，吴泽民编校，第74页。
③ （清）唐甄：《潜书》，吴泽民编校，第74—75页。
④ （清）唐甄：《潜书》，吴泽民编校，第74页。

直言更偏爱女儿，曰"均是子也，乃我之恤女也，则甚于男"①。在具体的实践中，唐甄也的确对女儿体恤有加。尽管其一生没有子嗣②，儿子早殇，仅存一女儿，却并没有因"弄瓦"的际遇而忡忡然。据其婿王闻远的记载，唐甄"虽生女，必抱而庙见"③。"庙见"在宋以后通常是指女性成婚后由舅姑引领至夫家祖庙祭见先祖，代表的是女性出嫁后身份归属的变化，即成为夫家的子妇。④ 而唐甄将自己的女儿出生后即"抱而庙见"，实则是对当时"三从"之义及宗法制度的一种无声对抗。唐甄在文中提及的生活细节也印证了他对女儿的态度，如其出游回家，"见女安而怜爱之，执其手，理其发，拊其颊"⑤，自然地流露出了对其女的喜爱之情。对其弟早亡留下来的幼女，唐甄也同样视如己出，待其侄女年长出嫁时，"亲故皆以为先生长女，不知其为侄也"⑥。联系他在文中也一再强调的"以言乎所生，男女一也"⑦，可知唐甄本人确实在家庭伦理中有着难得的男女平等思想雏形，并对当时家庭中普遍存在的性别偏好有深刻的反思。

（三）夫妻平等

作为"三纲"之一的"夫为妻纲"是对家庭中夫妻伦理的规定，在这样的伦理规范中，丈夫为主导者、发令者，妻子为跟从者、追随者。唐甄则基于前文所论述的"夫妇相下之道，恒道也"，认为夫妻双方应该相互听从、谦让。为妻的听从丈夫，为夫的也应听从妻子。因此，刘师培说"观于唐子《潜书》，则'夫为妻纲'之说破矣"⑧。

唐甄以"夫妇相下之道"为恒常之道，但他尤其强调丈夫处于天之上位，

---

① （清）唐甄：《潜书》，吴泽民编校，第78页。
② 唐甄并非绝意子嗣，无子实为情势所迫。其晚年无子且家贫，良友助金买妾，竟为奸人所欺，卖之以有夫之女。娶之夕，女道其故，唐甄"即令寝他室，诘旦，呼其父携去，命即嫁之"，叹曰："我两娶妾而无子，今又为奸人所欺。家贫年迈，无力再娶。五经之泽，至我而斩。虽命实为之，负罪何极耶！"（清）王闻远：《西蜀唐圃亭先生行略》，《潜书》附录，吴泽民编校，第228页。
③ （清）王闻远：《西蜀唐圃亭先生行略》，《潜书》附录，吴泽民编校，第226页。
④ 《朱子家礼》将"三月庙见"改为"三日庙见"，宋之后，世人渐不知"庙见"礼的特殊含义，《家礼》将"庙见"与"见庙"混为一谈。详见张寿安《十八世纪理学考证的思想活力》，第287—289页。
⑤ （清）唐甄：《潜书》，吴泽民编校，第25页。
⑥ （清）王闻远：《西蜀唐圃亭先生行略》，《潜书》附录，吴泽民编校，第226页。
⑦ （清）唐甄：《潜书》，吴泽民编校，第74页。
⑧ 刘师培：《刘师培全集》，中共中央党校出版社1997年版，第2册，第12页。

应下于妻,才能德与位不相掩。因为实践中妻下夫易,而夫下妻则难。唐甄还将夫/妻关系比之于天/地、君/臣关系,指出"若天不下于地,是谓天亢;天亢,则风雨不时,五谷不熟。君不下于臣,是谓君亢;君亢,则臣不竭忠,民不爱上",相应地,"夫不下于妻,是谓夫亢;夫亢,则门内不和,家道不成"。① 正是基于夫妻平等的观念,唐甄进一步对"暴内""好内"等现象进行了批判,提出了"敬且和"的夫妇相处之道,后文将对此作详细论述。唐甄在自己的夫妻相处中也践行了这样的观念,"处夫妻,琴瑟谐好,相敬如宾;五十余年,无失言失色焉"②。其友汪氏也提到"吾之交友亦多矣;处室数十年,无变色疾声者,唯见先生与城西刘子"③。唐甄在行文中时常提及他与妻子的对话及生活场景,从中也可以看出夫妻间的平等相处。如《有为》篇中记载了这样一件小事:唐甄之母善饮酒,有人赠予唐甄一坛酒,尝之而发现其酸不可饮,以为无用而欲施与邻里贫而好酒者,妻子则曰"勿与也,是可以为醋",于是烧了一升粟米放入其中,七天之后而酿成了醋。④ 这本是生活中的小事件,唐甄刻意书之,从琐事细节中看到妻子的智慧,并将此来阐释其事功思想,这也体现了唐甄"观于妻子,而得治天下之道"的思想。家内的智慧与家外的智慧都具有同样的意义和价值,这正是唐甄能够坚持夫妻平等之说的关键。

综上所述,唐甄的男女平等思想主要包含父母、儿女与夫妻平等三个层面,涵盖了女性生命中三个重要的阶段:女儿、妻子与母亲。当然,唐甄的男女平等思想所探讨的仍是家庭中的女性,并没有超出家庭的范围来论述普遍意义上的男女平等问题,换言之,唐甄仍然是在传统的男/女、外/内的划分中来讲男女平等的,他的男女平等思想仍是一个"男女有别"框架下的男女平等。尽管如此,唐甄对女性价值地位的肯定与其男女平等的思想也已经远远超出了传统的女性观,赋予了家庭内的女性以最大限度的平等地位。

(四)"男女一也"适用于贞节问题吗?——颜元对男性贞节的强调

众所周知,在贞节问题上,传统社会对男性和对女性的道德要求并不一致,"夫有再娶之义,妇无二适之文"正是其典型表达,而男性却鲜有相应的要求,在制度上表现为,男性可以纳妾,丧妻或出妻后再娶也不会受到太多

---

① (清)唐甄:《潜书》,吴泽民编校,第77页。
② (清)王闻远:《西蜀唐圃亭先生行略》,《潜书》附录,吴泽民编校,第226页。
③ (清)唐甄:《潜书》,吴泽民编校,第78页。
④ (清)唐甄:《潜书》,吴泽民编校,第51—52页。

的舆论压力。不难看出,在男女两性的贞节问题上,传统社会执行着两套不同的道德标准,女子要"从一而终",男性却被允许再娶、纳妾甚至狎妓。

唐甄虽然从多角度强调了"男女一也",但并没有在贞节问题上明确提出对男性的同等要求。与唐甄同时代的思想家颜元(1635—1704)则留意到了这一问题①,他认为男子也应该以守身之道严于律己,他在文中两次表达了这一思想:"世俗非类相从,止知斥辱女子之失身,不知律以守身之道,男子之失身,更宜斥辱也。"② "谓诸生曰:制欲为吾儒第一工夫,明伦为吾儒第一关节,而欲之当制者莫甚于色,伦之当明者莫切于夫妇。近世师弟,以此理为羞惭而不言,殊失圣贤教人之旨。且世俗但知妇女之污为失身,为辱父母,而不知男子或污,其失身辱亲一也。尔等渐去童年,得无有情欲渐开,外物易引者乎?此处最宜着紧。立为人根基,其道自不邪视、不妄思始。但保此身,便为人,便可贤可圣;一失此身,便为鬼,便可禽可兽,小子戒之!"③ 作为主张实学的颜李学派代表人物,颜元对男性贞节的规劝正是基于其"理在欲中"、理欲统一的哲学观念而自然生发出来的。

对于宋儒"存天理、灭人欲",以革尽私欲来把握天理的理欲观,颜元提出了自己的批评,他充分肯定了日用人伦、饮食男女的正当性,指出,"天下之所趋莫甚于欲,天下之所重莫甚于生"④,"禽有雌雄、兽有牝牡,昆虫蝇蝗亦有阴阳。岂人为万物之灵而独无情乎","男女者,人之大欲也,亦人之真情至性也"⑤。人情、人欲在颜元那里都是可以得到正当承认的。对佛教将女色作为大忌的禁欲主义,颜元也进行了批驳,在《颜习斋先生年谱》中,记载了颜元在二十六岁时与僧人无退之间的一段有意思的对话,当无退向颜元夸谈佛道时,"先生曰:'只一件不好。'僧问之,曰:'可恨不许有一妇人。'僧惊曰:'有一妇人,更讲何道!'先生曰:'无一妇人,更讲何道?当

---

① 在颜元之前,吕坤对这一问题也有所关注,他在文中明确指出,"夫礼也,严于妇人之守贞而疏于男子之纵欲,亦圣人之偏也。今舆隶仆僮皆有婢妾娼女,小童莫不淫狎,以为丈夫之小节而莫之问。陵嫡失所、逼妾殒身者纷纷,恐非圣王之世所宜也,此不可不严为之禁也"。(明)吕坤:《吕坤全集》,王国轩、王秀梅整理,第856页。吕坤意欲通过对男性贞节的强调以纠正当时社会男性广纳妾、狎妓泛滥之风。
② (清)颜元:《颜元集》,王星贤等点校,中华书局1987年版,第622页。
③ (清)颜元:《颜元集》,王星贤等点校,第644页。
④ (清)颜元:《颜元集》,王星贤等点校,第484页。
⑤ (清)颜元:《颜元集》,王星贤等点校,第124页。

曰释迦之父,有一妇人,生释迦,才有汝教;无退之父,有一妇人,生无退,今日才与我有此一讲。若释迦父与无退父,无一妇人,并释迦、无退无之矣,今世又乌得佛教,白塔寺上又焉得此一讲乎!'僧默然俯首"①。颜元实际上是以夫妇一伦为人伦、万物之始的朴素思想来承认了人欲的正当性。

颜元和明清时期诸多看重夫妇一伦的思想家一样,强调"有夫妇然后有父子,有父子然后有兄弟,有兄弟然后有朋友,有朋友然后有君臣",但他的关注点主要在于夫妇一伦从初始意义上的必要性,而非本体论意义上的重要性,"故'尧、舜之道,造端乎夫妇'。此端字,是端倪的端字,如织布帛之有头绪,如生草木之有萌芽,无头绪则布帛没处织,无萌芽则草木没处生,无夫妇则人何处生?一切伦理都无,世界都无矣"②。因此,颜元尽管强调夫妇一伦在世间万物原初性上的基础作用,但在家庭伦理关系中,他更看重的还是"父子"一伦的重要作用。

鉴于此,颜元虽然一再强调男性贞节有着与女性贞节同等重要的意义,但却并不反对纳妾,而他自己在一生中亦有三次纳妾的经历。③ 这不能简单地归因于颜元在理论与实践上的不一致,因为在颜元的观念中,纳妾仅仅是为着"下以继后嗣"的考虑,所以他并不认为男子纳妾于贞节有何损伤。综观颜元对男性贞节的强调,尽管他明确指出了"男子之失身,更宜斥辱也",但他对男性贞节的规范仍然是不彻底的,他并没有意识到,纳妾制度的存在本身就是男女在贞节问题上双重标准的直接表现。真正将"男女一也"的意识彻底运用于贞节问题则要到清人俞正燮那里。

三 同情女性,批评"暴内"现象与"女祸论"

唐甄不仅主张男女平等,还特别同情、体恤处于弱势地位的女性,对现实与历史中诸多对女性不公的现象给予了批评。唐甄的批评主要包含了以下两个方面。

---

① (清)颜元:《颜元集》,王星贤等点校,第713页。
② (清)颜元:《颜元集》,王星贤等点校,第127页。
③ 颜元年四十买田姓幼女为婢;四十六岁买石氏为妾,后因病出之;四十九岁纳田氏为侧室;五十八岁田氏卒,未育;五十九岁又置侧室姜氏。虽费尽心力,却仍未有子嗣,后以过继告终。不难看出,妾在颜元这里是充当生育工具的角色。参见郑金霞《颜元伦理思想与实践》,硕士学位论文,天津师范大学,2004年。

（一）批评"暴内"现象，主张"敬且和"的夫妇之道

"暴内"即对妻子使用暴力，大体上相当于今天所说的"家庭暴力"，不同的是，唐甄这里，内即内人、妻子，暴内指丈夫对妻子的暴力，而不包含今天所讲的"家暴"中妻子对丈夫或者子女与家长之间的暴力行为。从唐甄及其友人的论述中可以看出，当时社会普遍存在暴内现象，唐甄几次提到"今人多暴其妻"①，"今之暴内者多"，其友汪氏也提到在他众多朋友中，只有唐甄与城西刘子与妻子恩爱相处，"其他则暴其妻不如待其仆者，亦数见之矣"②。唐甄不仅看到了这种广泛存在的暴内现象，并且体恤到了暴内对女性的伤害之深，他说"君不善于臣，臣犹得免焉；父不善于子，子犹得免焉；主不善于仆，仆犹得免焉；至于妻，无所逃之矣"③，家庭作为女性无所逃遁的生存空间，若是内伦无存，女性的处境就会比不被善待的臣、子、仆人更加悲惨，唐甄此处对女性悲惨处境的认识与西方自由主义的女性主义者穆勒的观点非常相似，穆勒将妻子与奴隶进行比较，认为"通常妻子受的待遇并不比奴隶好"，因为"几乎没有一个奴隶是时时刻刻的奴隶"④，而妻子若是不幸遇上暴君则没有反抗的权利。对此，穆勒诉诸的解决之道是给女性以离婚自由，而唐甄则希望在现存的伦理体系中以"恕道"唤起丈夫对妻子的同情，他认为暴内的直接原因在于男人"屈于外而威于内，忍于仆而逞于内，以妻为迁怒之地"⑤，并指责"暴内为大恶"。针对友人汪氏提出的疑问⑥，唐甄以对弱者的同情态度和儒家的"恕"道给予了巧妙的回应，他指出，"天之生物，厚者美之，薄者恶之，故不平也"，而君子不应加重这种不平，而应同情弱者、怜惜资质较低之人，以此平人道。例如人有两个孩子，一贤一愚，那么必当怜惜愚者；有两个妾，一个美而智，一个丑而愚，那么必当怜惜丑而愚之人。同样，妻子如果不贤不智慧，则更应多加同情和体谅。⑦ 当然，唐甄在这里把贤、智都作为先天赋予的能力，忽略了女性的后天德性，似有不

---

① （清）唐甄：《潜书》，吴泽民编校，第77页。
② （清）唐甄：《潜书》，吴泽民编校，第78页。
③ （清）唐甄：《潜书》，吴泽民编校，第78页。
④ ［英］约翰·斯图尔特·穆勒：《妇女的屈从地位》，汪溪译，商务印书馆1995年版，第317页。
⑤ （清）唐甄：《潜书》，吴泽民编校，第77页。
⑥ 汪氏认为妻之不贤是暴内的根本原因，如唐甄与其妻能和睦相处，原因在于唐甄妻之贤，而有的妻子缺乏贤智，才会导致家内不合。参见唐甄《潜书》，吴泽民编校，第78页。
⑦ 参见（清）唐甄《潜书》，吴泽民编校，第78—79页。

当，但他对女性，尤其是处于弱势地位的女性的同情态度是值得肯定的。

另一方面，唐甄还以"恕"作为其同情女性的理论依据，指出"恕者，君子善世之大枢也。五伦百姓，非恕不行；行之自妻始"①。"恕"是儒家伦理中的核心概念之一，孔子在《论语》中表达为"己所不欲，勿施于人"（《论语·卫灵公第十五》），《礼记·大学》篇的"絜矩之道"也是"恕"道的一种表达。唐甄在这里不仅将"恕"道作为同情女性的依据，同时进一步把家庭伦理中对妻子的"恕"作为践行"恕"道的基点。他更斥责那些"不恕于妻而能恕人"者的虚伪，认为其从根本上背离了情之实。② 通过对"恕"道的发掘，唐甄不仅为其批评"暴内"的行为提供了坚实的理论基础，也丰富了儒家传统的"恕"道思想。

正如唐甄在"暴内"问题上对女性的同情，他在女性"妒"的问题上也表现出了同样的体恤态度。当友人汪氏谈起"莫难于处有妾之妻"时，唐甄举了他父亲的妻妾和睦相处的例子，汪氏曰："有妾如此，亦良妾也。"唐甄则曰："非妾之良也，吾先君处之有道也。"③ 此处看起来是唐甄在赞扬其父善于处理家庭关系，实则还有另一层意思，即女性的"妒"不一定尽是女性自身的原因，丈夫在其中的处理方式也很重要。这从唐甄另一处的表达中可以了解得更清楚，他在称赞友人的夫妇之论时说道："上德者少，凶德者少，中德者恒多。中德者，道之善则善，道之不善则不善；唯凶德不移。妒者，男子之所不免也；妒而至于无后，则凶矣。"④ 在唐甄看来，"妒"是占多数的中德者的自然之情，男性也同样会有妒的情绪，只要不是"妒"而至于让家庭无后的极端情况就不应对女性之"妒"过分指责。

比唐甄稍早的明代思想家吕坤也对妇人之"妒"给予了同样的体谅，吕坤认为，妇人不妒固然是美德，但也应该考虑到"妒"发生的具体情境。吕氏明确地意识到，在一夫一妻多妾的背景之下，丈夫往往对妇人之"妒"负有直接责任，"夫有妾婢，妇止从一。待其嫉妒，以损名节，亦夫子之过也"，因此吕坤认为丈夫应该以和家室为重，在妻妾之间"待之有礼，处之

---

① （清）唐甄：《潜书》，吴泽民编校，第79页。
② 参见（清）唐甄《潜书》，吴泽民编校，第79页。
③ 参见（清）唐甄《潜书》，吴泽民编校，第79页。
④ （清）唐甄：《潜书》，吴泽民编校，第80页。

有情"以尽"夫道"。① 明代思想家黄道周（1585—1646）②的《性无嫉妒论》一文则对妒妇问题作了更为详细的分析。该文不仅揭示了"嫉妒生于利欲"，还看到了妇妒不仅仅是因为妇女之性妒，也因为"新人亲则故人薄"，新人受宠旧爱被冷落，受到威胁，才会有"郑袤之计已奸"与"叔向之母不旷"，所以黄氏对"今谓君子不争而小人独嫉，新人不御而妒妇自妒"③的说法甚为不满。尽管黄道周为妒妇辩护的主要目的在于"鞭笞明朝末年'迫名位'的伪君子们'言妒妇则比他人'的丑行"④，但其论述已经开始对女性之妒的本质和原因进行反思。而唐甄这里不仅看到了男性的行为方式对女性之"妒"的影响，还多了几分对妒妇的同情和体谅。但是唐甄还并未看到"妒"产生的根本原因在于纳妾制度的不合理，直到清中叶思想家俞正燮那里，才对"妒妇"问题作了深入的反思与探讨，彻底为女性之"妒"正名。

唐甄不仅批评了当时社会的"暴内"现象，也反对无度的溺情好内。所谓的"好内"，在唐甄这里主要指夫妇之间亲密无度，"夫妇无别"从而影响内伦和谐。在传统五伦的规范中，夫妇之间的规范之道为"有别"，其经典的表述为"人之有道也，饱食、煖衣、逸居而无教，则近于禽兽。圣人有忧之，使契为司徒，教以人伦：父子有亲，君臣有义，夫妇有别，长幼有序，朋友有亲"（《孟子·滕文公上》）。为何夫妇之间不言亲、不言爱、不言敬，而以"别"作为其根本性规范呢？从琴瑟和鸣的角度来讲，差别是为了提供和合的前提与基础，所以有差异的男女组成夫妇之后，自然而然的第一义应是行为与情感上的相亲近，其主导往往是自然情欲与非理性的情感，若是任由无间的亲密主导夫妇关系，一来夫妇可能反目，因为无节制的情感本身并不足以维持长久稳定的夫妇伦理，如历史学家阿曼达·维瑞克所言，"互相爱慕对婚姻幸福相当有利，但是无节制的热情会导致双方漠视一切规则"⑤，缺乏外在规范的男女之情最终可能会走向其自身的反面，也就是情感本身的破裂或消

---

① （明）吕坤：《吕坤全集》，王国轩、王秀梅整理，第1361页。
② 在现实生活中，黄道周与其妻蔡氏共同追求节义、切磋书画的家庭生活也被传为佳话。参见陈宝良《中国妇女通史·明代卷》，杭州出版社2010年版，第544页。
③ （明）黄道周：《黄道周集》，翟奎凤等整理，中华书局2017年版，第571页。
④ 张成扬：《为千年妒妇鸣不平的翻案文章——黄道周与俞正燮两论》，《江南学院学报》1998年第3期。
⑤ ［加］伊丽莎白·阿伯特：《婚姻史》，孙璐译，中央编译出版社2014年版，第75页。

亡；二来夫妇关系如果过分亲密，则可能会破坏夫妇二人其他的身份与角色，进而影响整个内伦关系的和谐稳定。基于此，唐甄强调，"人皆以为夫妇之爱常厚于四伦，其实不然。吾见以为夫妇之相好，皆由于溺情；溺情，皆由于好色；非是则必相疏，甚或之于乖离。盖夫妇之道，以和不以私。和则顺于父母，私则妨于兄弟；和则不失其情，私则不保其中。好内者，君子之大戒；戒私也，非戒和也"[①]。他所反对的"好内"，亦即夫妇间基于男女私情的情感表达。

唐甄虽然强调夫妇有别，但"别"却并非夫妇伦理的根本性规范。显然，唐甄并不反对夫妇间自然而然的男女之情，他举《诗经·卫风·硕人》中"手如柔荑，肤如凝脂，领如蝤蛴，齿如瓠犀，螓首，蛾眉，巧笑倩兮，美目盼兮"对女性美丽的描写，认为爱美色乃是"性情之常，圣贤之所同也"[②]。在此基础之上，唐甄提出了"敬且和"的夫妇伦理。《诗经·小雅·车舝》中"高山仰止，景行行止"，"四牡騑騑，六辔如琴"两句描述了新郎对新娘高尚美德的仰慕及新婚的喜悦之情，唐甄从中总结出了夫妇的相处之道，"高山出云，雨徧天下；天籁以成其施，是以仰止焉，言不可以不敬也。四牡既良，致远不劳，如琴瑟之调焉，言不可以不和也"，进而指出"敬且和，夫妇之伦乃尽"[③]。夫妇之间的"敬"与"和"是双向的，但唐甄这里更强调夫对妻的敬，并劝丈夫诵此诗，以此为"夫教"。又引《诗经·邶风·谷风》中"有洸有溃，既诒我肄"一句，劝诫为夫者引以为戒，勿对妻子恶言相向，若是丈夫"德不能服人，威不能加人，入室而逞于妻"[④]，最终将导致夫妇反目成仇，内伦无存。

同样是为着内伦和睦，传统的"女教"多强调女性在家庭中所要遵守的规范，如班昭在《女诫·敬慎第三》中也强调内伦的和睦，为避免暴内，她所提出的解决之道为"敬顺之道，妇人之大礼也。夫敬非它，持久之谓也。夫顺非它，宽裕之谓也。……夫妇之好，终身不离"，唐甄则反其道而行之，以《诗经》中的相关篇目为夫教，劝诫丈夫从中学习为夫之道，避免对妻子恶语相向，以维护内伦和谐。可以说，"夫教"的说法既是对传统女教的有力

---

① （清）唐甄：《潜书》，吴泽民编校，第80页。
② （清）唐甄：《潜书》，吴泽民编校，第76页。
③ （清）唐甄：《潜书》，吴泽民编校，第78页。
④ （清）唐甄：《潜书》，吴泽民编校，第78页。

补充,也是实现家庭内男女平等关系的必要前提。今天看来,这一提法仍具有积极的现实意义。家庭中良好伦理秩序的建设需要夫妻双方的共同努力,在强调女性之于家庭的重要性的同时,男性在家庭伦理中的作用也同样不可忽视。"夫教"不仅可以减少"暴内"现象的发生,也能促进家庭和睦,提升家庭成员的幸福指数。

(二)批评"女祸论",主张少女御

前文已论述了李贽对"女祸论"的批判,与李贽相似,唐甄也认为真正祸国的并非女性。李贽指出,声色是把双刃剑,既可以祸国亡家,也可能成就英雄。唐甄也说"女子,微也,弱也;可与为善,可与为不善,非若权臣之不可制,奸奄之不可亲也",针对妹喜、妲己、褒姒亡夏、商、周的说法,唐甄承认此三女"为蛊而不可近",但又从正面论述了所谓"祸水"的女性成为"贤内助"的可能,他说"此三女子生于文王之世,入于文王之宫,处于窈窕之室,……则此三女子皆窈窕之淑女也"①,好比美玉,"君子佩以比德。然桀爱玉,载其宝玉以奔三嵏;纣爱玉,衣其宝玉衣以入火。若曰'亡夏殷者玉也',其可乎"②。在唐甄看来,女子和美玉一样,其本身并不必然导致亡国,佩戴美玉的人也就是宠幸女子的君主才应该是责任的主体。因此,唐甄毫不含糊地说"女子寺人乱天下,宠女子寺人者谁也?……治天下者惟君,乱天下者惟君"③,君之德才是最重要的,"君有德,奸化为贤;君无德,贤化为奸"④,这与李贽把君、夫的贤与否看作家国兴亡的根本原因的观点如出一辙。在古代社会,将亡国归因于地位卑弱的女性,与当今社会将事故责任推之于"临时工",所用的都是同样的"替死鬼逻辑"。

唐甄一方面看到了亡国之根本不在女子,另一方面,他也看到了后宫的庞大对君主、女性及整个宫廷制度的危害。就君主而言,嫔妃众多,沉溺于女色,自然损耗精力;就后宫女性而言,不得如寻常夫妻般生活,诸多不人道;此外,女御多,则宫室庞大,阉宦制度难废。基于以上原因,唐甄明确

---

① (清)唐甄:《潜书》,吴泽民编校,第171页。
② (清)唐甄:《潜书》,吴泽民编校,第171页。
③ (清)唐甄:《潜书》,吴泽民编校,第66页。
④ (清)唐甄:《潜书》,吴泽民编校,第171页。

主张少女御。女御即御妻,指王之妃妾,执掌御序、献妇功等事。① 寻其源头,"帝喾立四妃,帝尧因之;舜不告而娶,不立正妃;夏增以九女,为十二人;殷增以二十七人,为三十九人;周增以八十一人,为百二十人"②,可知周之女御数量迅速增长。唐甄认为,应效仿唐虞之少女御,君王虽"贵为天子,亦可以庶人之夫妇处之",不必以众多女御来凸显天子之尊,如普通百姓般简朴地生活,"入则农夫,出则天子,内则茅屋数椽,外则锦壤万里,南面而临天下"③,如此更能彰显天子之尊。

在议及教太子之规范时,他也提倡"处太子,少不近女,婚不多御"④。少女御的主张也正是唐甄"抑尊"思想的重要组成部分。唐甄主张少女御的观点,既是对国家政事的关切,也是对女性的一种人道关怀。

综上所论,唐甄充分肯定了女性在家庭中的价值和地位,对女性的不平等地位与弱者处境有着深切的体恤和同情,反对重男轻女,提倡一种夫妇平等的"敬且和"的家庭伦理。一方面,唐甄的女性观并没有超出传统"男女有别"的界限⑤,并谨遵"男正乎其外,女正乎其内"的男/女、外/内的划分,对女性价值地位的肯定仍限于在家庭中;另一方面,唐甄也在传统的男/女、外/内的框架下赋予了女性所可能拥有的最大价值和最高地位,试图以一种家庭中的男女平等来矫正宋明以来逐渐强化的"男尊女卑"观点,某种程度上,唐甄的女性观是向早期朴素女性观——承认男女有别但没有显著的男尊女卑思想——的复归。

不可忽视的是,唐甄通过对典籍的重新解读,的确发掘了诸多与传统不同的意涵:他对女性身上所体现的共通之道的发掘,已经开始迈向了家庭之外,隐含了把女性价值置于更广阔的空间的可能;他将"男女相下"之道的普遍化,已经突破了传统对"男下女"的阐释维度,使得男女相互尊重、谦

---

① 《礼记·昏义》:"古者天子后立六宫,三夫人,九嫔,二十七世妇,八十一御妻。"《周礼·天官·女御》:"掌御叙于王之燕寝。以岁时献功事。凡祭祀赞世妇。"郑玄注:"言掌御叙,防上之专妒者。"参见钱玄、钱兴奇《三礼辞典》,江苏古籍出版社1998年版,第118页。
② (清)唐甄:《潜书》,吴泽民编校,第169页。
③ 参见(清)唐甄《潜书》,吴泽民编校,第169页。
④ (清)唐甄:《潜书》,吴泽民编校,第73页。
⑤ 唐甄在文中也多次表达了"男女有别"思想,如在《充原》中,他论述乱世时曰"君臣无理,父子无节,男女无别",在《耻奴》中,他在批评阉宦制度时指出"男女之别,礼之大防也"。在唐甄那里,"男女有别"的观念是不言自明的。以上引文分别参见(清)唐甄《潜书》,吴泽民编校,第27、171页。

让有了更坚实的哲学基础；他对父母同尊的强调，并不单单是对朱熹弱化母亲之尊的一种矫正，而已经朝向了对父权制下男女不平等地位的纠正与颠覆。这些突破都在不同层面为唐甄的女性观赋予了解放女性的更为鲜明而深刻的近代性意义。

本章小结

通过对李贽与唐甄的女性观的研究，我们可以大体把握这一时段解放女性思想的主要议题及特点。总体来讲，这一时期的解放女性思想有较为明确的男女平等意识以及相应的哲学基础。

李贽与唐甄虽然都强调男女平等，但二人的女性观又有着根本的差异。唐甄所强调的男女平等仍是在既定社会性别分工之下的一种男女平等，他将家内价值和家外价值等同起来，迂回地肯定了男女有同样的价值；他认为妻子在家庭中的智慧与丈夫在社会中的智慧是同一种智慧，间接地说明了男女才智的平等；他主张同等对待父与母、父系亲缘和母系亲缘、夫与妻、子与女，以纠正父权制社会的偏失。可以说，唐甄在儒家伦理规范的框架之下充分发掘了"男女平等"的可能。

李贽所强调的男女平等则更多的是一种近代意义上的男女平等，他所赞赏的"真男子"并非传统史书中所歌颂的伟大的母亲、贤德的妻子，而是与男性一样驰骋沙场、保家卫国的女将；他所肯定的女才也并非以深化女教、传承家学为目的的传统女学，而是普遍意义上的才学与见识；他对"女子见短"的俗见进行了彻底的颠覆，从根本上肯定了女性学道的正当性。即使是西方传教士对男女平等的阐释，也很难达到这样的高度。[①] 在婚姻观念上，李贽不仅强调夫妇一伦在"五伦"中的重要地位，也对男女自由婚恋给予了充分的肯定，并在贞节问题上表现出较为开明的态度。从女性问题的各个方面来看，李贽的女性观都充满了不同于传统女性观的新气息，他对女性的肯定

[①] 如传教士艾儒略向中国学者论述"男女无殊"的基督教教义时，中国学者提出，既然人的灵魂没有男女差别，为什么女人的智力却常常低于男子呢？艾儒略则用中国人常说的"气禀有清浊"来解释男女智力的差异，认为这是认识官能的问题，与性灵没有关系。参见许苏民《明清之际伦理学三问题的儒耶对话——兼论对话对中国伦理学的影响》，《学术月刊》2011年第4期。而李贽则从根本上否定了男女智力差异这一说法，在他看来，男女差异不过是社会性别分工下的产物，男女的社会性别是后天形成的，并非不可改变。

是全面的、彻底的、毫不含糊的。在他看来，女性的价值不需要借助母亲、妻子等额外的身份来实现[①]，女性，作为一个独立的主体，她本身就具有一个"人"的价值和意义。从这个意义上讲，李贽的女性观在很大程度上已经超出了传统儒家的范畴，具有更为彻底的近代意义上的男女平等意味。

[①] 当然，正如他对妻子黄宜人四十年来的操劳所怀有的感念一样，李贽也同样看重现实生活中作为母亲、作为妻子的女性对家庭的重要贡献，这是他对传统儒家女性观继承的一面，是可以与其对女性独立价值的肯定并行不悖的。

第三章 论争中曲折前行
——解放女性思想的具体化（18世纪）

18世纪是解放女性思想具体化发展的重要时段。这一时期由于乾嘉学风的影响与女性问题的进一步凸显，思想家不再从抽象观念上建构解放女性的哲学基础，而是对许多具体的问题进行了讨论，诸如女性才德的定位、缠足、贞女、再嫁等问题，都是思想家关注的重点。尽管对这些问题，思想家没有达成一致的观点，甚至往往有较大的分歧，但其背后对女性命运的关怀与对女性处境的同情却是相通的。而激烈的论争背后所隐含的，是思想家各异的理论倾向与根本信念、女性问题本身的复杂性以及鲜明的时代特征。关于女性问题的论争，也显示出解放女性思想发展过程的曲折与纠缠。

第一节 袁枚的女性观

袁枚（1716—1798），字子才，号简斋，浙江钱塘（今杭州）人。乾隆四年（1739）进士，历任溧水、江浦、沭阳、江宁等地知县。三十三岁（1749）辞官，居江宁小仓山随园，世称随园先生，晚年自号苍山居士、随园老人等。袁枚是清代著名文学家、思想家，以诗文名于世，为性灵派领袖。主要著作有《小仓山房诗集》《小仓山房文集》《随园诗话》《子不语》等。

袁枚出生在一个式微的官僚家族，祖父、父亲、叔父常年在外依人做幕僚，祖辈、父辈的游历经历和侠义性格都在一定程度上影响了袁枚日后性格的形成。但在袁枚的成长过程中，家庭中的女性却扮演了非常重要的角色：祖母柴氏，抚育袁枚到二十来岁去世，对袁枚宠爱有加，把其丰富的阅历借助讲故事的形式说与袁枚听，成为袁枚人生的启蒙教育；母亲章氏，"慈和端静"，勤劳善良，待人温厚，荣辱不惊，"太孺人不持斋，不佞佛，不信阴阳祈祷之事。针黹之余，手唐诗一卷，吟哦自娱"①，章氏的这种礼下于人的谦和态度与洒脱淡然的诗性气质也深深地影响了袁枚；姑母沈氏，"少娴雅，喜读书"，为袁枚讲述"史书稗官"，使其入学之前"汉、晋、唐、宋国号人物，略皆上口"②，为袁枚学前打下了良好的经史基础。可以说，袁枚所受的德育、文化教育中，家中的女性承担了很大一部分，这一方面使得他对女性的良好学识、聪明才智有着颇为直观的认识和感受；另一方面，袁枚与女性长辈之间的深厚感情也使得他对女性有一种自然的亲近感，颇能理解和体恤女性在家庭生活各方面的遭遇。这些经历都对袁枚女性观的形成产生了非常重要的影响。

袁枚上有大姐二姐，下有三妹四妹，他是家里唯一的男孩，袁枚与三妹袁机从小常在一起玩乐、学习，兄妹感情尤其深厚。三妹的不幸遭遇与女儿成姑、鹏姑的早寡经历也在一定程度上影响了他的女性观尤其是贞节观。

袁枚是清代诗坛性灵派的主将，其"性灵说"诗论的核心是"强调世人必须具备真情、个性、诗才（灵性）三方面要素"③；在学术思想上，袁枚反对宋儒之"道统"说④，对理学、汉学均有批评，其思想归宗用他自己的话来说即"三分周、孔二分庄"⑤。以上也是影响袁枚女性观的重要因素。

一　反对女性缠足，提倡自然之美

缠足，又称为裹脚、裹足、札足等，作为中国历史上广受非议的独特习俗，曾一度让国人为之感到难堪，在西洋人面前无地自容。今天，尽管缠足的习俗几乎已消失殆尽，但缠足及反缠足的曲折历史却从未离开我们的视野。

近代以来，随着西方思想的传入，在传教士的反缠足言论的影响之下，大量趋新的知识分子逐渐意识到缠足之弊，尤其是甲午战争以后，传教士从

---

① （清）袁枚：《小仓山房（续）文集》卷二十七《先妣章太孺人行状》，《袁枚全集》，王英志校点，江苏古籍出版社1993年版，第2册，第477—478页。
② （清）袁枚：《小仓山房文集》卷五《亡姑沈君夫人墓志铭》，《袁枚全集》，王英志校点，第2册，第90页。
③ 王英志：《袁枚评传》，南京大学出版社2002年版，第30页。
④ 杨鸿烈认为，袁枚思想的根本便是打破道统，对袁枚打破"道统"学说的具体论述，参见杨鸿烈《大思想家袁枚评传》，上海书店出版社1989年版，第149—152页。
⑤ （清）袁枚：《小仓山房诗集》卷九《山居绝句》，《袁枚全集》，王英志校点，第1册，第161页。

生育、政治等角度的反缠足主张被广泛接受，并逐渐成为爱国志士救国图强的论说工具。为了让反缠足的言论更有说服力，传教士与趋新知识分子也努力从中国传统文化中寻找反缠足的思想依据，袁枚、钱泳、俞正燮、李汝珍等人的反缠足论述相继被发掘[①]，于是，明清时期这些并未在具体的历史中产生多少实际影响的反缠足言论转而以这样间接的方式在历史中发挥着微妙的作用。

缠足的反对之声在缠足盛行之始就已出现，据学者考证，宋代车若水是最早质疑缠足的人，他在《脚气集》中言："妇人缠足不知始于何时。小儿未四五岁无罪无辜，而使之受无限之痛苦，缠得小束，不知何用？"[②] 可以看作反对缠足的第一声。车若水已经意识到，这种让小儿无故遭罪的习俗是不见于经传的，所以他对缠足保持着一种难得的警惕的态度。尽管车若水并未进一步去考证缠足究竟始于何时，但他提出的问题却给了后来的明清思想家有益的启发。遗憾的是，这样的反对之声在当时社会甚为微弱，女性缠足的陋习在明清时期更是愈演愈烈，尽管清代官方对缠足屡发禁令[③]，但却并不能被看作真正意义上的反对缠足。袁枚所生活的时代也正是缠足之风广为流行之时，对缠足的欣赏与赞誉往往是男性文人笔下的重要主题。而在袁枚的文字中，我们可以清楚地看到他对缠足的反思，其反缠足的思想主要表现在以下三个方面。

（一）缠足破坏身体的完整性

如我们所知，缠足是以布帛将女性的脚层层紧缠，使其呈现出小、尖、弯等符合当时审美的外观。在密密行缠的过程中，几乎所有女性的双脚都会受到不同程度的摧残。"小脚一双，眼泪一缸"，每一双让人艳羡的小脚背后往往都有皮肤溃烂、骨骼畸变甚至血肉模糊的伤痛经历。作为身体中重要部

[①] 参见杨兴梅《身体之争：近代中国反缠足的历程》，社会科学文献出版社2012年版，第12—17页。

[②] 参见贾逸君《中华妇女缠足考》，第23—24页。

[③] 如顺治元年（1644）孝庄皇后谕"有以缠足女子入宫者斩"，二年（1645）诏"以后人民所生女子禁缠足"，顺治十七年（1660）、康熙元年（1662）都颁布了禁缠足之令。康熙四年（1665）又收回成命，道光十八年（1838）又温和地重申缠足禁令等。参见贾逸君《中华妇女缠足考》，第24页。实际上，清代立国后的禁缠足并非认识了缠足之蔽而保护女性的号令，而是与男子削发令一样，出于习俗上加强统治的需要，并且当他们发现缠足对清政府的统治无害而有利时，也就不再严格执行了。所以这些政令并不能视为天足运动的先声。参见高洪兴《缠足史》，第153页。

分的脚以其自然的形状与足弓承载着行走、支撑与协调的功能,缠足的女性却要破坏其原本自然和谐的生理结构,用一双不成比例的小脚去配合自己的身体,并迫使身体不得不改变自己的本来面目去适应小脚的节奏。如果把身体看作一个相互联系的有机整体,那么缠足所破坏的就不仅仅是女性的一双脚,而是与之相关的整个身体构成。

以儒家保全身体的孝道来看,缠足显然是一种损毁身体的"不孝"之举。然而缠足却并非缠足者自行缠之,每个缠足的女孩背后都有施行缠足的父母,也就是说,与其说是女子因伤害自己的身体而违反孝道,不如说是父母因伤害子女的身体而无法成全子女保全身体的孝道。袁枚正是从这一层面来反思缠足的习俗的,他敏锐地意识到了缠足对女性身体带来的种种伤害,多次将缠足比之于火化父母之骸骨,"吾以为戕贼儿女之手足以取妍媚,犹之火化父母之骸骨以求福利也。悲夫"①,又在《答人求娶妾》中称"今之习尚,固有火化其父母之骸以为孝者,遂有裹小其女子之脚以为慈者,败俗伤风,事同一例"②。宋代以来,江南地区的火葬风气一直很盛行,虽然不合于儒家伦理道德,但因其可以节省土地,又很卫生,所以被广为实践,"吴越之民多火葬,西北之民多葬平地"(谢肇淛《五杂俎》卷六),即使是仕宦人家,也有火葬者。③ 正是由于对当时江南地区盛行的火葬风气极为不满,袁枚将父母替女儿缠足与儿女火化父母之骸骨相类比。按儒家传统观念,家庭中理想的父子关系应为"父慈子孝",火葬父母的骸骨是对父母身体的大不敬,故为不孝,而缠足一开始则是父母施加于女儿身体的伤害,所以其违背的是孝道的另一面,表现为"不慈"。

在袁枚的观念中,父母要为缠足的行为负责,因为正是这些执迷于小脚之美的父母直接导致了无辜小女被缠足的结果。但值得我们思考的是,如果我们把缠足现象仅仅归因于女孩父母的观念偏差,恐怕难以说明缠足这一现象背后复杂的社会原因。在缠足已蔚然成风的明清社会,如果说女性在接受缠足观念的成长过程中,往往是无能为力的话,父母为着女儿日后婚嫁考虑,

---

① (清)袁枚:《牍外余言》卷一,《袁枚全集》,王英中校点,第5册,第11页。
② (清)袁枚:《小仓山房尺牍》卷五《答人求娶妾》,《袁枚全集》,王英中校点,第5册,第103页。
③ 参见冯贤亮《坟茔义冢:明清江南的民众生活与环境保护》,《中国社会历史评论》2006年第7卷。

又如何能够抵挡观念的洪流？如果说父母作为成年人，面对缠足的习俗应当有独立思考与批评的能力，那么女性在被动接受缠足观念的过程中，是否也可能有自己的思考、发出不一样的声音呢？如此看来，袁枚将缠足之罪归之于每一个在孩子身上践行缠足的父母似乎有些武断，但袁枚分明已经清楚地看到了缠足给女性带来的种种痛苦。

在《裹足作俑之报》一文中，袁枚虚构了杭州陆梯霞先生在梦中与明代著名谏臣杨继盛的对话，论及"李后主裹足案"，其中写道：

> 后主前世本嵩山明净和尚，转身为江南国主，宫中行乐，以帛裹其妃窅娘足，为新月之形，不过一时偶戏。不料相沿成风，世上争为弓鞋小脚，将父母遗体矫揉穿凿，以致量大校小，婆怒其媳，夫憎其妇，男女相眙，恣为淫亵。不但小女儿受无量苦，且有妇人为此事悬梁服滷者。①

尽管是虚构的小说，这里却渗透着作者对缠足的认识和思考。在袁枚看来，缠足至少有三种后果：其一是破坏身体，违背孝道；其二是造成家庭关系的紧张，一双不合格的小脚可能让媳妇招致婆婆及丈夫的憎恶；其三，与缠足相关的袜履作为男女传情信物，可能破败礼教风俗。② 而女性在其人生中的各个阶段都可能受到缠足之苦，年幼时常因裹脚而受肉体之苦，成妇以后亦可能因脚不够小而受精神之苦。所以，袁枚在小说中让缠足之始作俑者李后主受尽报应，"令其生前受宋太宗牵机药之毒，足欲前，头欲后，比女子缠足更苦，苦尽方毙"，死后被罚"在冥中织履一百万，偿诸无足妇人，数满才许还嵩山"。③

从小说中不难看出袁枚对缠足习俗的反对与批判态度，在他那里，只有让李后主受牵机药之毒而死并在阴间织履一百万双，方可消解其作俑缠足之罪。虽然在今天看来，简单地把缠足之原罪归之于李后主一人有失妥当，让

---

① （清）袁枚：《子不语》卷九《裹足作俑之报》，《袁枚全集》，周欣校点，第4册，第177页。
② 缠足从产生之初就与性有着密切的联系："金莲与性首先在于附丽于纤足的服饰如袜履是当时最为重要的传情之物。缠足时代女子喜以自制的罗袜与弓鞋密赠情郎，其中又以一双红绣鞋唱主角。"在很多的小说描述中，绣鞋都是女子向情人示爱的信物。参见高洪兴《缠足史》，第114—115页。
③ （清）袁枚：《子不语》卷九《裹足作俑之报》，《袁枚全集》，周欣校点，第4册，第177—178页。

李后主来为缠足这一成因复杂的社会习俗全权负责也有失公允,但袁枚在小说中的设计更像是对缠足现象的一种控诉,并借此劝诫当世之父母不要为女儿缠足。因此,他在小说的最后以戏谑的手法写到,陆梯霞在经历此梦以后:"常笑谓夫人曰:'毋为吾女儿裹足,恐害李后主在阴司又多织一双履也。'"①

(二)缠足破坏自然美态

缠足产生的原因之一便是审美观念的影响,在阴/阳、女/男的社会性别区分之下,女性之美被定位为"娇小、柔弱、娴静以及要有柔和的曲线等"②,对"阴"面的渲染一方面强化了女性的阴柔之气,塑造出了极具阴性特征的柔美气质,另一方面过分的阴柔之气也可能导致其突破了自身界限而成为一种病态美。从审美观念上来讲,缠足正是这种阴柔之美不断强化的产物。

缠足时代的男性往往从一种欣赏甚至玩赏的视角来审视小脚,不仅发展出了"所谓七字诀,曰小,曰瘦,曰尖,曰弯,曰香,曰软,曰正"③,还有几成体系的"品藻"之辨④以及细致入微的把玩小脚方式⑤。缠足不仅是一种女性"时尚",在一些近乎痴狂的男性"莲迷"眼中,甚至已然成了一种"艺术鉴赏"与"审美追求",而这里的女性之足以及女性本身则成了被凝视的审美对象,在被审美的过程中,女性往往作为被动的他者而存在。

明末清初文人李渔(1611—1680)作为金莲爱好者,其对女性的审美多少有些以之为玩物的味道,如其所言"人处得为之地,不买一二姬妾自娱,是素富贵而行乎贫贱"⑥。但李渔对女性小脚的审美观念却又不同于世俗对于足小的追求,他对缠足提出了一套自己的审美原则,其核心在于兼有"足之美"与"足之用"。李渔对小足的品评标准不止窄小则可,他更看重的是

---

① (清)袁枚:《子不语》卷九《裹足作俑之报》,《袁枚全集》,周欣校点,第4册,第178页。
② 高洪兴:《缠足史》,第86页。
③ 贾逸君:《中华妇女缠足考》,第17页。
④ 清人方绚在《香莲品藻》中总结了香莲之三贵,曰"肥、软、秀",香莲之十八名、九品、三十六格、十六景以及香莲之三上三中三下等,可谓将小脚的"鉴赏学问"发挥到了极致。详见(清)方绚《香莲品藻》,《中国香艳全书》,虫天子编、董乃斌等点校,团结出版社2005年版,第2册,第877—885页,
⑤ 参见姚灵犀编撰《采菲精华录》,天津书局1941年版,第149、155页。
⑥ (清)李渔:《闲情偶寄》,江巨荣、卢寿荣校注,上海古籍出版社2000年版,第130页。

"脚小而不受脚小之累，兼收脚小之用"①。这里的"足之用"实际上对缠足提出了更高的要求，既要满足审美玩赏的需要，又不能因脚小而影响其行动自如。具体而言，即足小而能行，因其瘦小纤细而耐观赏，因其弱若无骨而耐把玩，与此同时，脚小却不影响行走，缠足却不生秽气。② 高彦颐将李渔对小脚的审美原则称为"功能美学"，并指出，在小脚癖好盛行的 17 世纪，功能美学不失为一种矫正的手段。③

在袁枚看来，这种所谓的"功能美学"显然并不成立，他不仅不赞同当时人们对缠足女性美态的赞赏与推崇，还从审美的角度对缠足提出了批评。袁枚的朋友托付他帮忙物色美人时，给出的第一个条件即是"拳拳于弓鞋之大小"。袁枚对此非常失望，直言"足下非真好色者也！凡有真好者，必有独得之见，不肯随声附和"④。在袁枚看来，这位友人在审美上盲目从众，囿于缠足的习俗而不自知，所以他进一步阐述了自己对女性之美的独到见解：

> 眉目发肤，先天也，故咏美人者，以此为贵；弓鞋大小，后天也，刖之且可使断，而何难于缠之使小乎？或云足不小，则身不娉婷，此言尤误也。夫女之所以娉婷者，为其领如蝤蛴，腰如约素故耳，非谓其站立不稳也。倘弓鞋三寸，而缩颈粗腰，可能望其凌波微步，姗姗来迟否？仆尝过河南，入两陕，见乞丐之妻，担水之妇，其脚无不纤小平正，峭如菱角者。使足下见之，皆认作西施、毛嫱，而纳之后房乎？⑤

这里显示出，袁枚对流行的金莲时尚不以为然，他所推崇的女性之美在于如下两点。其一，美在自然。女性先天的眉目发肤是自然生成的，未经雕饰的，所以天生丽质是女性之美最可贵之处。其二，美在和谐。女性真正

---

① 所谓脚小之累，即"因脚小而难行，动必扶墙靠壁，此累之在己者也；因脚小而致秽，令人掩鼻攒眉，此累之在人者也"。所谓脚小之用，即"瘦欲无形，越看越生怜惜，此用之在日者也；柔若无骨，愈亲愈耐抚摩，此用之在夜者也"。（清）李渔：《闲情偶寄》，江巨荣、卢寿荣校注，第 136 页。
② （清）李渔：《闲情偶寄》，江巨荣、卢寿荣校注，第 136 页。
③ 参见［美］高彦颐《缠足："金莲崇拜"盛极而衰的演变》，苗延威译，第 194 页。
④ （清）袁枚：《小仓山房尺牍》卷五《答人求娶妾》，《袁枚全集》，王英中校点，第 5 册，第 102 页。
⑤ （清）袁枚：《小仓山房尺牍》卷五《答人求娶妾》，《袁枚全集》，王英中校点，第 5 册，第 102 页。

的气质与足之大小无关，女性娉婷的身姿也并不来自一双小脚走路不稳的样子，而是来自其脖颈、腰身等身体的各个部位共同塑造出来的和谐的气质美。袁枚对女性自然之美、和谐之美的强调与他一贯的审美观及"性灵说"是一致的，园林建筑之美在于其顺应周遭景致的自然而修筑①，诗歌之美在于其表现诗人具有真性情的"性灵"，女性之貌美也在于其容貌自然和谐地展现。

在袁枚这里，女性之美与缠足与否，足大足小都没有任何关系，换言之，他根本就没有把缠足纳入女性审美的基本范畴。女性之美本是多元的，古典诗词中对女性美进行了多角度的细腻刻画，而到了明清时期由于缠足的风行，导致女性审美的偏狭化，才有了一开始袁枚提到的友人寻美人时把三寸金莲作为第一要义，这不仅与今天的审美相去甚远，也是对古典审美的一种背离。缠足成为一种审美时尚，实际上是传统阴/阳，男/女的二元对立发展到极致的一种产物，也是在审美上对传统阴阳关系的一种固化，最终导致审美走向自身的反面。所以当这种"美"展示在世人面前时，却有人捕捉到的并不是美的意象。

袁枚对小脚之美的驳斥在今天看来似乎不足为奇，因为当我们看到泛黄的照片中裹脚布后那扭曲变形的骨肉时，也几乎无法感受到其美感何在，但在那个举世对三寸金莲趋之若狂的时代，能从审美观念上驳斥缠足实为难得，可以说是保持了一种"举世皆醉唯我独醒"的姿态。

（三）缠足并非古已有之

对于缠足的起源，明代学者胡应麟（1551—1602）在《丹铅新录》中作《双行缠》《素足女》《弓足》等篇章对缠足的始末进行了较为详细的考证。胡应麟认为古妇人不缠足，他考察了六朝乐府诗《双行缠》，并引《御览》履诗中"足蹑承云履，丰跌皜春锦"，以说明足跌不言小而言丰，进而得出结论"则古妇人不缠札可决千载之疑矣"②。那么缠足究竟始于何时呢？胡应麟据《合璧事类》中杜牧诗"纤纤玉笋裹春云"一句，认为妇人缠足当起于此

---

① 袁枚居住大半生的"随园"正是依照园子的自然之势而建成的，"茨墙剪阖，易檐改涂。随其高，为置江楼；随其下，为置溪亭……或扶而起之，或挤而止之，皆随其丰杀繁教，就势取景，而莫之夭阏者，故仍名曰'随园'"。（清）袁枚：《小仓山房文集》卷十二《随园记》，《袁枚全集》，王英志校点，第2册，第204—205页。

② （明）胡应麟：《少室山房笔丛》，上海书店出版社2001年版，第111页。

时，即杜牧所在的唐代末年，并以《花间集》中"慢移弓底绣罗鞋"来作为佐证。综观胡应麟对缠足的考证，虽然极为详尽，所引材料非常丰富，但读者却很难捕捉到他对缠足本身的态度。从胡氏的行文中，我们能读出其对当世缠足流行的疑惑不解之意，但他却始终并未直言缠足之弊，唯有一处似可反映出其对缠足的反感之意。在《素足女》一文中，胡应麟引李白、陶渊明等赞美"素足"的诗句，以说明前人晋、唐妇人不缠足，而言及当世，胡应麟则曰"今妇人缠足，美观则可，其体质干枯，腥秽特甚"①。我们可以据此推测，胡氏虽没有明确的反缠足意识，但他的直观感觉上，缠足之腥秽与素足之洁净是不可同日而语的。

受当时考据学风的影响，袁枚对缠足的起源也进行了一番考证，并作有《缠足不始于李后主》一文。在该文中，袁枚考察了典籍、诗词中有关鞋袜、靴履的记载和描写，梳理了从"妇人之步贵乎舒迟"到"渐渐有以小为贵之义"的发展过程。但这仅仅是一种审美观念的逐渐变化，此时女性仍不缠足，《北史》中"断妇人以新靴换故靴"的记载可见男女同靴，唐代诗歌如"唐白香诗曰'小头鞋履窄衣裳，天宝末年时世妆'，韩致光诗曰'六寸肤圆光致致'。皆极言其小，而终不言其弓"，《宋史》中的相关记载则可知"当时妇人舞才着弓鞋，平时不着也"。真正的弓鞋在北宋才可见，如徐积咏蔡家妇云"但知勤四支，不知裹两足"，陆放翁《老学庵笔记》"宣和末，女子鞋底尖，以二色合成，名错到底"等，因此，袁枚得出的结论是"此则弓鞋之明证，盛行于宋时"。② 这与稍晚时候俞正燮通过详细考证得出的结论大致相同。相比胡应麟，袁枚考证背后的情感因素却不那么中立，结合他从审美与健康的角度对缠足的批评，我们可以捕捉到其明显的反缠足倾向。

既然弓鞋并非自古就有，那么当世之人为何皆以缠足为自然呢？袁枚的反思非常有意思，他说"习俗移人，始于熏染，久之遂根于天性，甚至饮食男女，亦雷同附和，而胸无独得之见，深可怪也"③，袁枚敏锐地注意到了习俗对人的巨大影响，当人们生活在某种习俗之熏染之中，便以其为自然，而难以脱离其辐射范围来进行思考，也就是说，习俗的熏染容易让人无法区分

---

① （明）胡应麟：《少室山房笔丛》，第 113 页。
② 参见（清）袁枚《随园随笔》卷二十《缠足不始于李后主》，《袁枚全集》，赵新德校点，第 5 册，第 362—363 页。
③ （清）袁枚：《牍外余言》卷一，《袁枚全集》，王英中校点，第 5 册，第 11 页。

自然天性与后天作用，这样不加反思地盲目从众就可能使得其丧失"独得之见"。袁枚所强调的"独得之见"于诗歌而言，是其"性灵"之关键，于生活中的习俗而言（如缠足），是一种独立思想判断的能力，缺乏这种能力，就可能人云亦云地以弓足为美，以缠足为自然。

虽然袁枚不是历史上反对缠足的第一人，但如此全面深刻地从情与理上反思缠足，则是前人所未有的。可以说，袁枚之反对缠足开启了清代批评缠足的先河，稍晚的俞正燮和李汝珍对缠足的抨击都可看作对袁枚反对缠足的一种继承与发展。

二 同情体恤女性，再驳"女祸论"

袁枚之所以在举世赞赏金莲的时代能够大胆而公开地反对缠足之风，还源于他对女性的同情与体恤的态度。这种态度更加突出地表现为他为女性洗冤，驳斥"女祸论"以及对地位卑微的妓女的同情。

（一）为女性辩诬，驳斥"女祸论"

对于四大美女之一杨贵妃洗儿一事，袁枚在文章中多处进行了辩诬。他作《玉环》一诗："五百袈裟回向寺，一枝玉尺有前因。缘何四海风尘日，错怪杨家善女人？可惜云容出地迟，不将谰语诉人知。《唐书》新、旧分明在，那有金钱洗禄儿。"[1] 对杨贵妃洗儿一事提出了质疑。又作《再题马嵬驿》一诗："到底君王负旧盟，江山情重美人轻……只要姚崇还作相，君王妃子共长生。"[2] 诗中不仅充满了对杨贵妃遭遇的深切同情，也寄托了袁枚对君王妃子在贤相的辅助下治国安邦的美好愿望。在《史家好言猥亵》一文中更加明确指出"杨贵妃洗儿事，新、旧《唐书》皆无之"，《通鉴》采用错讹颇多的唐人小说《天宝遗事》中的说法，其记载根本不足信。[3] 杨贵妃的本来面目在史家、文学家的共同刻画中变得愈加扑朔迷离，当今学界对其生平事迹仍争论颇多，且不论袁枚对此事的辩诬是否合于历史的真相，仅就其出发点而言，他对杨贵妃的辩护正是其同情女性、批驳"女祸论"的具体表现。

---

[1]（清）袁枚：《小仓山房诗集》卷二《玉环》，《袁枚全集》，王英志校点，第1册，第29页。
[2]（清）袁枚：《小仓山房诗集》卷八《再题马嵬驿》，《袁枚全集》，王英志校点，第1册，第156页。
[3] 参见（清）袁枚《随园随笔》卷三《史家好言猥亵》，《袁枚全集》，赵新德校点，第5册，第45页。

古代"女祸论"观念前文已有论述，晚明以来，李贽、唐甄等思想家对其进行了深刻的批评。袁枚对"女祸论"的反驳与前人相似，他亦认为"女宠虽自古为患，而地道无成，其过终在男子"①，虽然阴阳两仪作为抽象的哲学范畴本是处于平等地位的，但现实中的两性关系却长期笼罩在"天尊地卑"的基本框架之下。正是基于这样的认识，袁枚认为地道无成之责在男性，男权社会中的灾祸败亡应该由作为主导者的男性来负责。这是历来思想家驳斥"女祸论"的基本思路，袁枚不同于前人之处在于，他从一个诗人的角度广泛引证了反对"女祸论"的诗歌，如李白的"若教管仲身常在，宫内何妨更六人"，杨诚斋的"但愿君王诛宰嚭，不愁宫里有西施"，僖宗《幸蜀》"地下阿瞒应有语，这回休更怨杨妃"，等等，并明确意识到"此数首，皆为美人开脱"②。不仅如此，他还在此基础上再添一诗"可怜褒妲逢君子，都是《周南》传里人"③，此诗所表达的中心思想与唐甄所言"此三女子（妹喜、妲己、褒姒）生于文王之世，入于文王之宫，处于窈窕之室……则此三女子皆窈窕之淑女也"④完全暗合，只是袁枚以诗歌的形式更加简明地表达了出来，这也进一步拓展了诗歌史上驳斥"女祸论"的思想传统。此外，袁枚还作《西施》"吴王亡国为倾城，越女如花受重名。妾自承恩人报怨，捧心常觉不分明"⑤，继承并发展了罗隐《西施》一诗"家国兴亡自有时，吴人何苦怨西施。西施若解倾吴国，越国亡来又是谁"对西施的辩护，一句"捧心常觉不分明"从女性视角将那些被指为"祸水"的女子的心理活动刻画得格外生动贴切。

（二）同情地位卑微的妓女

袁枚对女性的同情体恤不仅表现在其对"女祸论"的批评上，他还对女性中地位卑微的特殊群体——妓女给予了极大的关注和深切的同情。

妓女在古代社会的形象是很耐人寻味的，一方面，她们地位卑贱，为人所轻视；另一方面，小说、诗歌、戏曲中又塑造了大量多情侠义的名妓形象，

---

① （清）袁枚：《随园诗话》，顾学颉校点，第98页。
② （清）袁枚：《随园诗话》，顾学颉校点，第98页。
③ 此诗袁枚在《随园诗话》中称为《咏陈宫》，参见是书，第98页；在《小仓山房诗集》中，此诗名为《张丽华》，参见是书，第28页。
④ （明）唐甄：《潜书》，吴泽民编校，第171页。
⑤ （清）袁枚：《小仓山房诗集》卷二《西施》，《袁枚全集》，王英志校点，第1册，第27页。

民间也不断流传着文人与妓女的各种传闻。金陵夫子庙前,美丽的秦淮河中所流淌的正是污浊与清澈交织的复杂历史,这既是举行科考的地点,也是风流艳史的产生地。① 士大夫对妓女的态度往往是轻视之、赏玩之或兼而有之,袁枚却从人道主义的立场给予这些地位卑微的妓女以极大的同情,甚至毫不掩饰地对她们中侠义多才者进行称赞。

《随园诗话》中记载了这样一则有意思的事件:袁枚有一私印为"钱塘苏小是乡亲"②,当某尚书路过南京向他索要诗册时,他率性而用了此章,尚书颇为不满,再三苛责,最后袁枚正色道:"公以为此印不伦耶?在今日观,自然公官一品,苏小贱矣。诚恐百年以后,人但知有苏小,不复知有公也。"③ 周围的人听罢都觉好笑。实际上,袁枚这里所讲的并非笑话,而是用诙谐的言语道出了历史的真实。妓女在世人看来纵然是低贱、卑微,然而与妓女中的一些"名流"之辈相比,那些虚伪庸碌的官员却根本不足挂齿。袁枚之所以敢于为一作古的名妓辩护而得罪眼前的这位达官,并非他故意标榜欣赏妓女而哗众取宠,而是他一向对妓女同情体恤的真实流露。

在《答杨笠湖》一文中,袁枚不仅为妓女进行大胆辩护,还对妓女中的有才、有德或有智之人进行赞赏。袁枚与杨笠湖是总角之交,杨氏年轻时曾向袁枚讲述了他关于"李香君荐卷"的梦④,袁枚以此为美谈并收入小说《子不语》中。当杨笠湖看到这本小说时愤然提笔,写信对袁枚进行讨伐,其信除了纠正袁枚小说中的几个技术性细节外,还旨在划清他与妓女李香君的界限,杨氏向袁枚质疑道:"末又有某得见李香君,每夸于人,以为荣幸。污蔑旧交矣!所称李香君者,乃当时侯朝宗之婊子也。就见活香君,有何荣?有何幸?有何可夸?……'名妓'二字,尤所厌闻。"⑤ 对于这位昔日"心地

---

① 参见林语堂《中国人》(全译本),郝志东、沈益洪译,第165页。
② 此为唐代韩翃《送王少府归杭州》中的诗句,袁枚取其刻印,一来因其与苏小小都是钱塘人,固然为乡亲,二来也隐含了袁枚对苏小小才识的肯定与敬慕之情。
③ (清)袁枚:《随园诗话》,顾学颉校点,第15—16页。
④ 袁枚在小说《子不语》中收入了此事,故事梗概如下:杨笠湖任河南固始县知县时,乾隆壬申乡试,杨为同考官,放榜前困倦而小睡了一会,梦见一女子向其荐"桂花香"一卷,醒后阅落卷时真发现了表联有"杏花时节桂花香"的试卷,杨氏大惊,各种机缘巧合之下,最后此卷中得八十三名。后得知此卷乃李香君之相好侯方域的后代,杨氏方知所梦女子概为李香君,并以为奇事。参见(清)袁枚《子不语》卷三《李香君荐卷》,《袁枚全集》,周欣校点,第4册,第60页。
⑤ (清)袁枚:《小仓山房尺牍》卷七《答杨笠湖》(附来书),《袁枚全集》,王英中校点,第5册,第138—139页。

光明，率真便说，无所顾忌"的朋友在日暮途穷之时"为身后之行述墓志铭起见"而欲讳隐其前说的态度，袁枚亦给予了非常犀利的批评：

> 然而香君虽妓，岂可厚菲哉？……不得以出身之贱而薄之。昔汪锜嬖童也，能执干戈以卫社稷，孔子许其勿殇；毛惜惜妓女也，能骂贼而死，史登列传。……从来僧道女流，最易传名；就目前而论，自然笠湖尊，香君贱矣！恐再隔三、五十年，天下但知有香君，不复知有杨笠湖。①

袁枚的这段反驳最基本的出发点即"不得以出身之贱而薄之"的人道主义态度，在他看来，人与人纵然有不同，人性也的确有差别，但人之高低好坏应该以其行为来判断，并没有哪一类人生而比别人低贱或高贵。

就娼妓问题而言，袁枚也认识到了其产生原因的复杂性：

> 夫人世之有娼妓，犹人世之有僧道……先王之世，蚕桑纺绩，周礼化行，内无怨女，外无旷夫，其时安得有娼妓哉？春秋礼教衰，民无恒产，南宫万奔陈，陈使妇人饮之酒而缚之，此妇人即妓者滥觞。……两千年来，娼妓一门，历明主贤臣，卒不能禁；亦犹僧道寺观，使劲遍满九州，亦未尝非安置闲民之良策。②

在袁枚看来，娼妓与僧道一样，都是礼教衰微、人道不行的产物，简单地说，就是一个社会问题。因此，袁枚并不把批判的矛头指向这些地位低下的妓女，因为她们虽是娼妓制度的主体，却并非娼妓问题产生的根源。基于此，袁枚抛开世俗鄙夷轻视妓女的态度，以一种摆脱偏见的目光来审视这一特殊群体：

> 谚云："行行出君子。"妓中有侠者，义者，能文者，工伎艺者，忠国家者，史册所传，不一而足。女不幸坠落，蝉蜕污泥，犹能自立，较

---

① （清）袁枚：《小仓山房尺牍》卷七《答杨笠湖》，《袁枚全集》，王英中校点，第 5 册，第 134—135 页。

② （清）袁枚：《小仓山房尺牍》卷七《答杨笠湖》，《袁枚全集》，王英中校点，第 5 册，第 136—137 页。

之口孔、孟而行盗跖者胜，即较之曹涂、李志淹淹如泉下人者亦胜。苟为不熟，不如稊稗；伪名儒，不如真名妓。①

袁枚"伪名儒不如真名妓"这一说法可以说是对当时礼教观念的直接挑战，"伪名儒"虽享有世俗的荣耀尊贵，以道德高尚自居，观其行却肮脏无比；"真名妓"虽地位卑下，但她们或侠义助人，或才华卓绝，或忠君卫国，的的确确有着值得称道的品质。因此，与那些口是心非的道学家相比，这些有情有义的妓女反而更加值得尊敬，这就把世俗的看法彻底颠倒了过来，打破了一般人对妓女的偏见。

在当时，以妓女为贱者而对其进行惨无人道惩罚的事例颇多，稍晚的俞正燮在讨论娼妓问题的时候也提到了一些官员对妓女的残酷惩罚，如黥其面、杖其身等，袁枚对此类行为颇为愤怒，尤其是那些以惩处妓女的残酷程度来证明自己正直清白程度的官员，在袁枚看来，这不仅有悖于人道，而且极度虚伪与扭曲。在《子不语》中，袁枚借助虚构的故事让这类伪道学家遭到了应有的报应，如《平阳令》中，他刻画了一位"性惨刻"的平阳令，凡涉及妇女之案，必引奸情审讯之，其对妓女的处罚尤其惨烈无道，最后这位残暴的平阳令竟在一旅店阴差阳错地杀死了自己的妻妾子女②；又如《妓仙》中，太守汪公曾对名妓谢琼娘进行严酷杖刑，袁枚借琼娘之口控诉了汪公的罪行，"惜香怜玉而心不动者，圣也；惜玉怜香而心动者，人也；不知玉不知香者，禽兽也"，最后汪公果然遭报应中风而亡。③

袁枚对妓女的辩护一方面是出于对弱者的同情，"他生愿作司香尉，十万金铃护落花"④一句可看作袁枚爱护女性态度的真实写照；另一方面，也是借助一些极端事例对扭曲人性的伦理异化现象进行揭露。实际上，那些以为自己抢占了道德制高点而对妓女进行肆虐抨击、无道鞭挞的伪道学家才是真正缺乏人道、人性扭曲之人。袁枚的"伪名儒不如真名妓"一语之深意不仅在于抨击伪名儒，肯定真名妓，更是要促使人们对这种扭曲的社会现象进行深

---

① （清）袁枚：《小仓山房尺牍》卷七《答杨笠湖》，《袁枚全集》，王英中校点，第5册，第137页。
② 参见（清）袁枚《子不语》卷二《平阳令》，《袁枚全集》，周欣校点，第4册，第23—24页。
③ 参见（清）袁枚《子不语》卷十一《妓仙》，《袁枚全集》，周欣校点，第4册，第207—209页。
④ （清）袁枚：《随园诗话》，顾学颉校点，第311页。

入反思。造就"伪名儒"现象的并不仅仅是他们自身,而是种种社会、思想等复杂因素综合而成的。

三 袁枚的婚恋观与贞节观——兼论钱大昕、焦循对"七出"的争论

在涉及两性关系的婚恋观和贞节观上,袁枚也有诸多大胆的议论,他的这些议论常常招致保守者的非议,但其中进步思想因素,也被后人加以继承与发展。

(一) 打破礼教束缚,肯定男女情爱

继李贽以后,明清思想家虽然对女性问题的诸多方面有甚为深入的探讨,但在实际的婚恋生活方面,几乎都谨遵传统的"父母之命,媒妁之言",不敢越礼教的"雷池"一步。袁枚继承了李贽的自由婚恋思想,对勇敢追求爱情的青年男女给予了肯定。

在《随园诗话》中,袁枚记载了他儿时从祖母那儿听来的一则故事:袁枚祖父的朋友沈遹声与杨大姑有文君夜奔之事,袁枚祖父仗义助人,事发后将杨大姑藏匿家中。这位杨大姑不仅外表美丽,"纤腰美盼,吐属娴雅",并且敢于追求真爱,有勇有谋。当时太守恶其越礼行为而将其卖与旗人,她"佯狂披发,自啖其溺",旗人亦无法忍受,后来"沈暗遣人买归,终为夫妇,生一女而亡"①。袁枚以此为美谈,并将其载入《随园诗话》中,这无疑是对敢于追求爱情的青年男女的一种肯定,正如李贽为文君奔相如而叫好,袁枚也以成人之美为千古快事。

《子不语》的《全姑》一篇记述了这样一个故事:美丽婀娜的全姑与邻里美少年陈生私通被捉,被县令两次杖罚,最终陈生被杖罚至死,全姑被买作某公子妾。②作为一篇小说,故事并没结束,袁枚还虚构了后来县令所遭之报应:其背部被一少年拍成烂桃子色般的两瓣,心恶而卒。③作为一个真实事件,事情基本到此为止,我们从袁枚后来《与金匮令》一文中可知确有其事,而金匮令正是这位二杖鸳鸯的主角,如果真实版的全姑事件还有尾声的话,那便是袁枚写给县令的这封犀利痛快的信,信之结尾袁枚道出了写信之缘

---

① 参见(清)袁枚《随园诗话》,顾学颉校点,第383页。
② 参见(清)袁枚《子不语》卷十六《全姑》,《袁枚全集》,周欣校点,第4册,第301页。
③ 参见(清)袁枚《子不语》卷十六《全姑》,《袁枚全集》,周欣校点,第4册,第302页。

由,"仆明知成事不说,既往不咎;而无如闻不慊心,事如骨鲠在喉,必吐之而后快"①。

私通遭罚的案件在古代颇为常见,结局悲惨也往往是不可避免的,是什么让袁枚对这件本无关于己的事如此愤恨,以至于一定要在现实中去信给金匮令谴责他并在小说中让县令受报呢?这里还有几个关于全姑事件的细节需要交代。其一,当县令决定杖罚陈生四十时,全姑"哀号涕泣,伏陈生臀上愿代",可见这位弱女子虽有罪却也有情有义,常人见状不免有所触动,县令却"以为无耻,愈怒,将女亦决杖四十",假道学家的不通人情之处清晰可见。其二,执杖刑的差役见全姑身体柔弱,且又受陈家贿赂,故只轻轻杖打全姑。县令觉得不解怒气,遂剪其发,脱其弓鞋,并放于案上让人传看②,毫无怜香惜玉之心。其三,结案时,全姑被判发官卖,陈生仍思念全姑,便贿赂人将其买下并娶之,事情至此也算是有情人终成眷属了,但在好事之人的告发下,县令又重新擒获二人归案。再次审案时,全姑知道难免挨罚,私底下将败絮草纸放在裤中以保护其臀,县令发现后将裤中物扯去并亲自监临杖刑,陈生为其抵挡,却被掌嘴数百,"再决满杖,归家月余死"③。金匮令棒打鸳鸯的做法,活活拆散了一对有情人,不仅让其生相离,还让其阴阳两隔,袁枚谓其行乃"大煞风景"。其四,在全姑事件中,告发全姑的并非其亲属,而是"索诈不遂,分赃不均"的好事者,故袁枚严厉责问道:"足下不为佳人之仁君,而为恶棍之傀儡,是诚何心哉。"④ 从以上四点不难看出,金匮令对这对真心相爱的情侣的惩罚尤为严酷,如花的年轻女子身心被再三摧残、羞辱,一对青年的真诚情感被反复践踏。

我们不禁要问,金匮令为何如此不成人之美?一则因为此案所涉及的两名青年,男有财,女有貌;一则因为此案事关风化。对于前者,袁枚进行了严厉的批评:"推足下之意,不过因全姑有美名,陈某有富名,故摧折之,表

---

① (清)袁枚:《小仓山房尺牍》卷四《与金匮令》,《袁枚全集》,王英中校点,第5册,第72页。
② 在缠足时代,女性的脚被视为身体的隐秘部分,绝不让外人看到,与小脚相关的弓鞋、膝裤、裹脚布等都是深藏不露的。参见高洪兴《缠足史》,第110—111页。县令不仅脱其弓鞋,还将弓鞋展示于案上,这对全姑来说可谓极大的侮辱。
③ 参见(清)袁枚《子不语》卷十六《全姑》,《袁枚全集》,周欣校点,第4册,第301页。
④ (清)袁枚:《小仓山房尺牍》卷四《与金匮令》,《袁枚全集》,王英中校点,第5册,第72页。

自己之严正；不知为民父母，而有意避嫌求名势，必至于绅士吞声，乡愚攘臂，是非颠倒。"①金匮令的行为看似严正，实则偏颇，因为二人所受的责罚远远超出了他们所犯下的过错。其出发点看似不畏权贵，实则虚伪好名，以对美丽女子的摧折来证明自己不好美色，以对富家公子的严刑来证明自己不贪图名利，真可谓如戴震所言"酷吏以法杀人，后儒以理杀人！"②陈生之死难道不正是为所谓的"天理"所害吗？若是一个合格的父母官，心自正、身自端，何需用如此不人道的方法来证明自己。更何况，如袁枚所指出，金匮令的行为不仅不是在净化社会风气，反而助长了那些好事者的刁诈之风。③

对于后者，袁枚则从经典中寻找依据，为青年男女的自由恋爱正名：

> 夫见貌而相悦者，人之情也。当文王化行南国时，犹有"有女怀春，吉士诱之"之事。至春秋时，凡列国诸侯大夫妻，其弃位而娇者指不胜屈。以南子之宣淫，而孔子犹往见之；以七子之母改嫁，而孟子以为亲之过小。④

也许孔孟圣贤并不会同意袁枚随后"男女越礼之罪小，棍役刁诈之罪大"的说法，但袁枚对金匮令"不特无恻隐之心，兼且无是非之心矣"的斥责是不无道理的。而认为"男女越礼之罪小"这一不见于经传的说法却正是袁枚对男女之情的大胆肯定，在《妓仙》中，袁枚也表达了类似的思想，"淫媟虽非礼，然男女相爱，不过天地生物之心。放下屠刀，立地成佛，不比人间他罪难忏悔也"⑤，在他看来，男女相爱是自然而然之事，虽是越礼，却并非不可赦之大恶。

可见，袁枚对男女自由恋爱是持一个开明的态度，把男女的自由相爱结合看作自然之事。不过，由于古礼把不合于礼法的男女结合均归为淫奔，所

---

① （清）袁枚：《小仓山房尺牍》卷四《与金匮令》，《袁枚全集》，王英中校点，第 5 册，第 72 页。
② （清）戴震：《戴震集》，上海古籍出版社 2009 年版，第 188 页。
③ 袁枚指出，当时律令规定"非亲属不许捉奸"，这是为了"维风化而杜刁风"。参见（清）袁枚《小仓山房尺牍》卷四《与金匮令》，《袁枚全集》，王英中校点，第 5 册，第 72 页。
④ （清）袁枚：《小仓山房尺牍》卷四《与金匮令》，《袁枚全集》，王英中校点，第 5 册，第 71—72 页。
⑤ （清）袁枚：《子不语》卷十一《妓仙》，《袁枚全集》，周欣校点，第 4 册，第 208 页。

以在袁枚的论述中，我们有时候很难区分出他对待不涉及婚姻关系的普通男女自由恋爱与婚姻关系中男女的出轨行为[①]态度有何区别。与李贽对男女自由恋爱的明确肯定相比，袁枚对男女之情的肯定多少有些模糊。

（二）反对室女守贞，为女性再嫁正名

与婚恋观密切相关的是对贞节问题的态度。谈及贞女问题，首先要论及袁枚的三妹袁机，袁枚的名篇《祭妹文》正是为悼念这位不幸女子而作，他还作有《女弟素文传》述其生平事迹。袁机，字素文，小袁枚四岁，聪颖过人，乖巧孝顺，从小与袁枚一同学习诗书、嬉戏玩乐，兄妹俩感情非常深厚。袁枚父亲曾有恩于高家，高家兄弟高八无以为报，便将弟弟高八妻子腹中的男孩与袁家三妹袁机指腹为婚，并以一枚金锁作为信物，当时由四岁的袁枚亲手为未满周岁的妹妹袁机系于颈上。可惜这却不是一段良缘的开端，高八之子长大后不成器，"有禽兽行"，高八唯恐以怨报德，两次要求解除婚约，并劝说"贤女勿自苦"。无奈袁机自幼熟读《诗》《书》，尤爱听古人节义之事，受贞女观念的影响，她认为一旦许嫁便应"从一而终"，故最后坚持嫁予高氏。

然而，袁机义无反顾的坚贞情感却丝毫没有打动她不成器的丈夫，据袁枚的描述，袁机的丈夫高氏不仅长相丑陋，而且性格暴躁，人品极差，"高渺小，偻而斜视，躁戾佻险，非人所为。见书卷怒，妹自此不作诗；见女工又怒，妹自此不持针黹。索奁具为狎邪费，不得则手掐足踆，烧灼之毒毕具。姑救之，殴姑折齿"[②]，面对丈夫的恶劣行径，袁机一次又一次地选择了退让与隐忍，直至丈夫欠下赌债，要将袁机卖掉来还债之时，她才告知自己的父亲。袁父大怒，"讼之官而绝之"。回到娘家的袁机除了尽心服侍母亲外，几乎放弃了一切人间喜乐，过着苦行僧般的生活，"自离婚后，长斋，衣不纯彩，不髢剃，不闻乐，有病不治，遇风辰花朝，辄背人而泣"[③]。最后，在高氏死后，袁机亦郁郁而终，留下一不会说话的女儿阿印。我们可以想象，面对丈夫的种种恶习，袁机是如何说服自己去坚持和隐忍；我们也可以想象，

[①] 简单地说，前者如今天的一般恋爱行为，后者如今天的婚外情。

[②] （清）袁枚：《小仓山房文集》卷七《女弟素文传》，《袁枚全集》，王英志校点，第 2 册，第 133 页。

[③] 参见（清）袁枚《小仓山房文集》卷七《女弟素文传》，《袁枚全集》，王英志校点，第 2 册，第 133 页。

面对婚姻的糟糕与磨难,袁机是怎样以强大的内心去抚平这无数的伤痛;我们唯一不能想象的是,当袁机不得不与丈夫"义绝"之时,自幼把"从一而终"作为自己一生信念的她内心世界经历了怎样的崩塌,以至于往后的人生对她而言都几乎毫无意义。

袁机的命运无疑充满了悲剧色彩,让当世的文人多有嗟叹,也常常作为贞女观点的典型案例而为清代学者所广泛讨论。虽然袁机并非真正意义上的贞女,但若是没有"室女守贞"的观念,袁机大概就不会坚持嫁予高氏,也就不会有后来的悲剧人生了。袁枚对此充满了各种复杂的情感,回想起曾经亲手为他系下的信物,回想起兄妹俩共同学习、生活的种种场景,他感叹道:"然而累汝至此者,未尝非予之过也。予幼从先生授经,汝差肩而坐,爱听古人节义事。一旦长成,遽躬蹈之。呜呼!使汝不识《诗》《书》,或未必艰贞若是。"① 一方面,袁枚为妹妹的才学与聪慧而感到骄傲,赞其为女流辈中"少明经义,谙雅故者";另一方面,袁枚又认为经传中的贞节观念影响到了三妹的选择,促成了她对"从一而终"信念的坚持,从这个角度出发,他甚至希望三妹不识《诗》《书》,没有这些才学与信念。

不过,袁枚并没有就妹妹袁机的遭遇而明确表达其对贞女的看法,我们只能从他的一篇小说《歪嘴先生》中窥视其态度,在这则故事中,某教书先生引古礼来为改适的室女辩护:"以为女虽已嫁,而未庙见,尚归葬于女氏之党;况未嫁之女,有何守志之说。"② 这里我们大体可以推测,袁枚是反对室女守贞的。但作为袁机悲剧的亲历者,袁枚并没有加入当时学者对贞女问题的激烈讨论中,其对室女守贞的思考基本止于此,他并没有进一步追问:室女守贞的观念真的和古礼相吻合吗?三妹袁机究竟是如何从经典中得出守贞之义的?是古礼本身有问题还是当世人的解读出现了偏差?对守贞的室女我们究竟应该如何评价?大抵因为事关至亲,袁枚终究无法抛开情感的纠葛以理性的态度来深入探讨这些问题,而关于贞女的繁复讨论,则留给了后来的诸多经学家、考据学家。

对于寡妇改嫁的问题,袁枚则以专文形式进行了探讨。他在《随园随笔》

---

① (清)袁枚:《小仓山房文集》卷十四《祭妹文》,《袁枚全集》,王英志校点,第 2 册,第 229 页。
② (清)袁枚:《子不语》卷十六《歪嘴先生》,《袁枚全集》,周欣校点,第 4 册,第 303 页。

中有《改嫁》一文，对历史上改嫁的人物进行了梳理。他在文中详细罗列了历史上有名的改嫁妇女，以史实为寡妇改嫁正名。从历史源头上讲，"三代以上，妇人不以改嫁为非"，而孟子以《卫风》中有七子之母"不安其室"为小过。子思之母、韩愈之女、范仲淹之儿媳等历代文人、名臣亲属皆有改嫁之例，范仲淹甚至还把守寡的儿媳嫁给门生王陶，可知改嫁自古以来在士大夫阶层并不为怪。而在一些朝代，皇族也不以再嫁为非，如《新唐书·公主传》中记载唐朝公主再嫁者二十三人，更有四例三嫁的情况，皆"书之史册，不以为耻"[1]。虽然袁枚终篇都是在以考据的方式引证史书典籍中关于改嫁的记载，没有明确要为改嫁正名的意思，但字里行间中我们仍可以找到袁枚对改嫁的微妙态度。在罗列了历代改嫁之例以后，袁枚举出反例"惟隋开皇十六年诏官员九品以上夫亡妻不许嫁，五品以上夫亡妾不许改嫁"，随即又言"《宋史·宗室传》汝南王允让最贤，为大宗正，奏宗妇年少丧夫虽无子不许嫁非人情，请除其例"[2]。从"最贤"的评价中可知，汝南王允让在改嫁问题上充分考虑到人情，敢于清除前人对贞节的严苛要求，这也正是袁枚所认可的。[3] 袁枚不惮其烦地将史上再嫁之例列举出来，显然并不是教人以再嫁、数嫁为荣，而是在当时社会普遍以再嫁为耻，妇女难再嫁的情况下为女性再嫁争取较为宽松的环境。

稍晚的清代文人钱泳（1759—1844）就从袁枚《改嫁》一文中读出了其文字背后的态度，并继承和发展了其中的观点。钱泳在《履园丛话》中说："改嫁之说，袁简斋先生极论之，历举古人中改嫁之人，若汉蔡中郎女文姬改嫁陈留董祀……"他不仅广泛引用了袁枚所罗列的改嫁事例，还在此基础上加上了"程伊川云妇人宁饿死，不可失节，乃其兄明道之子亦改嫁"[4] 一例。钱泳谓"宋以前不以改嫁为非，宋以后则以改嫁为耻，皆道学者误之"，正说出了袁枚想说而没有明确说出的话。他还进一步引沈圭之语，"兄弟以不分家为义，

---

[1] （清）袁枚：《随园随笔》卷十三《改嫁》，《袁枚全集》，赵新德校点，第 5 册，第 228—229 页。

[2] （清）袁枚：《随园随笔》卷十三《改嫁》，《袁枚全集》，赵新德校点，第 5 册，第 228—229 页。

[3] 袁枚对蔡文姬的评价也可以作为其赞同改嫁的一个旁证："宋人谓蔡琰失节，范史不当置《列女》中，此陋说也。"（清）袁枚：《小仓山房文集》卷十七《再与沈大宗伯书》，《袁枚全集》，王英志校点，第 2 册，第 285 页。

[4] （清）钱泳：《履园丛话》，张伟校点，中华书局 1979 年版，第 611—612 页。

不若分之以全其义；妇人以不再嫁为节，不若嫁之以全其节也"①，可谓对袁枚贞节观的进一步发展。不以妇女再嫁为失节，反以其再嫁为全节，这与李贽评文君奔相如一事"非失身，正获身"几乎异曲同工。不同的是，钱泳这里以再嫁为全节大概主要是为妇女的生计而论，而李贽则是针对男女自主选择婚姻而言。

此外，对于旌表烈妇，袁枚也保持了非常警醒的态度，且不论烈妇殉死是否有值得表彰之理，旌表烈妇这一行为本身可能被理解为对轻生的认可，其可能造成的负面社会影响是需要慎思的。所以他在《答金震方先生问律例书》中写道："律旌节妇，不旌烈妇，所以重民命也。……而既予之旌，又抵其死，不教天下女子以轻生乎。"对于生命与贞节的价值取舍，他大胆指出："夫死生亦大矣，自非孔子之所谓刚者，谁能轻死！女果清贞，偶为强暴所污，如浮云翳白日，无所为非。或上有舅姑，下有孩稚，此生甚重，先王原未尝以必死责之。"②对于"失节"女性而言，坚强地承担起生命中的种种责任比以死殉节更有意义。当社会对贞节的推崇跨过了"以必死责之"的界限时，也就背离了最基本的人道。因此，袁枚出于对女性生命本身的尊重与深切的人文关怀，反对旌表烈妇，劝诫"失节"女性应坚强地生活。

（三）钱大昕、焦循围绕"七出"的争论

与袁枚同时代的著名史学家、考据学家钱大昕（1728—1804）对女性再嫁的思考也是值得一提的。现代学者探讨清代学者的进步女性观时，钱大昕对女性改嫁的宽容态度常被论及。③ 不可否认，钱大昕的贞节观在同时代思想中的确颇有新意，但笼统地将其归为解放女性思想未免有失允当，钱氏关于女性改嫁的议论，还必须分两面来看。一方面，该问题的讨论起于对"七出"

---

① （清）钱泳：《履园丛话》，张伟校点，第612页。
② （清）袁枚：《小仓山房文集》卷十五《答金震方先生问律例书》，《袁枚全集》，王英志校点，第2册，第250页。袁枚也看到了传统女性在贞节问题上可能面临的两难境地。在小说《郭六》中，他描写了两位女性，一是为了保全公婆而失节的郭六，一是为了保全贞节而置父母于死地的孟村女，世人对二人皆有贬辞，前者为失节，后者为狠心。袁枚认识到现实处境中女性的这种两难，故对二人都进行了肯定。参见（清）袁枚《续子不语》卷五《郭六》，《袁枚全集》，钟明奇校点，第4册，第85—86页。
③ 如黄爱平《18世纪中国知识界对妇女问题的关注》，《故宫博物院院刊》2001年第1期；林庆嘉《清乾嘉考据学者对妇女问题的关怀》，载《乾嘉学者的义理学》（上），"中央研究院"中国文哲研究所2003年版；王明芳《清代学者的妇女观探析》，《中华女子学院山东分院学报》2006年第1期。

之义的探讨①，钱大昕肯定改嫁的直接原因是论证"七出"的合理性，因为若是被出之妇不得改嫁，那么"七出"一说就直接将先王之礼陷于不义之地了。因此，钱大昕站在男性的立场指出"夫妇，以人合者也。……而以人合者，可制以去就之义。……先王设为可去之义，义合则留，不合则去，俾能执妇道者，可守从一之贞；否则，宁割伉俪之爱，勿伤骨肉之恩"②。论者往往谓"义合则留，不合则去"是其进步观念的表达，但是回到上下文的语境，我们不难发现钱大昕此处所讲的是出妻，"不合则去"之"去"正是"七出"之"出"的另一种表达，钱氏此语并不是在讲男女婚姻的自由离合，而是强调"七出"的正当性。结合后面"宁割伉俪之爱，勿伤骨肉之恩"及"全一女子之名其事小，得罪于父母兄弟其事大"的表达，我们可以更清楚地看到钱大昕对夫妇与父兄之间的取舍，这与李贽以夫妇为五伦之首的思想不可同日而语。因此，结合钱大昕探讨此问题的出发点来考察，他主要还是站在男性的角度为"七出"寻找依据。

另一方面，钱大昕在对此进一步讨论的过程中也的确对女性在婚姻中的处境有同情的理解，从"去妇之义"中发掘出了保护女性的意涵。婚姻关系既然可以解除，男子再娶自然不难，而女性再嫁则往往遭到非议，于此，钱大昕充分考虑到了被出之妇的处境：

> 去妇之义，非徒以全丈夫，亦所以保匹妇。后世间里之妇，失爱于舅姑，谗间于叔妹，抑郁而死者有之；或其夫淫酗凶悍，宠溺嬖媵，凌迫而死者有之。准之古礼，固有可去之义，亦何必束缚之，禁锢之，置之必死之地以为快乎！③

---

① 探讨具体为："问：妇人之义，从一而终，而《礼》有七出之文，毋乃启人以失节乎？曰：此先王所以扶阳抑阴，而家道所以不至于穷而乖也。"（清）钱大昕：《潜研堂文集》卷八《问答五》，《嘉定钱大昕全集》，陈文和点校，江苏古籍出版社1997年版，第9册，第106页。有意思的是，袁枚的著作中也有一段类似的言论"妇人从一，而男子可以有媵侍，何也？曰：此先王所以扶阳而抑阴也"。（清）袁枚：《小仓山房文集》卷二十二《爱物说》，《袁枚全集》，王英志校点，第2册，第372页。虽然二人此处讨论的具体问题不尽相同，但他们都看到了对女性"从一而终"的要求与男性可出妻或纳妾二者之间的矛盾，并一致地以"先王所以扶阳而抑阴"来诠释其合理性。这样的双重标准，实际上正是后来俞正燮所批评的"男子理义无涯涘，而深文以罔妇人"。

② （清）钱大昕：《潜研堂文集》卷八《问答五》，《嘉定钱大昕全集》，陈文和点校，第9册，第106页。

③ （清）钱大昕：《潜研堂文集》卷八《问答五》，《嘉定钱大昕全集》，陈文和点校，第9册，第106页。

以此，钱大昕将论述的焦点进行了一个巧妙的逆转，针对宋儒"饿死事小，失节事大"的戒寡妇再嫁之说，钱大昕从维护血缘亲情的角度给予了回应，"予谓全一女子之名其事小，得罪于父母兄弟其事大。父母兄弟不可乖，而妻则可去"，并大胆地指出"去而更嫁，不谓之失节"，其原因在于"使其过在妇与，不合而嫁，嫁而仍穷，自作之孽，不可逭也。使其过不在妇与，出而嫁于乡里，犹不失为善妇，不必强而留之，使夫妇之道苦也"。① 谓改嫁不等于失节，这在当时是非常大胆的言论，在钱氏看来，夫妇关系是后天可变的，有去妻自然有改嫁，如果夫妻关系成为一种桎梏，则没有必要执着于"从一而终"之理。民谚谓"女怕嫁错郎"，婚姻几乎决定了古代女性的命运，但女性作为婚姻的主体通常并不能自主地决定婚姻嫁予的对象，也就是说，女性的命运往往被父母、媒妁等诸多外在因素决定，而女性自身则没有足够的掌控命运的力量。钱大昕对婚姻关系的重新定位，不仅维护了男性出妻的权利，也赋予了女性选择婚姻进而选择命运的权利。在贞节观念格外严苛的清代，钱氏的观点有着极大的现实意义。

钱大昕将夫妻关系定位一种后天的义合关系，"义合则留，不合则去"，这与现代婚姻的精神多有暗合之处，所以今人非常能够理解钱大昕对于此问题的论述。但在当时社会，钱大昕的这番言论则并不那么容易被同时代思想家理解与接受，尤其是在改嫁常常受到责难的清代，不以改嫁为失节的激进观点，的确很难为正统思想家所认同。对钱大昕颇为尊敬的焦循（1763—1820）即对这番议论提出了异议，直言"先生之言激矣"。焦循对钱大昕的反驳常被指为有卫道之嫌，但很有意思的是，焦循的反驳最基本的经典依据正是明清思想家常用来作为解放女性思想基础的《易·序卦》"有天地然后有万物"一段，焦循引此段以说明夫妇一伦在五伦中的重要地位，倘若夫妇关系可以轻易解除，那么"夫妇之道仍不定，天下之为夫妇者，稍一不合，纷纷如置弈棋，非其道也"②，因此他认为先王所定的"七出"之礼在当时已不可行③。

---

① （清）钱大昕：《潜研堂文集》卷八《问答五》，《嘉定钱大昕全集》，陈文和点校，第9册，第106—107页。

② （清）焦循：《翼钱三篇》，《雕菰集》，商务印书馆1935年版，第2册，第98页。

③ 焦循指出，先王制"七出"之礼是因为"由人道之不定，而一旦定之，或有不便者，故立法为可去。数千载后，夫妇之道久定矣，则可去之法不能行。……古今之道，不可一端视也"。（清）焦循：《翼钱三篇》，《雕菰集》，第2册，第98页。和章学诚一样，焦循也用了古今异世异势的变通法则来应对其思想与古礼的抵牾之处。而对古礼的直接质疑，在当时实际上又是十分通达甚至激进的思想，二人都以此策略来维护正统的贞节观，这也是很耐人寻味的。

焦循不认可"七出",其背后自然有维护礼教的考虑,但在当时的社会背景下,焦循的态度也未尝不是出于对女性的保护,因为钱大昕对"七出"的肯定虽然赋予了男女以再婚的自由,但现实是,被出之妇并不能轻易再嫁,处境颇为困难,诚如焦循所言:"其出也,仍返之母家乎?抑嫁之乡里乎?其嫁也,夫家嫁之乎?听妇自适人乎?或有司主之乎?抑私出之乎?嫁之乡里,而夫又不良,乃一嫁再嫁之不已乎?"① 这些顾虑,虽然今人看起来难免迂腐,但对当时之女性而言却是实实在在的困难,焦循对待婚姻的态度虽然趋于保守,但我们可以从中看到他对女性具体处境的体恤。从哲学的层面来看,这也是其"性灵"经学与历史还原主义思想交互作用的结果②,一方面,焦循对女性现实处境有一种人文关怀,与其"性灵"经学密切相关;另一方面,历史还原主义的思想又使其倾向于维护传统的贞节观念。

在女性解放的道路上,我们发现,任何一点微小的成就都不是一蹴而就的,进步与保守从来不是非此即彼的简单选项。婚姻关系的固化可能导致诸多问题,夫妇皆可能为婚姻所苦,或妇被欺凌,或家道失和,也有少数情况夫因"惧内"而受制于妇,所以取消婚姻关系的固化不失为更好的选择,也终将赋予夫妇双方更多的自由。但自由并非总是与个体的幸福感成正向关联,无数人向往自由,热爱自由,却也有无数人畏惧自由,忌惮自由,因为当人尚未成为一个真正的大写的"人"之时,当社会尚未发展到把每个人当作独立的个体来对待之时,"自由"的确可能潜藏着危机。所以在具体的历史情境中,"三从"常常可以从现实的层面保护女性,让其不致无依无靠,而钱大昕关于夫妻自由离合的观念则因其缺乏相应的土壤而难以生存。不可否认的是,钱氏的思路终究是把握了历史的方向,历史的发展终将让人逐渐成为独立的"人",可以与自由相匹配的"人"。

四 肯定女性才学,推进女性教育

清中叶是女性诗歌繁荣发展的时期,始于晚明的"女子无才便是德"一

---

① （清）焦循:《翼钱三篇》,《雕菰集》,第 2 册,第 98 页。
② 吴根友指出,焦循所讲的"性灵"即"研究者个人的独立思考精神与切实的人生体验,凭借这一'性灵',然后再从经典中寻找出与时俱进的、普遍的人文精神或曰人文价值",另一方面,受时代学术影响,其经学研究中又有历史还原主义思想倾向的一面,但后者的方法中本身有较大的弹性空间,二者之间蕴含着一种内在张力。参见吴根友《"性灵"经学与"后戴震时代"个体主体性之增长——焦循经学与哲学思想新论》,《学术研究》2010 年第 8 期。

语在乾嘉时期已为人所熟知,此语的盛行一方面彰显了社会对女子才学日渐兴盛的质疑与恐惧,另一方面也反映出当时才女文化蓬勃发展的真实状况。①在乾嘉女性才学的发展过程中,袁枚既以鼓励女子作诗的态度继承了这样一种时风,也以其广招女弟子的实践推动了这样一种女子学诗的风气。

首先,袁枚充分肯定了女性的才学,积极为女性作诗的合理性辩护。尽管历史上曾有过薛涛、李清照、朱淑真等著名女诗人的出现,但女性学诗一直以来却并不为正统思想所认可。从司马光"今人或教女子以作诗歌,执俗乐。殊非所宜也"②伊始,宋明清三代士人多以此为劝诫③。针对这种质疑之声,袁枚明确表达了自己的观点,他指出"俗称女子不宜为诗,陋哉言乎",并借助经典的例证作为依据,说明女性作诗由来已久,"圣人以《关雎》《葛覃》《卷耳》,冠三百篇之首,皆女子之诗"④,在《金纤纤女士墓志铭》中也有言:"第目论者动谓诗文非女子所宜,殊不知《易》卦'兑'为少女,而圣人系曰'朋友讲习';'离'为中女,而圣人系曰'重明以丽乎正'。其他三百篇《葛覃》、《卷耳》,谁非女子之作?迂儒穴陑之见,诚不然也。"⑤ 袁枚从《诗》《易》等经典中发掘出诗歌与女性之间的悠久渊源,进而为女性作诗正名,强化了女性与经典的关系。

《诗经》中描写男女情爱的诗歌历来争议颇多,或辨其为政治之诗以撇清与男女情爱的关系,或释其为男女情爱之诗而贬讽之,或恐其有伤风化而移换之,解读者莫衷一是。宋沈朗之奏"《关雎》、夫妇之诗,颇嫌狎亵,不可冠《国风》"正是后一种态度的反映。对此,袁枚在笑谈之间给予了严肃的反驳:

> 余尝笑曰:"《易》以乾、坤二卦为首,亦阴阳夫妇之义。沈朗何不

---

① 孙康宜指出,"女子无才便是德"口号的产生"不但没有反映出妇才受压迫的现象,它反而显示出一些卫道士对才女文化日益兴盛所感到的威胁感",[美]孙康宜:《妇女诗歌的经典化》,载《文学经典的挑战》,第102页。孙康宜所言针对的是大量才女出现的明末清初,而乾嘉时期这一口号的再度流行,也同样反映出了当时才女文化的兴盛现象及其所引发的广泛争论。
② (宋)司马光:《司马氏书仪》,商务印书馆1936年版,第45页。
③ 宋代朱熹《家礼》、明代的《性理大全书》等均收录了《司马氏居家杂仪》,可知此语一直作为官方正统思想而得到延续,至清代曹元弼《礼经学》、陈弘谋辑录的《五种遗规》之《教女遗规》中都收入了此语。
④ (清)袁枚:《随园诗话》,顾学颉校点,第590页。
⑤ (清)袁枚:《小仓山房(续)文集》卷三十二《金纤纤女士墓志铭》,《袁枚全集》,王英志校点,第2册,第588页。

再别撰二卦以进乎？"且《诗经》好序妇人：咏姜嫄则忘帝喾，咏太任则忘太王；律以宋儒夫为妻纲之道，皆失体裁。①

袁枚对《易经》阴阳夫妇之义的继承与发挥，也可看作其女才观乃至整个女性观的哲学基础。正是因为乾坤二卦居于卦象之首，所以夫妇之义、男女之情理当具有不可置疑的正当性和重要性。同时，《诗经》中多有咏妇人之诗，毫无礼教纲常的意味，故袁枚借此也附带批评了宋儒"夫为妻纲"②的教条。

其次，袁枚认为女性有作诗的独特优势，这是与其"性灵说"诗论密切相关的。在当时诗坛，有几种较为突出的诗论，如沈德潜"格调说"，强调温柔敦厚的诗歌格调及其"诗教"的功能；翁方纲"肌理说"则把儒家典籍与考据学问看作作诗的根本。与此不同，袁枚的"性灵说"把诗歌所表现的内心最真实的情感与灵性放在首位，他认为"多一分格调者，必损一分性情"③，拘泥于格调之类的形式要求会遮蔽内心之本真，而考据学识的要求则是"错把抄书当作诗"④。在袁枚看来，"诗境最宽，有学士大夫读破万卷，穷老尽气，而不能得其阃奥者。有妇人女子、村氓浅学，偶有一二句，虽李、杜复生，比为低首者。此诗之所以为大也"⑤。对于女性而言，所受的教育相对较少，所掌握的经礼也相对薄弱，而女性一般也被认为较之于男性情感更加敏感丰富，因此，以"性灵"作诗，既能一定程度弥补女性学识上的相对缺乏，避免学识对诗性的遮蔽，也可以充分利用女性的性别优势。⑥

---

① （清）袁枚：《随园诗话》，顾学颉校点，第167页。
② 虽然"夫为妻纲"出于汉代的"三纲"之说，但袁枚这里批评"宋儒夫为妻纲之道"，大抵是针对宋儒在女性问题上的苛刻与僵化而言的。
③ （清）袁枚：《小仓山房（续）文集》卷二十八《赵云松〈瓯北集〉序》，《袁枚全集》，王英志校点，第2册，第489页。
④ （清）袁枚：《仿元遗山论事》，《小仓山房诗集》卷二十七，《袁枚全集》，王英志校点，第1册，第596页。
⑤ （清）袁枚：《随园诗话》，顾学颉校点，第88页。
⑥ 据孙康宜的研究，明清文人提拔女诗人的策略之一即"强调女性是最富有诗人气质的性别，因为他们认为女性本身具有一种男性文人日渐缺乏的'清'的特质"，钟惺、葛徵奇、邹漪等都有过类似的表达。钟惺特别把"清"与"真"联系起来，认为女性缺乏写作吟诗的严格训练，在现实社会领域的局限性，使得她们反而更能接近自然并拥有情感上的"真"，故他说"男子之巧，洵不如妇人矣"。详见［美］孙康宜《明清文人的经典论和女性观》，载《文学经典的挑战》，第88—91页。袁枚在女性作诗的性别优势上并未像钟惺等人一样格外强调，甚至将其置于男性之上，但袁枚所言的"性灵"无疑与钟惺所推崇的女性"清"的特质有相通之处，都强调诗歌对真实情感的抒发。大体上，袁枚对女诗人的提拔也可归于这样一种策略。

再次，基于对女性诗才的充分认可，袁枚在实践中也积极推进女性教育，广招女弟子。招收女弟子之风在清代已经逐渐形成，个别招收的如毛奇龄招徐昭华、冯班招吴绡等，数量较多的如与袁枚同时代的任兆麟，招"吴中十子"等二十来人。① 袁枚之广招女弟子也正是这种时风之下出现的，并且"随园女弟子"的数量、质量、名气在当时都属佼佼者，当然，其所遭到的非议也是最为突出的，章学诚对袁枚广招女弟子的批评就是最显著的例证。

随园女弟子成员众多，据王英志研究，至少有五十人，多为无经济之忧、闲暇较多的文人妻女，也有少数家庭贫寒或身世极为不幸的女子。② 随园女弟子对袁枚都怀有极大的崇敬之情，对先生之诗文甚为了解，如吴江女子严蕊珠，其言"先生之诗，专主性灵，故运化成语，驱使百家，人习而不察。……然非读破万卷，且细心者，不能指其出处"③。这既体现了蕊珠对先生诗文的崇敬，也可看出随园女弟子的好学勤奋、聪颖善思。袁枚除了对她们给予作诗上的指导，也对其中优秀者格外赞赏，其言"余女弟子虽二十余人，而如蕊珠之博雅，金纤纤之领解，席佩兰之推尊本朝第一：皆闺中之三大知己也"④，显示出袁枚与女弟子之间这种亦师亦友的关系。

最后，袁枚对女弟子的指导不仅仅是在精神上支持并鼓励她们进行诗歌创作，还通过一系列具体的实践来推动女性作诗。一是组织诗会，袁枚于1790、1792年在杭州西湖，1792在苏州阊门绣谷园共举行了三次女弟子诗会。诗会的形式既为女弟子提供了一个交流学习的机会和平台，也为这些闺秀诗人从闺阁之内走向公共领域搭建了一座可能的桥梁。在女弟子诗会中，女性能够将自己的才华置于公共空间中，在社交中增强女性作诗的认同感、自信心与归属感。二是刊刻诗稿，袁枚于1796年编辑出版了《随园女弟子诗选》，收入了女弟子十九人的诗歌，共五百多首，在其《随园诗话》中也收入了大量女弟子的作品，他还将家族中的一些女性诗稿整理成书，并为她们撰写序言。诗歌刊刻出版也是出于袁枚的爱才惜才之心，"第恐针黹之余，不暇弄笔墨，而又无人唱和而表章之，则淹没而不宣者多矣"⑤。事实上，刊刻闺

---

① 参见王英志《袁枚评传》，第267页。
② 参见王英志《袁枚评传》，第273—278页。另，书中还考察了随园女弟子具体成员及其籍贯，并分析了随园女弟子生成的原因，可参看。
③ （清）袁枚：《随园诗话》，顾学颉校点，第835页。
④ （清）袁枚：《随园诗话》，顾学颉校点，第835页。
⑤ （清）袁枚：《随园诗话》，顾学颉校点，第590页。

秀诗稿不仅让当时更多的读者能够看到这些诗作，使得女性作品被置于广阔的公共空间中，还让一些作品得以流传至今，在一个纵向的时间维度延伸了这些女性的才华与智慧。同时，这些诗歌也成了我们今天了解与研究明清女性生活的重要素材。

袁枚这些推动女性走向公众视野的举动，悄然地触动了传统男/外、女/内的性别角色分工以及牢固的"男女有别"观念，从而不可避免地引来了严守正统观念的学者的不满，即使是同样对女性诗作颇为推崇的清末学者俞樾（1821—1907），也刻意与袁枚划清界限。① 当然，最激烈的批评还是来自章学诚，袁、章二人的分歧将在下一节中详细讨论。

袁枚开明的女性观主要建立在对女性理解、同情的基础上，诸如反对缠足，为女性鸣不平，肯定女性才学等，都成了明清时期解放女性思想的重要组成部分。然而，袁枚的女性观也未完全超出时代与个人的局限，在他的作品中，有时也会流露出一些根深蒂固的男尊女卑观念，如他最为人所诟病的一句"妇人从一，而男子可以有媵侍，何也？曰：此先王所以扶阳而抑阴也。狗彘不可食人食，而人可以食狗彘，何也？曰：此先王所以贵清而贱浊也。二者先王之深意也"②，这正是对纳妾制度的明确肯定和维护。在生活中，袁枚纳妾人数也较多③，并且不仅仅是出于"无后为大"的观念，如他自己所言"无子为名又买春"④，这都让他的女性观大打折扣。此外，屡屡"弄瓦"，不得子嗣，也让袁枚颇有怨言，在其生女后所作的诗中不难看出他的这种情绪，"真是庶人命，雌风吹不清。缘何长至日，转报一阴生？客厌来偏数，棋输劫屡惊。呱呱双瓦响，添作恼公声"⑤，尽管对古人而言，这种态度是完全可以理解的，但相比李贽无子而终身不纳妾，唐甄无子"弄瓦"仍欢喜，我们也不难看出袁枚女性观中的局限。

---

① 俞樾对家中女性著作非常珍惜，但拒绝招收女弟子，并对袁枚颇有微词。参见刘咏聪《敦礼尚情——俞樾推介女性著作之心态表现》，载《礼教与情欲：前近代中国文化中的后/现代性》，"中央研究院"近代史研究所1999年版，第189—195页。
② （清）袁枚：《小仓山房文集》卷二十二《爱物说》，《袁枚全集》，王英志校点，第2册，第372页。
③ 据王英志的研究，袁枚一生纳妾确凿可考者至少五人。参见王英志《袁枚评传》，第46—47页。
④ （清）袁枚：《小仓山房诗集》卷十六《自嘲》，《袁枚全集》，王英志校点，第1册，第323页。
⑤ （清）袁枚：《小仓山房诗集》卷十八《十一月十八日又生一女》，《袁枚全集》，王英志校点，第1册，第368页。

第二节　章学诚的女性观

章学诚（1738—1801），字实斋，出生于浙江会籍（今绍兴），是清代乾嘉时期著名的史学家、思想家。他一生经历坎坷，七次参加科举考试，直到四十一岁时才考中进士，终其一生都在为生计而奔波，靠著书讲学、为人修志、担任幕僚等为生。主要著作有《文史通义》《校雠通义》《湖北通志检存稿》《湖北通志未成稿》等。

章学诚在史学、哲学、方志学、编撰学等领域的学术贡献在今天得到了普遍的承认，并被学界广泛地讨论，但章氏的一生却并不得志，其学术思想在他生前也并不为人所重视。"直到1920年以后，章学诚作为一个思想家的地位才被公开和普遍地认可"，不过，反映章氏女性观的重要文章《妇学》在章氏的其他著作出现之前，就已经被单独收入许多文选和丛书中。[①] 但这种被格外关注的妇学思想却并不足以展示章氏女性观的全貌，并且往往容易把读者导向评价章学诚女性观的歧途。

今天看来，章学诚的女性观作为一种独立的思想观念，主要包括了章氏对女性的才学、德性、地位等一系列问题的基本态度和观念，既反映在章氏对袁枚等人的批评言辞之中，也表现在章氏的历史观阐述及修史的实践中。

尽管我们不能确切地知道章学诚为何对女性问题给予了较多的关注，但从章氏的传记与年谱中我们得知，章氏是家中独子，家里有一个姐姐和几个妹妹，当他两三岁咿呀学语时，他的大姐整天抱着他，逗他说话。[②] 当章氏长至七岁，母亲便以《百家姓》对他进行启蒙教育。[③] 在章氏的早年生活与早期学习中，女性扮演了非常重要的角色，这都在一定程度上影响了他日后的女性观。

一　章学诚的妇学思想

论及章学诚的女性观，最引人注目的恐怕要数他对袁枚的激烈批评。这

[①] 参见［美］倪德卫《章学诚的生平及其思想》，杨立华译，江苏人民出版社2007年版，第208、201页。

[②] 参见［美］倪德卫《章学诚的生平及其思想》，杨立华译，第16—17页。

[③] 参见胡适、姚名达《章实斋先生年谱》，商务印书馆1929年版，第5页。

些批评的言论主要见于《诗话》《书坊刻诗话后》《题〈随园诗话〉》《妇学》《妇学篇书后》等篇目，其中往往有非学术性的批评，甚至有近乎人身攻击的激烈言辞①，但我们仍可以从这些篇章中发掘出章氏对女性才学、德性及两性关系等相关问题的看法。此处仅从文本出发探讨其中所蕴含的妇学思想，进而探析章氏的女性观，而章学诚对袁枚的批评及二人女性观之异同将在本节第四点进行进一步讨论。

"妇学"一词，语出《周礼·天官冢宰第一·九嫔》："[九嫔]掌妇学之灋，以教九御妇德、妇言、妇容、妇功，各帅其属以时御叙于王所。"② 在《妇学》一文中，章学诚开篇即指出"妇学之名，见于《天官》内职，德言容功，所该者广，非如后世只以文艺为学也"③，一方面强调妇学之说在典籍中有文本依据，另一方面也强调了妇学并非局限于后世以为的文艺之学。此语基本上奠定了章学诚的妇学思想的基础。从章氏《妇学》的具体论述来看，主要包含以下几个基本观点。

第一，妇学的基本内涵——"妇学之目，德言容功"④。妇学包含德言容功的说法虽然出自《周礼》，但这只是章学诚妇学理论的基点，通过对德言容功及其与礼的关系的论说，章氏进一步阐释了自己对妇学的基本看法。在妇德、妇言、妇容、妇功四者中，他认为，"德隐难名，必如任姒之圣，方称德之全体。功粗易举；蚕绩之类，通于士庶"，因此，"至其学之近于文者，言容二事为最重也"。妇容与妇言都离不开礼，由"妇容之必习于礼"与"妇言主于辞命……所谓辞命，亦必礼文之所须也"，可知"古之妇学，必由《礼》而通《诗》"。在章氏看来，礼与诗的关系是不容忽视的，"学必以礼为本"，只有认识到礼的根本性地位，才不至于舍本逐末，若是舍弃了根本性的礼而"妄托于诗"，则"诗又非古人之所谓习辞命而善妇言"。因此，章氏认为古今妇学的区别就在于其诗是否以礼为依托，"古之妇学，必由礼以通诗；今之妇学，转因诗而败礼"⑤，而所谓的今之妇学，也正是章学诚批评的落脚点。

第二，肯定女性才学。与"女子无才便是德"将女子才德完全对立起来

---

① 如"诬枉风骚误后生，猖狂相率赋闲情。春风花树多蜂蜨，都是随园蛊变成"，（清）章学诚：《题〈随园诗话〉》，《文史通义新编新注》，仓修良编注，浙江古籍出版社2005年版，第306页。
② 《周礼注疏》，北京大学出版社2000年版，第227页。
③ （清）章学诚：《妇学》，《文史通义新编新注》，仓修良编注，第307页。
④ （清）章学诚：《妇学》，《文史通义新编新注》，仓修良编注，第307页。
⑤ （清）章学诚：《妇学》，《文史通义新编新注》，仓修良编注，第312页。

的观点相比，章学诚并不断然否定女性才学，相反，他仍是在尝试对女性的才学作一个正面性的描述。对前人"女子无才便是德"这样的提法，章学诚有自己的理解，他认为这并不是要否定女子的才学，而是对那些"小有才而不知学，乃为矜饰鹜名"的女子的批评，本来"古之贤女，贵有才也"，但这种不得其正才的女性"转不如村姬田妪"，后者至少不会贻笑大方。① 可见，章学诚所反对的并不是女性的才学本身，而是偏离了女性才学之"正"（更确切地讲，是章学诚对女性才学的规范下的"正"）的女学及其所导致的负面社会影响。

暂且不论章氏对"女子无才便是德"的理解是否符合真实的历史语境，至少我们可以看到他对女性才学基本上持正面的、肯定的态度。这种态度在《妇学》篇中还有多处印证。从实用的角度，章氏认为自古以来，女性都对文字有所用，"盖后妃夫人，内子命妇，于宾享丧祭，皆有礼文，非学不可"②。《春秋》内外诸传中散见的知识女性得到了章氏的高度赞赏，"凡斯经礼典法，文采风流，与名卿大夫有何殊别"，"是知妇学亦自后世失传，三代之隆，并与男子仪文，率由故事，初不为矜异也"。③ 女性的才学在章氏看来本是完全不亚于男子的，理论上讲，男女的才学并无高下之分，"聪明秀慧，天之赋畀，初不择于男女，如草木之有英华，山川之有珠玉，虽圣人未尝不宝贵也"④。后世的妇学，如文君、蔡琰之才学，"虽异于古，亦不悖于教化者也"⑤，而李易安的金石、管道升之书画都是为章学诚所欣赏的。可见，章氏笔下的妇学亦有女子才学的内涵在其中，而并非只是教女性如何囿于阃内，拘泥于事舅姑、做女红这种狭窄的内容。

第三，女性才学之"善成"。尽管章氏肯定女性的才学，亦不反对女性习文作诗，但他对妇学却有着一系列严格的规定。首先，章氏强调女性习文应是出于天性的擅长，不得好名。"妇人文字，非其职业，间有擅者，出于天性之优，非有争于风气，鹜于声名者也。"⑥ 女性习文的范围应是有限的，并不是所有女性普遍地具有擅文的才气，若是天生具有这种才学的女性，必然是发自纯粹的

---

① （清）章学诚：《妇学》，《文史通义新编新注》，仓修良编注，第312页。
② （清）章学诚：《妇学》，《文史通义新编新注》，仓修良编注，第307页。
③ （清）章学诚：《妇学》，《文史通义新编新注》，仓修良编注，第307页。
④ （清）章学诚：《妇学》，《文史通义新编新注》，仓修良编注，第317页。
⑤ （清）章学诚：《妇学》，《文史通义新编新注》，仓修良编注，第308页。
⑥ （清）章学诚：《妇学》，《文史通义新编新注》，仓修良编注，第308页。

自然天性，不得有任何好名之心。章学诚对好名之女性尤为反感，甚至对她们进行较为严厉的指责，谓其"非阴类矣"。其次，女性的才学主"静"，其思不得逾于阃外。"女子佳称，谓之'静女'，静则近于学矣。今之号才女者，何其动耶，何扰扰之甚耶"①，当时女子文字之性情流露，个性解放，与章氏所欣赏的女子才学之静不尽相符，因此深为其所诟病。他认为，那些好的诗文"莫不静如止水，穆若清风，虽文藻出于天娴，而范思不逾阃外"②，况且"古者内言不出于阃"，因此，得其"善成"的妇学应当是典雅娴静、贞正高洁的。

此外，男女之大防也是妇学得其正的必要条件。章学诚从卫道的立场明确指出"盖文章虽曰公器，而男女实千古大防，凛然名义纲常，何可诬也"③，那些男女唱和之文有悖于男女之防嫌，有损于名教纲常，故为章氏所鄙薄。可见，章学诚所肯定的才女并非一般意义上有才学的女子，而是那种天性擅文辞，才学所思不出于阃外，并且注重男女之防，符合纲常名教的"静"女。

值得注意的是，章学诚对女性炫才的批判，并不仅仅是基于女性的性别而认为她们不应"矜饰鹜名"，事实上男子的炫才也是深为章氏所恶的。自晚明始流行于世的"女子无才便是德"一语的前句便为"男子有德便是才"。可见，才德之间的紧张关系并不只体现在女性身上，中国古来就有"重德不重才"的传统。④

综上可知，章学诚的妇学思想基本承袭了《周礼》中的"德言容功"的要求，并在此基础上有所发挥。章氏对妇学中涉及女性才学的方面作了详细的论说，既肯定女性的才学不亚于男子，又对女子习文作出了诸多严格的规定说明。其中，妇学的根本出发点是"礼"，无论是言辞或是妇容，都离不开礼的要求，凡是抛弃了礼而妄作之诗文都是不可取的。在章学诚那里，妇学，一言以蔽之，乃是礼学之妇学。

二　章学诚的女性史观

如果说《妇学》诸文是章学诚女性观的直接表达的话，那么在章学诚

---

① （清）章学诚：《妇学》，《文史通义新编新注》，仓修良编注，第312页。
② （清）章学诚：《妇学》，《文史通义新编新注》，仓修良编注，第308页。
③ （清）章学诚：《妇学》，《文史通义新编新注》，仓修良编注，第308—312页。
④ 参见 [美] 孙康宜《女子无才便是德》，载《文学经典的挑战》，第271—273页。

《答甄秀才论修志第二书》《永清县志·列女传》《湖北通志未成稿·列女传》及相关的单篇传文中，则集中体现了章氏的女性史观。在这些字里行间中，我们所看到的章学诚不是一个时时维护礼教、强调世道人心的卫道士形象，而更多是他尊重、同情女性，肯定女性才学及独立地位的开明的一面。

第一，充分肯定女性才学，不以贞节作为评价女性的唯一标准。区分列女和烈女，认为入史入志的女性不应该限于节烈一门，而应当广泛罗列有才华、有作为的女性。刘向的《列女传》之"列女"至东汉以后转而为"烈女"，原本多样的女性价值被狭隘化为单一的贞节烈女。章学诚看到了这一变化的弊病，因此他在《答甄秀才论修志第二书》中专门强调"列女宜分传例也"，并对列女与烈女二者进行了辨析。章学诚指出，刘向所叙之列女乃是"罗列之谓"，而后世史家所记之列女则是"节烈之谓"。章氏承袭了刘向所记的列女之义，认为"列之为义，可为广矣"，故"其正载之外，苟有才情卓越，操守不同，或有文采可观，一长擅绝者，不妨入列女，以附方技、文苑、独行诸传之例，庶妇德之不尽出于节烈，而苟有以长足录者，亦不致有湮没之叹云"[1]，而对于维护纲常之贞节烈妇可另立贞节传以旌表之。不难看出，章学诚对女性入传标准的判定是具有包容性的，凡有一技之长，可观可赞之处的女性，都可以纳入"列女"的范围，女才、女德及女性之智慧、胆识等都可以独立于节烈之外而被肯定，这也在一定程度上反映出章氏对女性价值评价标准的多样化。

第二，从称谓上肯定女性的独立性，主张女性入史应以女氏为其首字，其夫名父族次于其下。在范晔《后汉书》之《列女》篇中，"章首皆用郡望夫名"，如"渤海鲍宣妻者，桓氏之女也，字少君"，"孝女曹娥者，会稽上虞人也"，"酒泉庞淯母者，赵氏之女也，字娥"（《后汉书·列女传第七十四》）等，皆或用丈夫、儿子名于其前，或以地名冠于前，或以女子之美德名于前，不见女子姓氏在前。章学诚对此提出质疑："既非地理之志，何以地名冠首？又非男子之文，何必先出夫名？是已有失《列女》命篇之义矣。"[2] 在章氏看来，既为专门的《列女》篇，就应给予女性独立的位置，"当云某氏某郡某人之妻，不当云某郡某人某妻也"，并给出了具体范例，即"今以女氏冠

---

[1] （清）章学诚：《答甄秀才论修志第二书》，《文史通义新编新注》，仓修良编注，第848页。

[2] （清）章学诚：《〈永清县志·列女传列〉序例》，《文史通义新编新注》，仓修良编注，第978页。

章,而用夫名父族次于其下,且详书其村落,以为后此益乡广县之考征,其贞烈节孝之事,观文自悉,不服强裂题目,俾览者得以详焉"①。对于这些入传的女性而言,入传的是女性自身,其夫、其父、其子、其居住地甚至其美德从某种程度上讲都应该是附属于入传人本身的,因此都不可先于女性姓氏而被书写。"名"之辨背后所隐含的正是对"实"的辨正,可以说,这正表现出章氏对女性独立性的充分肯定。

第三,《章氏遗书》中记载了丰富多样的女性形象。在《章氏遗书》入传的约400名女性中,包括以下几大类:一是节妇,占入传总数的62.5%;二是贞女,占入传总数的4.5%;三是孝义女性,占入传总数的2.8%;四是贤淑女性,占入传总数的15%;五是才慧女性,占入传总数的2.8%;六是烈妇,占入传总数的10%。② 其中,贞节烈妇占了3/4以上,但也不乏孝义、贤淑、才慧的女性形象。这也是与章氏对女性入史入传的基本看法相一致的,其所记录的烈女并非尽是以身殉夫的贞烈女子,也有侠烈、才烈等形象。章学诚还不顾世俗偏见,在修史时大胆记载了一名大名县的侠义妓女,该女子有豪言曰:"舍身全一城生命,虽齑粉何辞。"③ 当时的一些编撰者因其"妓女"身份而拒绝收录此事,章学诚则"援史例入之",并为不知其名而感到可惜。对于这位妓女的功劳,章氏大加赞赏道:"向使献闯诸贼,入其良言,则天下可以易危而安,虽孔子仁管仲之功,不过是矣。"④ 章学诚将这位侠义妓女载入史册也并非其修史中的孤例,在另一本史册中,他还记载了琼枝、曼仙等具有民族气节、壮烈牺牲的乐妓。⑤

就传主的身份而言,入传的女性既有作为正室、继室的妻,也有地位较低的妾,甚至包括身份卑微的婢。对于婢的入传问题,章学诚在《书汪龙庄越女表征录后》文中进行了讨论,对个例中的婢女入传给予了肯定,"所谓通房侍枥,人事之常,定情荐寝,何必定有明文可执,联桂之事,于义自可无

---

① (清)章学诚:《〈永清县志·列女列传〉序例》,《文史通义新编新注》,仓修良编注,第978—979页。
② 参见徐适端《〈章氏遗书〉中的妇女传记与章学诚的妇女观》,载《章学诚国际学术研讨会论文集》,北京图书馆出版社2004年版,第377—381页。另,许慧玲对章学诚笔下的列女传内容进行了详细列表与整理,可参看。详见许慧玲《章学诚女性史观研究》,硕士学位论文,"国立"中央大学,2008年。
③ 参见(清)章学诚《记大名县志轶事》,《章学诚遗书》,文物出版社1985年版,第187页。
④ (清)章学诚:《记大名县志轶事》,《章学诚遗书》,第187页。
⑤ 参见(清)章学诚《列女·侠烈》,《章学诚遗书》,第360页。

庸疑也"①，婢女虽出身卑微，但在一些特例情况下也足以收入其事迹。可以说，章学诚记载的女性形象是具有很大包容性的，既不拘泥于特定的德行，也不局限于一定的阶层。

第四，肯定女性的价值与贡献，同情与关怀女性命运。传统女性在家庭中所承担的责任是重大而艰辛的，尤其是一些守寡的节妇，她们独自支撑其家庭的重任，上事舅姑，下抚孤子，有时还需要负担起家中的经济重任，几十年如一日地默默经营家庭，章氏笔下记载了诸多这样的坚强女性，并对其贡献给予了充分肯定。此外，章学诚还记录了一些女性对乡里甚至社稷的贡献。②

婚姻之于女性的意义颇为重大，在传统"父母之命，媒妁之言"的婚姻结合中，女性往往不能选择自己的婚姻，而遇人不淑、命运悲惨的情况也就更为常见，如前文所提到的袁枚三妹袁机的经历正是不幸婚姻之典型，让人可怜可叹。章学诚笔下对这类遭遇不幸、嫁予匪人的女性也寄予了深切的同情，他在《章氏二女小传》中记载了从兄允功之二女的不幸遭遇，以善良、贤淑之姿而嫁予无义薄情之徒，章氏感叹道："其昏悖无人理如此，呜呼！女之遭际，可谓不幸也已。"并对此进行了深刻反思："家庭无礼，则晦如长夜，夫妇居室，如水火相济以有成。女之峻洁，处涂泥中，理不长久。"③ 在对女性命运感叹与同情之余，章氏特别强调了家庭内伦之礼对于男方的要求。

总之，章学诚的女性史观更多地体现了其女性观中开明的一面，尤其值得注意的是，他在修史中的对女性独立价值的充分肯定以及对女性入史的包容性。

三 章学诚女性观的内在矛盾

从以上对章学诚女性观的论述中可以看出，章氏一方面重视女性，尊重女性，赞赏女性，另一方面又限制女性，苛责女性，压抑女性。为什么章学诚在看待女性的一系列问题上会有这样矛盾的看法呢？这种矛盾究竟源自何处？这需要我们进一步分析其女性观背后隐含的哲学思想。

第一，章学诚认为女子的自然天性与礼教的要求是内在一致的。在女性

---

① （清）章学诚：《书汪龙庄越女表征录后》，《章学诚遗书》，第215页。
② 参见许慧玲《章学诚女性史观研究》，硕士学位论文，"国立"中央大学，2008年。
③ （清）章学诚：《章氏二女小传》，《章学诚遗书》，第200页。

才学问题上，章氏一再强调女性作诗习文应是发自天性，出于自然，合于礼教的。在未婚女子守贞问题上，章氏认为乃是出于天性，发自内心情感，而非好名矫情之为，即"人心所有，不可谓非礼文之所许也"①。可见，在章氏看来，发自内心的自然天性必是不悖于礼教的。因此，女子天性好静，女性才学之思不逾于阃外，女子不得作诗与男子相唱和，这些都是女子天性的自然流露，也自然是合乎礼教的。

我们要继续追问，为什么女子的自然天性就是如此？从章学诚的论述中，我们能够找到的答案也就是，因为这些行为是出于礼教的，所以女子会有如此的天性流露。那么女子天性与礼教之间的关系便成了一种循环论证，既用女子天性主静来作为女子天性之行为合于礼教的原因，又用女子天性之行为合乎礼教来作为女子天性主静的理由。换句话说，在章氏的论述中，女性的自然天性既是出于礼教又是合乎礼教的。为了避免陷入这种无休止的循环之中，我们只能把礼教与天性的内在一致性看作章学诚思想中的基本预设。这一预设也为我们进一步探讨章氏的女性观打下了基础。

第二，章学诚认为女性的一系列性格特征是与生俱来的，固定不变的。女性好静，擅阃内妇功，若新妇参军，则有失名教；女性时刻注意防男女之嫌，若与男子唱和，征诗刻稿，骛于声名，则是忘其雌身，非阴类也；女性贤淑持家，相夫教子，德言容功皆合于礼；女性有"感激殉身，笃志守节"的自然倾向。女性的这一系列性格特征都是属于阴类的类特征，是女性作为雌性所专属的，如果有所欠缺，女性的性别则会在不同程度上遭到质疑。可见，在章学诚那里，以上的这些女性特征都是内在于女性类别之中的，是女性毋庸置疑、固定不变的普遍特征。因此，顺其天性之自然就是最好的方式，无论是在女性才学、性情，还是在女性的贞节问题上，女性都可以顺着这自然的天性去行事，而不会与名教相抵触。

结合第一点（即章学诚认为女性的天性与礼教的要求是内在一致的）与以上所论述的女性天性是固定不变的，那么，我们可以自然地得出结论：在章学诚看来，礼教也是固定不变的。然而，章学诚在《〈述学〉驳文》中就贞女问题对汪中《述学》的驳斥又反映出其"礼教"观念的松动。汪中在《女子许嫁而婿死从死及守志议》中对室女守贞进行了激烈的批判，认为贞女

---

① （清）章学诚：《〈述学〉驳文》，《文史通义新编新注》，仓修良编注，第364页。

的行为不合古礼。在室女殉夫的问题上，章氏虽然也合乎人情地认为"未昏殉夫，诚不免过"①，但由于贞女守志的行为与儒家的纲常伦理有着千丝万缕的联系②，章氏对贞女的赞美之情溢于言表，为了论证贞女的合法性，他又大胆指出"古今时异，周、孔复生，亦不必尽强以服古也"③。章学诚既要维护"凛然名教"，又不得不面对古今异世异势的问题，因此，章氏在礼教的诠释上便出现松动。既然礼教规范并非古今恒定不变的，那么章氏对女子天性的一系列合于礼教的规定也就不再是坚不可摧的了。

第三，章学诚认为男女才学本是平等，文章本是天下之公器，但更为重要的是名教纲常。为何章氏既肯定女子才学不亚于男子，又对女子学文有诸多要求和规定呢？原因就在于，女性本与男子一样是可塑之才，聪慧的女性亦是受上天的禀赋，但凛然名教不可诬，故女性便不能与男子一样自由发展其才学，只能"因其所通，申明诗礼渊源，进以古人大体"④。公器虽是男女所共有之公器，才学亦是男女所共有之才学，但在章学诚那里，凛然名教的地位却是凌驾于公器与才学之上的，因此，在名教面前，作为公器的文章不能被男女相唱和，不能让女性自由抒发自己的情感，女性所拥有的才学不可随意施展，而要受到一系列名教纲常的限制。如此看来，章氏所讲的公器并非真公器，男女平等的才学也并非真平等，它们都是有条件的，有待于名教纲常的要求的。也正是在这个意义上，体现出了章学诚明显的卫道立场。

另一方面，在章学诚的历史哲学中，其"道论"却又有着新兴而深刻的思想内涵。章氏并不把"道"看作一个恒定不变或先天有之的理念，反对"离器而言道"或仅"守六籍而言道"⑤，而强调"道者，非圣人智力之所能为，皆其事势自然，渐行渐著，不得已而出之"⑥。若是章氏能够秉承着其历史哲学中对"道"的开放观点去看待女性的才学，那么其得出的结论恐怕会

---

① （清）章学诚：《〈述学〉驳文》，《文史通义新编新注》，仓修良注，第363页。
② 尽管没有明显的证据显示儒家与贞女之间有着必然的联系，但我们可以说，明清时期的"贞女"一词不仅仅代表的是贞女本身，还隐含了时代的政治寄托、儒家的道德信念与好极端、喜猎奇的文化风尚等。详见[美]卢苇菁《矢志不渝：明清时期的贞女现象》，秦立彦译，第7—10页。笔者认为，在章学诚生活的时代，民族情感的象征意义已经淡化，面对考据学者对贞女的责难，章学诚这位"不合时宜"的史学家眼里的"贞女"更多地象征着儒家的伦理纲常及道德信念。
③ （清）章学诚：《〈述学〉驳文》，《文史通义新编新注》，仓修良编注，第362页。
④ （清）章学诚：《〈妇学〉篇书后》，《文史通义新编新注》，仓修良编注，第317页。
⑤ （清）章学诚：《原道中》，《文史通义新编新注》，仓修良编注，第101页。
⑥ （清）章学诚：《原道上》，《文史通义新编新注》，仓修良编注，第94页

更加通达，更能前后一贯。

从整体上讲，作为史学家的章学诚在史学领域有较多有价值的思想，其开明的女性史观正是其进步的史学思想在女性史方面的具体展现；作为"卫道士"的章学诚，在伦理学方面的观点则十分保守，所以但凡触及礼教的女性问题，他都坚持捍卫名教纲常，表现出浓重的头巾气。吴根友在论及章学诚对戴震的批评时指出，章氏在文史问题上有很多高明的见解，但在伦理、政治方面却相当保守，"这种保守的政治与伦理学立场使得他无法理解戴震、袁枚等人的新思想"①。章氏在女性问题上的矛盾态度，也正是其史学思想与伦理思想内在不一致的一种体现。

四 章学诚对袁枚的批评——兼及二人女性观之异同

章学诚对袁枚的批评可谓清代学术史中的一段公案。章学诚性格好战，对同时代文人的批评常见于他的文章中，胡适指出，"先生对于同时的三个名人，戴震，汪中，袁枚，皆不佩服，皆有贬辞。但先生对戴震尚时有很诚恳的赞语；对汪中也深赞其文学；独对袁枚，则始终存一种深恶痛绝的态度……攻袁枚则完全是以'卫道'自居了"②。可以说，章学诚对袁枚的批评，并不仅仅是学术问题上的辩驳，更多是出于思想倾向与个人信念上的巨大差异。

章学诚对袁枚的批评原因复杂，内容众多。③ 就其原因而言，主要有二人学术观念，个人经历与性格等方面的差异；就其内容而言，既有诗学、伦理学、考据学等方面的学术批评，也有涉及个人行为的道德抨击，甚至不乏激烈的谩骂与攻击。④ 这些批评的文字有的作于袁枚生前，也有的作于袁枚殁后

---

① 吴根友：《从来前贤畏后生——重评章学诚对戴震的批评》，《安徽大学学报》（哲学社会科学版）2008年第2期。
② 胡适、姚名达：《章实斋先生年谱》，第129页。
③ 除了《诗话》《书坊刻诗话后》《题〈随园诗话〉》《妇学》《妇学篇书后》五篇反映其女性观的文章，还有《与吴胥石简》《与孙渊如观察论学十规》《论文辨伪》及《丙辰劄记》中的几则文字，都较为集中地反映了章学诚对袁枚的批评。
④ 可参看［美］倪德卫《章学诚的生平及其思想》第九章"最后的论战"，杨立华译；申屠炉明《论章学诚对袁枚的学术评价》，《烟台师范学院学报》（哲学社会科学版）2000年第3期；邓伟龙《浅谈章学诚对袁枚的批评》，《中国文学研究》2007年第2期；杨遇青《章学诚的袁枚批评考述——以乾隆六十年至嘉庆三年为中心》，《西北大学学报》（哲学社会科学版）2011年第6期。此外，徐适端还对章学诚骂袁的行为进行了心理学上的分析，认为章学诚生理上的缺陷、仕途的极端失意和在学术界所遭的冷遇等都使他产生自卑心理，以至于在贫病交加的晚年对袁枚进行攻击、谩骂。参见徐适端《也谈章学诚的妇女观》，《史学史研究》2005年第2期。

不久，但大抵由于章学诚在当时社会与袁枚的影响力相去甚远，袁枚从未对这些批评进行过任何回应，又或者袁枚根本就没有见到过这些批评的文字。从始至终，章学诚与袁枚的论战都是单向的，这种单向的关系，也从一个侧面折射出了章学诚一生的孤独潦倒与袁枚一生的闲适得意。

(一) 批评的实质及原因

章学诚对袁枚的批评时间主要集中在乾隆六十年（1751）至嘉庆三年（1798），其中，嘉庆元年（1796）到嘉庆二年（1797），章学诚的批评视界转向袁枚的妇女观。① 尽管这些批评的文字覆盖了一个较长的时间段以及较广的思想领域，但其批评的中心却非常明确，以下一段文字可以帮助我们了解批评的背景和实质：

> 近有无耻妄人，以风流自命，蛊惑士女，大率以优伶杂剧，所演才子佳人惑人。大江以南，名门大家闺阁，多为所诱，征诗刻稿，标榜声名。无复男女之嫌，殆忘其身之雌矣！此等闺卷，妇学不修，岂有真才可取？而为邪人拨弄，浸成风俗，人心世道，大可忧也！②

在《丙辰劄记》中，类似的批评还有不少，如第三十五则中"奈大家闺阁，千金之体，理宜如何珍惜，而顾以偶解五七字句押韵之语，不异呈身露面，甘拜倾邪小人，纤诡轻薄、毫无学问之无品文人，屈居弟子，听其品题，自以为幸"③。对于袁枚积极推动女才的做法，他直言"不过怜其色而已。无行文人，其心不可问"④，而在《妇学》篇前的《题〈随园诗话〉》中，甚至还有"诬枉风骚误后生，猖狂相率赋闲情。春风花树多蜂蝶，都是随园虫变成"⑤ 这样近乎指名道姓的谩骂。

结合章学诚在《妇学》《诗话》等篇章中表达的妇学思想，我们不难看出，批评的中心正源于"世道人心"被破坏，批评的目的正是出于对礼教的维护，

---

① 参见杨遇青《章学诚的袁枚批评考述——以乾隆六十年至嘉庆三年为中心》，《西北大学学报》（哲学社会科学版）2011 年第 6 期。
② (清) 章学诚：《乙卯劄记 丙辰劄记 知非日札》，冯惠民点校，中华书局 1986 年版，第 181 页。
③ (清) 章学诚：《乙卯劄记 丙辰劄记 知非日札》，冯惠民点校，第 60 页。
④ (清) 章学诚：《妇学》，《文史通义新编新注》，仓修良编注，第 312 页。
⑤ (清) 章学诚：《题〈随园诗话〉》，《文史通义新编新注》，仓修良编注，第 306 页。

简单地说，也就是"卫道"。具体而言，批评的焦点与实质主要有以下三点。

第一，"男女有别"的界限遭到威胁。所谓的男女之别，有两个层面，一则为别嫌，一则为区别。从别嫌的角度，袁枚对才子佳人之类的男女情感多有肯定，并且广招女弟子（虽然袁枚招收女弟子已是高龄，但在当时社会也难免会被认为有男女混杂之嫌），与其相唱和，组织其结社等。这样的男女混杂无别直接触动了章学诚维护礼教的敏感神经，在章学诚的观念中，"夫倾城名妓，屡接名流，酬答诗章，其命意也，兼具夫妻朋友，可谓善籍辞矣"，此类才子佳人、男女唱和、伙伴式夫妇都是名妓的标志，绝非良家妇闺阁所应有的行为与标准；从区别的角度，章学诚理想中的才女是符合礼教的娴静淑女，其文辞也应该是"静止如水，穆若清风"，而"今之号才女者，何其动耶，何扰扰之甚耶"①，他认为女性像男性一样好名，则是男女无别，"非阴类也"②。

第二，"男主外，女主内"的社会性别分工遭到破坏。在正统的观念中，女性的所言所思都应该合于正统的"道"的要求，女性的活动范围基本限于闺门之内。自古以来，肯定女性才学、价值的思想家不少，但即使是强调"男女一也"③的开明思想家唐甄，也仅局限于提倡家庭内部的男女平等。"男/女、外/内"的界限几乎是一道不可跨越的红线，而女性结社、参与诗会让很多女性的活动范围大大超越了闺阁，而诗稿的刊刻则促使女性作品走向更为广阔的空间，为世人所欣赏与品评，这已经远远超出了传统的妇学所要求的"妇言不出阃内"的范围之外，因此也是极力维护传统妇学的章学诚所不能容忍的，而章氏对女性之"好名"，缺乏真才之类的批评，则更多是这种担忧的附属品。

第三，圣言被侮，"骇人耳目"。在传统社会中，男女的婚姻结合的正道应是"父母之命，媒妁之言"，按《礼记·内则》"聘则为妻，奔则为妾"，合于礼法的婚姻应是按"纳采、问名、纳吉、纳征、请期、亲迎"六个步骤进行的，六礼不备的婚姻即是"奔"。对于自由恋爱的青年男女，在小说、诗歌等文学作品中多有书写，但在正统的典籍中，对男女之情爱多有忌讳，即使是夫妇一伦的建构，也往往言"别"、和而不言爱。

---

① （清）章学诚：《妇学》，《文史通义新编新注》，仓修良编注，第310、312页。
② （清）章学诚：《妇学》，《文史通义新编新注》，仓修良编注，第308页。
③ （清）唐甄：《潜书》，吴泽民编校，第74页。

在婚恋观上思想较为自由的袁枚不仅大胆肯定男女情爱，更是利用古代典籍，搬出孔孟圣贤来为男女的自由婚恋正名，"夫见貌而相悦者，人之情也。……可见孔、孟圣贤于男女情欲之感，不甚诛求"①。暂且不论孔孟圣贤究竟在多大程度上认可男女情欲，袁枚此言是否真的可以赋予男女情爱之合法性，可以肯定的是，袁枚的这种策略的确触动了捍卫圣贤与典籍的章学诚敏感的神经。

而章学诚则反复强调，"《国风》男女之辞，皆出诗人所拟"，"《国风》男女之辞与古人拟男女辞，正当作如是观"②，他认为，这些男女之辞并非真出于当时人之口，而是后人模仿其口吻而作。这本是一个关于典籍判定与阐释的纯学术问题，但却与二人论述背后的思想倾向甚至根本信仰息息相关。袁枚引《诗经》作为其诗学观点及女才观的基础，这种托古开新的方式在客观上增强了其观点的说服力。但这种援引经典的"说服力"，在章学诚的视界中却是另一番意味：在章氏看来，袁枚对《诗经》的这种具有人情气息的解读简直就是"侮圣言，邪说猖狂"，"凡圣贤典训，无不横征曲引，以为导欲宣淫之具"③，"被以纤佻倾仄之才，一部优伶剧中才子佳人，俗恶见解，淫乱邪说，宕惑士女，肆侮圣言，以六经为导欲宣淫之具，败坏风俗人心"④。

不仅袁枚的新思想本身让相对保守的章学诚无法接受，更让章氏恼火的是，袁枚表达新思想所借助的工具竟是六经典籍，对于章氏而言，这不仅是对其礼教信仰的剧烈撞击，更是一种巨大的亵渎。因此，我们也就不难理解章学诚为何会对袁枚之文章与行为有如此大的反应了。

（二）水火不容的女才观？

从章学诚批评的激烈言辞来看，章、袁二人在女性问题上的观点应该是水火不容的了。今人也常常把袁枚作为开明女才思想的代表，而章学诚在女才之问题上也多有卫道的嫌疑。然而，仔细考察二人的女性观，我们会发现两者的差别并非想象的那么大，更为有意思的是，二人的女才论述还多有相通之处，以下略举几例。

---

① （清）袁枚：《小仓山房尺牍》卷四《与金匮令》，《袁枚全集》，王英中校点，第5册，第71—72页。
② （清）章学诚：《妇学》，《文史通义新编新注》，仓修良编注，第308—309页。
③ （清）章学诚：《诗话》，《文史通义新编新注》，仓修良编注，第294页。
④ （清）章学诚：《与孙渊如观察论学十规》，《章学诚遗书》，第640页。

其一，对于女性入史选诗，二人都主张广采众长，反对以贞节为唯一判定标准。章学诚从史学的角度思考了女性入传的问题，对"列女"和"烈女"作了明确区分，如前文所述，他承袭了刘向所述的列女之义，认为"列之为义，可为广矣"①。以改嫁才女蔡文姬为例，刘知几讥讽范晔将其载入史册，因为在刘氏看来，失节的女性纵使再有才华也不应当载入史册，章学诚则认为"其说甚谬，而后史奉为科律，专书节烈一门；然则充其义例，史书男子，但具忠臣一传足矣。是之谓不知类也"②，作为史学家的章学诚一改其道学脸，对女性入史的标准表现得颇为开通。

作为诗人的袁枚则从选诗的角度出发，得出了与章氏几乎同样的结论，"选诗之道，与作史同。一代人才，其应传者皆宜列传，无庸苟见而狭取之。宋人谓蔡琰失节，范史不当置《列女》中，此陋说也"③，甚至其理由都几乎一样，"宋儒责蔡文姬不应登《列女传》，然则十七史列传，尽皆龙逢、比干乎"④。可见，章、袁二人都深谙传统观念中君臣关系与夫妇关系的相似性，所以都不约而同地以男性入史者非尽是忠臣为由，抨击仅采节烈作为女性入史选诗的唯一标准。其背后所蕴含的女性观，正是二人对女性多元价值的肯定。

其二，二人都通过引经据典来肯定女性才学。针对种种质疑女性学诗的声音，袁、章二人都用各自的策略进行了批评。

袁枚明确指出"俗称女子不宜为诗，陋哉言乎"，从《诗》《易》等经典中发掘出诗歌与女性之间的悠久渊源，进而为女性作诗正名。

章学诚的妇学思想虽旨在通过重述经典与正统来对袁枚的女才观进行抨击与反驳，但章氏对经典女才的梳理却在客观上广泛肯定了女性的才学，一些备受争议的才女常常都是作为一种正面形象而被引述，如"文君，淫奔人也，而《白头》止讽相如；蔡琰，失节妇也，而钞书恳辞十例"⑤，"王、谢大家，虽愆礼法，然实读书知学，故意思深远"⑥。这些在历史记载中颇有争

---

① （清）章学诚：《答甄秀才论修志第二书》，《文史通义新编新注》，仓修良编注，第848页。
② （清）章学诚：《〈永清县志·列女列传〉序例》，《文史通义新编新注》，仓修良编注，第977页。
③ （清）袁枚：《小仓山房文集》卷十七《再与沈大宗伯书》，《袁枚全集》，王英志校点，第2册，第285页。
④ （清）袁枚：《随园诗话》，顾学颉校点，第466页。
⑤ （清）章学诚：《妇学》，《文史通义新编新注》，仓修良编注，第308页。
⑥ （清）章学诚：《妇学》，《文史通义新编新注》，仓修良编注，第309页。

议的才女在章氏所构建的妇学传统中都作为正面的形象而出现。当章学诚一再地以拓宽历史上正统女性才学的方式来反衬当时女才之失"正"时，他所未料及的是，自己所肯定的这些正统本身已经宽泛到了一定的限度，以至于后世很难去评判"失节"之蔡琰、"淫奔"之文君、王谢大家之清虚才女与这些结社作诗、刊刻诗稿的明清才女们，到底谁更加接近于"正统"。到这里，章学诚对袁枚的批评更像是一种以古讽今，在批评的背后，二人对经典女才的肯定却又是没有异议的。

其三，二人都惜才怜才，对早逝才女的命运颇为感慨。袁枚之女弟子金纤纤，有才而早夭，他在其墓志铭中写道："余阅世久，每见女子有才者不详，兼貌者更不详，有才貌而所适与相当者尤大不详。纤纤兼此三不详，而欲其久居人世也不亦难乎！余三妹皆有才，皆早死……今纤纤又死，方知吉偶永谐，福比将相王侯。"①

章学诚在为早逝的才女徐蕙列传时也感慨道："古今才士文人，往往坎坷不遇，才为造物忌也。语云，士不幸而有才，女不幸而有貌，蕙之貌既不幸矣，又加不幸之才，吾未知所终竟也。"② 对于这些才貌双全却不幸早逝的女性，袁枚与章学诚都寄予了深切同情，才命之间的微妙关系并未促使他们以"无才是德"来质疑女才本身，而是转向了对命运的感慨与思考。同时，受到《离骚》以来文人自况的隐喻传统的影响，二氏对才女命运的关注也寄托了其对自身命运的反思与感叹③，这也使得他们对女性命运的理解更为深刻。

此外，二人也都对女性的具体处境充满了同情与理解，这与二人的家庭环境也有很大关系。尽管章、袁有着完全不同的人生境遇，但此二人都是家中独子，都出生成长于女性众多的家庭中，从小的启蒙教育也多由家中女性承担，因此他们对女性生活的艰辛及对家庭的贡献都有较为深刻的感受，对

---

① （清）袁枚：《小仓山房（续）文集》卷三十二《金纤纤女士墓志铭》，《袁枚全集》，王英志校点，第 2 册，第 588 页。
② （清）章学诚：《列女·才慧》，《章学诚遗书》，第 364 页。
③ 据孙康宜的研究，爱惜女才的现象在明清时期颇为常见，如明末清初女性诗集《红蕉集》的编者邹漪自谓"癖耽奁制"，把自己完全沉浸在女性作品中，王士禛的哥哥王士禄也在其女性选集《然脂集》中自谓"夙有彤管之嗜"，清代以提拔女诗人贺双卿而著名的史震林也屡次称自己是个"感慨人"。孙康宜指出："这些文人之所以如此重视才女或佳人，乃是因为他们在才女的身上看到了自己的翻版。他们同样是一群崇尚美学和爱才如命的边缘人，他们中间有很深的认同感。"［美］孙康宜：《明清文人的经典论和女性观》，载《文学经典的挑战》，第 85 页。

女性有较多的同情与理解也是自然而然的。

(三) 肯定女才的不同策略

当然，我们也必须承认，章学诚与袁枚的女性观也有着不可逾越的鸿沟，即礼教观念。章氏的女性观无论怎样开明，也都严守男女社会性别角色的划分与男女之大防，而袁枚的女性观则在一定程度上超出了礼教的束缚，为女性的发展提供了更为广阔的空间。

关于女性学诗的讨论，章、袁二人的观点表现得错综复杂。章学诚的卫道立场与袁枚悠游于礼教之外的态度自然为我们所熟知。但我们也留意到，被认为保守的章学诚并不反对"女才"本身，他反对的只是打破闺阁之门与男女防线的结社集会、刊刻诗作、招收女弟子以及男女唱和的行为。在批评袁枚的同时，章学诚为了凸显"今之妇学"没落的现状，又不断地强化了自己对古典女性诗才的认同，再结合二人对待女性问题的诸多相似观点，我们不难发现，批评背后的焦点并不是"女子无才便是德"，也不是女子是否应该学诗、怎样学诗，而是男/外、女/内的传统格局是否可以打破，说到底，也就是关于"礼教"的分歧。

当我们揭开章学诚批评袁枚的这层"礼教"的面纱，所看到二人对女才的态度也并没有想象中的天壤之别。晚明以降，中国哲学中出现了以"贵我""求真"为主要价值取向的新哲学精神，其中既包括了章学诚在史学领域的"性灵说"，也包含了袁枚在文学领域里的"性灵说"[1]，可以想象，二百多年前的章学诚绝不会将自己曾经激烈批评的诗人袁枚看作同盟，但我们却在两个表面对立的阵营中看到了背后隐晦的盟友特质，在两个看似水火不容的女性观中看到了相通的对女性的同情与理解、对女性多元价值的认同、对女性才学的赞赏。

就清代女性女才的实践而言，袁、章二人的确都为女性写作提供了可供选择的道路：袁枚的"性灵派"主张女性将自己的情感体验灌注于诗中，将私人的情感暴露于公众面前；章学诚则通过对"妇学"的重建，论证女性学术的合法性，并将女性写作带出个人情欲的狭隘主题。[2] 诚然，两种方

---

[1] 参见吴根友《简论晚明以降诸"性灵"说》，《船山学刊》2012年第3期。
[2] 参见黄晓丹《章学诚与袁枚的"妇学"论争及其经学背景》，《山东大学学报》(哲学社会科学版) 2013年第6期。

式都不可避免地打上了男性思想主体的烙印：前者所塑造出的集才、情、色于一体的女性形象尽管偏离主流的价值观，但符合男性文人的想象与投射；后者则让女性的声音被湮没于符合伦理秩序和社会分工的公共表达之下。① 然而，在今天看来，这些基于男性自我意识的女才构想都在一定程度上脱离了"无才是德"的女才偏见，客观上也拓展了女性才学的可能空间与维度。

第三节　汪中对贞女的激烈批评及其女性观

汪中（1744—1794），字容甫，江都（今江苏扬州）人，清代扬州学派的代表学者之一。汪中家境贫寒，七岁丧父，依靠母亲邹氏教授女弟子与做鞋为生，幼时与母亲、妹妹相依为命，饱尝生活艰辛。所幸的是，汪中之母邹氏为塾师之女，通文墨诗书，在汪中年幼时为其"口授塾中诸书"，对其进行启蒙教育。汪中天资聪颖，勤奋好学，在帮人卖书之余，"日与书贾借阅群经，十行并下"，打下了良好的学问基础。② 尽管汪中学问过人，犹善辞章，但其科考之途却并不顺利，二十岁以优异成绩成为江都县学附生，但二十五岁乡试却遭黜落，四年后参加拔贡考试亦名次不佳，遂断了入仕之念，一面靠为人幕僚和校书为生，一面专心治学。生活贫困、漂泊不定的汪中五十一岁而早逝，其主要著作为《述学》内、外篇。

在汪中的成长过程中，母亲扮演了非常重要的角色，既操持生计、料理其日常生活，又兼顾汪中的读书、学习。汪中在《述怀》一诗中生动地描写了母亲持家的艰辛劳苦："阿母年五十，形容极憔悴。目已渐茫茫，耳已渐愦愦。齿牙时动摇，发白短如穗。霜落无寒衣，日夕无中馈。辛勤事纺绩，抱布无人贸。……枵腹汗如注，饿久面转赤。但闻啼哭声，想见心如炽。骨肉无二视，此心讵木石。"③ 据此也可见汪中自小对母亲的体谅。汪中事母至孝，

---

① 如恽珠等人正是将私人情感表达压缩到最低，而将自己作为某种女性规范与女性风度的代表来进行书写，最终失去了诗歌的本质，堕入说教和虚伪。参见黄晓丹《章学诚与袁枚的"妇学"论争及其经学背景》，《山东大学学报》（哲学社会科学版）2013 年第 6 期。

② 参见（清）汪喜孙《容甫先生年谱》，《新编汪中集》附录一，田汉云点校，广陵书社 2005 年版，第 1—3 页。

③ （清）汪中：《述怀》，载汪喜孙《容甫先生年谱》二十六年辛巳，此诗为汪中少时所作，无存稿，为喜孙从友人处借录。参见汪喜孙《容甫先生年谱》，《新编汪中集》附录一，田汉云点校，第 2—3 页。

江藩在《汪中传》中写道："母疾笃，侍疾昼夜不寝，涤牏之事不任仆婢，无愁苦之容，有孺子之慕。吁！可谓孝矣！"① 此外，从汪中《别母》《归耕操》等小诗中也不难看出母子二人的深厚情谊。对母亲艰辛的切身体会，在很大程度上影响了汪中日后女性观的形成，他对女性处境的同情、对女性权利的维护等，都与其成长经历分不开。

一 明清时期的贞女问题以及归有光、毛奇龄的讨论

贞女，也就是忠于未婚夫而终身不嫁或以死为殉的室女，在中国历史上记载甚早，但贞女作为一种社会现象而广泛存在，则是明清时期才出现的。

（一）贞女现象产生的原因

严格地讲，贞女的行为既不合于古礼，也不见于经史记载，也就是说，室女守贞的行为并未被古代圣贤明确认可。而它之所以在明清之后成为一种广泛存在的现象而愈演愈烈，原因大概有以下几点。

其一，贞女从精神上说是节妇的一种延伸，虽然在一些批评贞女的学者看来，室女守贞与寡妇守节有着本质上的差别，但对于很多热烈歌颂贞女的人来讲，贞女与节妇一样，都体现着"从一而终"的精神信仰。此外，室女守贞在现实中践行的难度往往更大，对女性提出的道德要求更高，反过来，贞节从道德评价上也就代表了道德的更高层次。② 这大概也是不合于古礼的贞女行为能够被广泛认可的根本原因。

其二，婚姻手续的转变也是贞女产生的重要原因，在汉唐以前的婚姻主要方式是买卖婚，而宋以后则转化为契约婚，在契约婚中，纳征（也就是通常的订婚）的意义加重③，因此许嫁对于女性的意义也就发生了微妙的变化。此外，古代男女议婚晚，而明清时期则多"龆龀议婚，或迟五年，或迟十年甚至二三十年"④，聘与娶之间出现变故的可能性大大增加，这也直接导致了贞女的大量出现。

---

① （清）江藩：《汪中传》，《新编汪中集》附录二，田汉云点校，第48页。
② 卢苇菁在论述贞节与节妇的根本区别时指出，在贞女的支持者看来，"当年轻女子承担起唯有成熟女性和真正的寡妇才应承担的重任时，她们代表了终极的美德"，[美]卢苇菁：《矢志不渝：明清时期的贞女现象》，秦立彦译，第5—6页。
③ 参见董家遵《中国古代婚姻史研究》，卞恩才整理，第248页。
④ （清）焦循：《贞女辨》（下），《雕菰集》，第2册，第112页。

其三，在古代社会，女性的婚姻忠贞与男性的政治忠诚有着很大的相似之处，明末清初经历了朝代的更替，在这个特殊的时期里，贞女以其独特的身份担负着民族危难中的道德重任，动荡的政治环境不仅激发着男性的忠诚，也深深地影响了贞女的行为，而室女守节甚至是更为极端的以死殉节又反过来成了男性政治忠贞的榜样。

其四，古礼本身的可阐释性也给予了贞女以一定的生存空间。婚姻六礼的程序中，标志着婚姻成立的究竟是纳征还是亲迎？成为夫家的子妇和成为丈夫的妻子何者为先、为重？古礼中这些问题的答案是模糊的，也正因为如此，才有了后世学者对古礼的不同诠释，在后人多样化的阐释中，贞女的行为在某种程度上也获得了一定的合法性。

随着明清时期贞女数量的激增，贞女现象引起了当时学者的广泛关注，对贞女的反对之声也应运而生。论及汪中的女性观，首先为人所关注的就是他对贞女现象的激烈批评，《女子许嫁而婿死从死及守志议》一文集中反映了他对贞女的反对态度。当然，汪中并非集中讨论贞女问题的第一人，在他之前以及同时代，已有不少学者对此进行了热烈讨论①，此处仅以归有光、毛奇龄二人为代表，略述汪中之前的学者对贞女现象的批评。

(二) 归有光对贞女现象的批评

明末归有光的《贞女论》可以说开启了贞女讨论的先河，他在这篇短文中明确批评了贞女的行为："女未嫁人，而或为其夫死，又有终身不改适者，非礼也。"在归氏看来，贞女不仅不合礼制，还背离了礼意。从礼制上看，婚姻之礼应由父母主之，六礼皆备，婿亲迎之后男女双方才真正成为夫妇，而贞女显然没有经过亲迎之礼，未过门而守"望门寡"，从婚姻之礼的程序上讲是不当的；从礼意上看，要求六礼完备的目的在于"厚别而重廉耻之防也"，未嫁女之所以要父母为之许聘，乃是"纯乎女道而已矣"。此外，从哲学层面来讲，贞女终身不适，不合阴阳配偶的天地大义，"乖阴阳之气，而伤天地之和"②。这样，归有光就从多方面阐明了室女守贞行为的"非礼"特性。

---

① 明清时期学者关于贞女问题的讨论，详见［美］卢苇菁《矢志不渝：明清时期的贞女现象》第七章"古礼与新解：关于贞女的争论"，另，张寿安在其《十八世纪礼学考证的思想活力》第五章"'成妇？成妻'：清儒论婚姻之成立"中也涉及了明清以降学者对贞女问题的讨论，详细分析了各派学者的立场与观点。

② （明）归有光：《震川先生集》，周本淳点校，上海古籍出版社1981年版，第58—59页。

为了让"非礼"的结论更有说服力，归有光进一步求之于古礼来论证自己的观点：

> 曾子问曰："昏礼既纳币，有吉日，壻之父母死，则如之何？"孔子曰："壻已葬，致命女氏，曰'某之子有父母之丧，不得嗣为兄弟，使某致命'女氏许诺，而弗敢嫁也。"弗敢嫁而许诺，固其可以嫁也。"壻免丧，女之父母使人请，壻弗取，而后嫁之，礼也。"夫壻有三年之丧，免丧而弗取，则嫁之也。①

这是《礼记·曾子问》中的一段话，归氏从这一语境下的"女氏许诺，而弗敢嫁"中解读出了"其可以嫁"的意思，也就是说，亲迎之前，许嫁的女子仍是未嫁女，此时更许他人是为古礼所肯定，为圣贤所认可的。归氏又引《礼记·曾子问》中的另一段话来说明成妇之意：

> 曾子曰："女未庙见而死，则如之何？"孔子曰："不迁于祖，不祔于皇姑，不杖，不菲，不次，归葬于女子氏之党，示未成妇也。"未成妇，不系于夫也。先王之礼岂为其薄哉？②

《礼记·曾子问》这段显示出，已婚配而未庙见的女性如果去世，是归葬于父家的，这样的女性虽然已亲迎，已成为丈夫的妻子，却尚未成为夫家的子妇。归有光相信，既然未成为子妇，也就尚未从属于夫家，这里的成妇之意是重于成妻的③，庙见之后的女性才真正归属于夫家。《仪礼·丧服》规定了古代女性的"三从"，即"未嫁从父，既嫁从夫，夫死从子"，那么未成子妇的女性仍旧从属于父家，也就是说应当以未嫁女从父而论。如此一来，未嫁女就更加没有守志或殉死的依据了。

当世对贞女的推崇，有一种流行的观点，即认为贞女的行为不合古礼，

---

① （明）归有光：《震川先生集》，周本淳点校，第59页。
② （明）归有光：《震川先生集》，周本淳点校，第59页。
③ 归有光对待成妇与成妻的态度是比较简单的，实际上，这里面隐含了很多复杂的问题，婚配之后庙见之前的女性地位非常尴尬，何时庙见、何时婚配、庙见和婚配孰先孰后等问题都是有争议的，明清时期的学者对此进行了广泛讨论，并且暗含着一个"成妻之义重于成妇"的转向。关于明清学者对这些婚姻议题的讨论，详见张寿安《十八世纪礼学考证的思想活力》，第277—306页。

但贞女的精神可以励世。可以说,这种观点是以对古礼的巧妙回避来为贞女进行辩护。然而,这种回避也逃不出归有光敏锐的审查,他对此尖锐地反驳道:"夫先王之礼不足以励世,必是而后可以励世也乎。"① 总之,先王之礼在当时是无法回避的有力论证,即使避开了对古礼中具体礼制的探讨,也无法逃脱后人对先王之礼背后礼意的发掘。也正是凭着"先王之礼"这一有力的论据,归有光在这场早期的贞女论战中占据了稳固的地位,后世对贞女问题的探讨几乎都绕不开归氏的观点。

据卢苇菁的研究,归有光反对贞女的立场在晚年出现了松动,他在一篇贞女传记中弱化了对贞女的批评口气,卢氏推测,归有光态度的转变可能由于他为贞女万死不辞的故事所感动,并指出"他的妥协表现了明清文人面对这一问题时的深刻矛盾。从理性上说,他负有捍卫圣贤法则的责任。但从情感上来说,对贞女的自我献身置若不顾则有悖于良心"②。笔者认为,归有光口吻的微妙变化并不能代表其观点的松动,这不过是其应人之请而替张贞女作传时的权宜表述而已。即使是归有光果真在态度上有所松动,断不是他面对贞女问题在情感和理性之间的矛盾,而是来自贞女问题本身的矛盾,不管他从情感上是否对贞女有所同情、为之触动,他作《贞女论》一文绝非仅仅为了捍卫圣贤法则,而是有对贞女这一现象本身的关注与思考。

(三)毛奇龄告诫世人勿鼓励贞女

明末清初,围绕贞女所展开的讨论越来越多,也愈加激烈,如朱彝尊、汪琬等学者都是贞女的热情支持者。清初经学大家毛奇龄(1623—1716)早年对贞女持赞赏态度,并写过一些贞女的传文与诗歌,但随着贞女现象的愈加普遍,尤其是殉死室女数量的迅速增长,他开始意识到其中的一些问题,当曾经"表章太过,得毋有效尤而起"的隐忧一步步地变为现实时,毛奇龄逐渐转变了先前的观点,在晚年洋洋洒洒写下了《禁室女守志殉死文》这篇三千多字的长文,以劝告世人勿鼓励贞女守志殉死。

毛奇龄对贞女的反对主要有以下两个层面。从教化层面讲,贞女殉死有伤风俗,败坏名教。这一点我们初读起来不免觉得费解,毕竟贞女的支持者也往往是为着风俗教化的考虑,出于一种对贞节道义的高度推崇而赞扬贞女,

---

① (明)归有光:《震川先生集》,周本淳点校,第59页。
② 详见 [美] 卢苇菁《矢志不渝:明清时期的贞女现象》,秦立彦译,第226页。

甚至常常把贞女忠贞不二的品质与男性的政治忠诚相联系，为何毛奇龄会认为室女殉死是败坏名教呢？因为在他看来，殉死是小说家笔下的男女出于私相好而殉情之事，传统宗法伦理社会中的夫妇之间讲究"夫妇有别"，是不言男女之情的，所以"夫妇则断断不可死"，"古有殉难，无殉死者，况夫妇无殉死事"。如果说已嫁之妇殉夫可能出于恩义，那么贞女殉死并无实在的夫妇恩义可言，这就更易让人联想到昵情殉死之事。毛奇龄在论及自己曾经为殉死的亲友作传时，进一步强调，"予曲为之说，且多方解譬，以明其义，而实则不可为训，徒强词以夺正理，斲坏名教。虽曰已嫁而殉，说犹可原，然亦无故觅死，仍亦循蕚以还，所未有事。况室女殉死，公然作俑，此尤急宜救正者"①。可知，毛氏既不赞同夫妇殉死，更加反对室女殉死未婚夫的行为，担忧其对社会风气的负面影响。

从古礼层面来讲，他开篇即指出室女守贞不合先王之礼："自古无室女未嫁而夫死守志之礼，即列代典制所以褒扬节妇者，亦并无室女未嫁而守志被旌之例，则直是先圣之礼。"② 针对贞女与未婚夫合葬，毛氏大声疾呼"不惟破例，抑且蔑礼……不读《曾子问》乎"，他再次阐释了归有光所引的《曾子问》论成妇之义一段，以说明即使已亲迎而未庙见的娶妇尚不能葬于夫家，何况是"平白不相干之人，生不见形，死不觌面"，如此合葬，乃是完全无视先王之礼法。此外，《周礼·媒氏》亦云"禁迁葬者及嫁殇者"，而今室女求归，正是嫁殇，殉死而合葬，正是牵葬，"两禁俱犯，既斲名教，复蔑典礼，且又犯三代先王所制禁例"③，足见贞女违礼之深重。

此外，毛奇龄还对时人曲解礼文而为贞女进行辩护之辞作出了有力的反驳，通过考辨经礼，指出女子"不二斩服"乃是针对夫与父而言，因为"在家从父，既嫁从夫"，故不二斩，并非说不服两夫。他指责那些"隐就礼文以谬和其义"的做法，是"既改《曾子问》，又改《子夏传》"，并叹息"圣经有几，堪此数改"。④

毛奇龄在文末指出了他作该文的两个目的：其一是纠正古礼之偏失，"稍

---

① 参见（清）毛奇龄《禁室女守志殉死文》，《西河文集》，商务印书馆1937年版，第1590—1591页。
② （清）毛奇龄：《禁室女守志殉死文》，《西河文集》，第1589页。
③ （清）毛奇龄：《禁室女守志殉死文》，《西河文集》，第1593—1594页。
④ （清）毛奇龄：《禁室女守志殉死文》，《西河文集》，第1592—1593页。

留此三代偶存之律例";其二是劝世人勿以死伤生,"保全自今以后千秋万世愚夫愚妇之生命"①,这种人道主义的关怀也正是毛奇龄最初思考贞女问题的出发点。正是因为意识到了褒扬贞女可能导致的这种效仿性,尤其是殉死行为可以引起的一种轻生效应,毛氏开始反思贞女殉死,进而质疑整个贞女行为的合法性。有意思的是,归有光从明确反对贞女到晚年态度或弱化,而毛奇龄则是从支持贞女到晚年疾呼禁室女守贞殉死。二人态度的戏剧性转变大概并不仅仅是个人观点变化的偶然现象,而是暗含了贞女问题本身的复杂性以及明清时期儒家学者面对古礼与风俗教化之间的微妙关系时的一种矛盾、纠结态度。

二 汪中对贞女的激烈批评及其影响

与归、毛二氏对贞女的批评相比,汪中的态度更为坚决、言辞更为激烈,他作《女子许嫁而婿死从死及守志议》一文对贞女现象进行了深刻的批评。

(一)汪中对"贞女"的激烈批评

就古礼而言,一方面汪中继承了之前的批评者认为室女守贞有违古礼的观点,再次引《礼记·曾子问》中"女氏许诺而弗敢嫁"一段,以重申"请期之后,其可以改嫁"的规定,并强调纳采、问名等步骤都只是"礼之所由行也,非礼之所由成也",亲迎之后,婚姻关系才真正成立。②另一方面,汪中以"夫妇为人道之始"来反对室女守贞,则又与归、毛二人的观点大相径庭。对于成妇与成妻的问题,归有光与毛奇龄都非常强调成妇的重要性,尤其是后者,在文中花了很大的篇幅来论证"成妇重于成妻"之意③,此二人在以"成妇之义重"来反对室女守贞这一点上的思路是基本一致的,因为女子未庙见,未成妇,所以女仍系于父家,以"三从"来考量则应从父而非从夫。汪中对成妇与成妻的看法则具有了非常新鲜的意味,他指出:

> 夫妇之礼,人道之始也。子得而妻之,则父母得而妇之。故昏之明

---

① (清)毛奇龄:《禁室女守志殉死文》,《西河文集》,第 1594 页。
② (清)汪中:《女子许嫁而婿死从死及守志议》,《新编汪中集》,田汉云点校,第 375 页。
③ 毛奇龄对成妇重于成妻进行了非常详细的论述,详见张寿安《十八世纪礼学考证的思想活力》第五章第二节"毛奇龄论'成妇重于成妻'"。

日,乃见于舅姑。父得而妻之,则子得而母之。故继母如母,不为子之妻者,是不为舅姑之妇也。不为夫之妻者,是不为子之母也。①

也就是说,夫妇的结合要先于家庭的结合,家庭关系应该以夫妇关系为基础,他进而将这个顺序上的优先性转化为重要性,突出了五伦中夫妇一伦的重要性。实际上,汪中也并非最早论述这一观点的思想家,在晚明李贽那里,已经明确指出了夫妇一伦的首要地位,并且把夫妇二者作为天地万物的基础,汪中的独特之处在于,他将夫妇之"妇"与子妇之"妇"进行比对,强调成妻之义重于成妇。从这一角度出发,他认为,贞女既未成妻,如何成妇?婿死之后,许嫁女以子妇的身份进入夫家,担任子妇的角色,甚至为之过继子嗣,这是很荒谬的,因为成为夫家的子妇首先应以成为丈夫的妻子为基础。②贞女未成妻而成妇,实际上已经越礼了。从反对贞女的角度来看,汪中与归有光、毛奇龄的观点显然是相似的,但同样是诠释古礼,汪中通过强调成妻之义来反对贞女,却又为古礼赋予了更为新鲜的意涵,相比之下,毛奇龄对成妇之义的看重则显得有些保守了。

就人情而言,汪中认为,贞女的行为是不孝、不仁。何以不孝?既然未有夫妇之恩,却"重为之服,以降其夫妇",对夫婿而言,没有适当的恩义来担当这样的重服;对父母而言,贞女可谓"不爱其亲,而爱他人者也",从这个意义上讲,贞女的行为是"不孝"。何以不仁?因为"先王恶人之以死伤生,故为之丧礼以节之",哀伤过度而死,已是"礼之所不许也",而主动以死为殉,更非礼所认可。"过而为之死,君子犹哀之。苟未尝以身事之,而以身殉之",则是缺乏对生命本身的尊重,所以说"不仁"。既然生不同室,而死却同穴,这也是违逆最基本的人情的。

我们也注意到,汪中的言辞中反复强调贞女之失礼、违礼,甚至"失礼之中,又失礼焉"。看起来,汪中似乎更关注古礼的纯洁性,但实际上,他所维护的古礼,并不是一种僵化的教条,而是根植于人情之礼,周公所制、孔子所述的古礼本身也是有适度边界的,其中也包含了"过犹不及"的原则。③因此,在贞女问题上,汪中关注的根本点并非贞女是否合于古礼,而在贞女

---

① (清)汪中:《女子许嫁而婿死从死及守志议》,《新编汪中集》,田汉云点校,第376页。
② 参见(清)汪中《女子许嫁而婿死从死及守志议》,《新编汪中集》,田汉云点校,第376页。
③ (清)汪中:《女子许嫁而婿死从死及守志议》,《新编汪中集》,田汉云点校,第376页。

是否合乎人情,换句话说,古礼的标尺在汪中这里可看作其反对贞女的有力手段,而非目的。

室女守贞本是一种社会现象,思想家对贞女的反对与批评多是笼统地评价守贞或殉节行为的不合礼,很少有人会真正去谴责这些值得同情的贞女本身,但汪中却是个例外。汪中在文章的最后严厉地批评了当时的两位贞女,其中就包括前文所述的袁枚三妹袁机与汪中的幕主郑虎文之婢①,谓"若二女者,可谓愚矣。本不知礼,而自谓守礼,以陨其生"②,这在前人的反对意见中是少见的。汪中的批评也是有感于此二女的悲惨遭遇,颇有"哀其不幸,怒其不争"的味道,其目的在于警醒世人,避免更多悲剧的发生。然而,对于这些遭遇不幸的女性来讲,汪中的措辞似过于激烈,因为贞女本身并不是贞女现象的缔造者,从某种程度上说,她们亦是值得被同情和理解的受害者,而汪中的批评则直接指向这些可怜可叹的贞女,自然会让人从情感上难以接受。因此,汪中的批评也不可避免地引来了不少非议,其中最为突出的恐怕要数章学诚的反驳了。

(二) 章学诚、钱大昕对贞女的态度

章氏的女性观前文已有论述,他在专门批驳汪中的《〈述学〉驳文》一文中花了很大篇幅来反驳汪氏对贞女的批评。③ 与其说章氏此文是在为贞女辩护,不如说他是在反对汪中的激烈言辞,因为章氏自己也说"未婚殉夫,诚不免过",可知他尽管支持贞女,但绝不是完全置人道于不顾的狂热贞女拥护者。针对汪中对贞女的责难,章学诚指出"汪容甫引《礼》折之,至斥之为愚,为无耻,比之为狂易,自谓维世教,而不知有伤于名义也"④,并在文中进行了详细的辩驳。二人观点之是非曲直暂且不论,从章氏的论述中我们不

---

① 据汪中所述,郑虎文之婢幼年许嫁于郭,与袁机的遭遇类似,郭亦不肖,"流荡转徙更十余年,婿及女之父母咸愿改图",此女仍执志不移,后"为郭所窘,服毒而死"。(清)汪中:《新编汪中集》,第 376 页。

② (清)汪中:《女子许嫁而婿死从死及守志议》,《新编汪中集》,田汉云点校,第 376 页。

③ 实际上,汪、章二人的分歧也不仅仅限于贞女问题。关于二人的关系及交恶始末,可参见柴德赓《章实斋与汪容甫》,《史学史研究》1979 年第 2 期;冯乾《〈述学〉故书——关于汪中与章学诚的一段公案》,《中国典籍与文化》2004 年第 4 期;倪惠颖《汪中、章学诚交恶初始时间及原因考辨》,《社会科学辑刊》2008 年第 4 期;彭公璞《汪容甫与章实斋交谊及学术异同考论》,《武汉大学学报》(人文科学版) 2015 年第 2 期。

④ (清)章学诚:《〈述学〉驳文》,《文史通义新编新注》,第 362—363 页。

难看出，他所特别反感的，正是汪中指责贞女无耻、比之于狂易，汪中的这些激烈之辞引起了章学诚更为强烈的攻击，章氏指"汪氏几丧心矣"甚至到了人身攻击的地步，从而使得这场贞女论战逐渐偏离了其本来的方向，从学术论争升级为文人间的一种敌对。

值得注意的是，尽管汪中的著作中并没有对章学诚的反驳作出任何回应，但仔细翻阅《述学》，则会发现一个有意思的变动。章氏在《〈述学〉驳文》中引汪中斥贞女"为无耻，比之为狂易"，而现在我们所看到的汪中《女子许嫁而婿死从死及守志议》文中并没有这样的文字，这缘于汪中之子汪喜孙在汇刻其父遗书时作了细微改动。① 这一改动删去了无耻、狂易这样的表述，可以推测，汪喜孙应该是看到了章学诚的驳文，进而在重新汇刻时弱化了汪中批评的口气，这既可看作汪喜孙针对章氏批评所采取的一种权宜之策，也可视为章氏辩驳的微弱收效。只不过，这种妥协仅仅止于其所表达的言辞上，而汪中对贞女的明确反对态度，却没有因此而有任何松动，并且也得到了时人的肯定，如王念孙就将此文列为汪氏"有功经义"的代表性文章，称其"使后之治经者振烦袪惑，而得其会通"②。可以说，汪中对贞女的激烈批评，在受旌表贞女人数激增的清中叶③有着极大的现实意义。

而同时代肯定室女守贞的声音也有较为温和的，钱大昕对贞女的论述即是一例。如众多反对贞女的思想家一样，钱氏明确指出了贞女的行为非礼，"先王制礼，初不以从一而终之义，责之未嫁之女。而后世乃有终其身不嫁者，有就婿之室而事其父母者，甚至有以身殉者，此礼之所无有也"④，但这并不意味着他反对室女守贞，因为紧接着钱大昕又从礼意的角度肯定了贞女的行为："然而士君子未尝不原其志而取之焉。……盖女子笄而系缨，亦有系

---

① 据方濬颐《述学校勘记》，初刻本及阮刻本的"今也生不同室，而死则同穴，存为贞女，没称先妣，其非礼孰甚焉"一句为"今也不为胖合，而强与同穴，生为来妇，没称先妣，其可耻孰甚焉"，初刻本及阮刻本的"若使岩穴之士，未执贽为臣，号呼而自杀，则亦不得谓之忠臣也"一句为"若使齐、楚之君，死于鲁、卫之臣，号呼而自杀，则必为狂易失身之人矣。"（清）方濬颐：《述学校勘记》，《新编汪中集》附录三，田汉云点校，第68页。

② 参见王念孙《汪容甫述学叙》，《新编汪中集》附录三，田汉云点校，第61页。

③ 据郭松义的统计，清代受旌表的贞女共5566人，其中顺治朝10人，康熙朝62人，雍正朝221人，乾隆朝1625人，嘉庆朝676人，道光朝1805人，咸丰朝880人，同治朝287人。可见，这股高峰在清中叶。转引自张寿安《十八世纪礼学考证的思想活力》，第302页。

④ （清）钱大昕：《潜研堂文集》卷二十二《记汤列女事》，《嘉定钱大昕全集》，陈文和点校，第9册，第347页。

属于人之义……而系属之名已定，如是而为之死，虽过于礼，而未悖乎礼之意也。"针对批评贞女殉夫为非礼的声音，钱大昕也给予了反驳，认为这是好议论而不乐于成人之美。文章末尾，他还将贞女的行为与士大夫好名的心理划清了界限，感叹道："呜呼！士大夫好谈节义，或未能忘身后名，至如曲乡女子，志在从一，视死如归，此岂有所为而为者！夫惟无所为而为之，乃愈可传也。"① 这段议论简直可以和章学诚对贞女的一段赞美互为注脚，章氏谓"未婚守贞，如谓好名，则僻乡陋巷，其女未闻前人纪载、功令表章之事，而亦有感激殉身、笃志守节者，岂非秉彝之良，出于天性！实则本人心之所有，非矫强而不情；人心所有，不可谓礼文之所许也"②。在章、钱二氏看来，贞女的行为是发自内心的自然举动，所以尤为可贵。直至晚清民国，仍有学者持有类似的观点，如曹元弼在《驳汪氏中女子未嫁婿死从死及守志议》一文中指出："女子未嫁夫死，必不可改图乎？曰：礼固不许其改图也。然纳征后究与亲迎后有间，能守与否，在女之志尔。有必守之志，而强之改图，非也；无必守之志，而强之守志，亦非也。贤者之行，不可概诸常人。强人所难，其弊将有不可胜言者。"③ 此番言论看似公允中正，实则有维护礼教之嫌。④

（三）"伦理异化"与贞节问题的反思

钱大昕强调"成人之美"，章学诚强调贞女本人"心之所有"以及曹元弼谓"女之志尔"，都不约而同地关注到了女性本人的意愿。这对今天反思贞女问题有很大的启示，一方面，站在今人的视角，我们很容易对贞女行为进行简单、粗暴的否定，忽略她们的复杂的心理活动与自身的意愿要求；另一方面，认识到贞女本身的意愿⑤，今人又应该如何去评价呢？这种意愿真的是出自章学诚所赞美的自然"天性"吗？反对贞女就是不乐"成人之美"吗？也许我们可以尝试从冯契对自觉与自愿的区分中寻找答案，冯契指出："真正

---

① （清）钱大昕：《潜研堂文集》卷二十二《记汤列女事》，《嘉定钱大昕全集》，陈文和点校，第9册，第348页。
② （清）章学诚：《〈述学〉驳文》，《文史通义新编新注》，仓修良编注，第364页。
③ 曹元弼：《驳汪氏中女子未嫁婿死从死及守志议》，《复礼堂文集》，文史哲出版社1973年版，第12页。
④ 参见罗检秋《学术调融与晚清礼学的思想活力》，《近代史研究》2007年第5期。
⑤ 卢苇菁在研究中展现了诸多抗拒父母要求而坚持选择守贞或殉夫的贞女事例，并指出"她们的原则是基于对荣誉、责任和情爱等的理解，而这些观念又深深扎根于她们所处的明清时期的社会、文化、宗教制度之中"。[美]卢苇菁：《矢志不渝：明清时期的贞女现象》，秦立彦译，第133页。

自由的道德行为就是出于自觉自愿,具有自觉原则与自愿原则统一、意志和理智统一的特征。一方面,道德行为合乎规范是根据理性认识来的,是自觉的;另一方面,道德行为合乎规范要出于意志的自由选择,是自愿的。"① 在贞女的选择上,我们可以说,她们是出于道德的自觉而选择了守贞或殉死,并且有一种明觉的心理状态来遵循这种规范,但她们的行为却缺乏意志自由,意志的自愿往往与理性的自觉甚至出于本能的自发相混合。因此,我们简单地以贞女行为是否合乎自身意愿来判断其道德价值,恐怕也是不合适的。

在具体的历史境遇中,贞女本身固然是值得我们同情的,但为何汪中会对这些追求高义、践行"从一而终"精神的贞女进行如此激烈的批评呢?贞女行为的违礼是一方面,更深一层还在于,贞女本身也是"伦理异化"的践行者。萧萐父先生在论述中国社会特有的"伦理异化"现象时指出:

> 绝对化的纲常名教,日益成为丧失了主体自觉道德的异化的伦理教条,其所维护的宗法等级隶属关系,日益变为人性的桎梏,变为道德自觉的反面,人的真正价值被全面否定。②

如果说出于真实情感与恩义的夫死守节是一种"超道德的行为",是值得称颂的,那么,室女为未婚夫守贞甚至以死为殉,则缺乏相应的情感基础与伦理法则,她们往往与未婚夫相交甚少,甚至尚未谋面③,以大半生的守节或自己的生命来坚持这样一种"不合礼"的信义与虚幻的"情感",则已经跨越了贞节之义的限度。也就是说,在贞女的行为中,维持人与人关系的一种伦理规范已经被教条化、凝固化,成了人性的桎梏,道德自觉的反面。在这里,人的自发的、内在的真实情感被抹杀掉了,伦理的法则丧失了合理的情感基点的支撑,贞女的行为就被架空,从而反过来奴役自身。这样的伦理行为不

---

① 冯契:《人的自由和真善美》,载《冯契文集》,华东师范大学出版社1996年版,第3卷,第220页。
② 萧萐父:《传统·儒家·伦理异化》,载《吹沙集》,第145—146页。
③ 卢苇菁在研究中也论及了幼年订婚对于贞女的心理影响,她指出,面对未婚夫的突然死亡,贞女很难抹去自己的回忆、想象以及与夫家的心理联系。参见[美]卢苇菁《矢志不渝:明清时期的贞女现象》,秦立彦译,第158页。这种心理影响的确是存在的,是不能被忽略的,但从其程度上讲,尚不足以成为室女守贞的适当情感依据。

是提升了人的道德价值，而是使人在其中丧失了人的本质。她们在守贞的过程中所坚守的信念与理想跨越了适度界限，超出了良性的伦理空间，所以由贞女观念所引发的悲剧在历史中频频发生。①

我们再回过头来看汪中对贞女的批评，尽管严厉，却敏锐地把握到了贞女现象"伦理异化"的本质。贞女自觉践行守贞的行为，并非基于对贞节之义的反思与自然情感的道德意识，而是自觉地追随这种"天生铁定底道理"，于是，她们的"道德自觉性愈高，愈是最大限度地尽到伦理义务，也就愈是自觉地否定自我，乃至扼杀个人的道德意识"②。汪中对贞女"本不知礼，而自谓守礼，以陨其生"的批评，正揭示出贞女对异化了的伦理的践行。站在今人的角度，我们无意去苛责历史上这些可怜可叹的贞女们，但我们也必须指出，真正的道德是要去激励人、提升人，而不是钳制人、奴役人。

罗尔斯在论述道德的层次性时，将道德分为"自然义务"和"可允许的行为"，前者意味着道德上应该履行的义务，后者则是"那些我们可以自由地做或不做的行为"，分外行为就属于其一。罗尔斯列举的分外行为包括"仁慈""怜悯""英雄主义""自我牺牲"等行为。③ 贞节行为即可看作分外行为，它为社会所称颂，践行的主体需要以自我牺牲的方式来实现，并且往往贞节的实现过程越艰难越凄苦，其所受到的赞美越热烈。

在实践中，对这类神圣道德的提倡与赞美则蕴含着走向伦理异化的可能。其一，当社会舆论对贞节行为进行高度赞扬，配合以国家制度层面的旌表，无形中让这种分外道德成为一种道德义务，也就是说，社会的道德基准被抬高。其结果可能造成女性自身的抉择无法反映其意志的自由与情感的真实，她们出于对外在道德要求的执念或迫于舆论的压力而守贞。

其二，当贞节被赋予了美丽的光环，而现实的境遇让女性没有别的途径去实现自身价值、安放其精神时，更多的女性会主动去选择贞节的行为，甚

---

① 除了前文所述的汪中所批评的袁机与郑虎文之婢，普遍的贞女生活也很难有幸福可言。很多的室女在漫长的守贞岁月里过着"枯井无波"的生活，她们中的一些人只有很低的生存欲望，自视为"未亡人"，将自己隔离在高墙的房间中，有的贞女甚至最后精神崩溃。在一个极端的例子中，一位贞女住在小楼里，日常饮食都是用绳子和篮子经过窗户输送，她脸上的毛长达一寸。参见〔美〕卢苇菁《矢志不渝：明清时期的贞女现象》，秦立彦译，第197—189、198—202页。

② 萧萐父：《传统·儒家·伦理异化》，载《吹沙集》，第146页

③ 转引自杨建强《"道德绑架"的伦理反思》，《科学·经济·社会》2017年第1期。

至会自愿地将"从一而终"的范围与程度扩大化,室女守贞与殉节的现象正是其体现。

其三,任何的褒奖都有可能带来整个社会的效仿效应,当牺牲生命来维护贞节的烈女被赞美甚至鼓励时,则可能对社会带来轻生的效应①。故袁枚在《答金震方先生问律例书》中对旌表"调奸不成而自尽"的烈女提出了疑问。烈女殉夫本是出于一种至真至深之情,生前夫妻有情有义才可能以死为殉。况且纵使夫妇情深义重,或是遭遇至悲至苦,也没有任何人有权利对他人责之以死,所以李贽在《书〈胡笳十八拍〉后》文中对东汉著名才女蔡琰所遭非议颇为感慨,其言"见生世之苦如此……读之令人悲叹哀伤,五内欲裂,况身亲为之哉!际此时,唯有一死当快,然而曰'薄志节兮念死难',则亦真情矣。故唯圣人乃能赴死,不以必死劝人",不仅表达了对文姬不幸遭遇的深切同情,也是出于对生命的基本尊重而告诫世人勿"以死责人"。②

然而世人与朝廷对烈女的赞美颂扬甚至鼓励,日渐使得殉夫成了贞节的最高表现,追求高义的女性在生无别恋(通常是无子无舅姑)的情况下便自然效仿之。这样一来,烈女选择结束自己生命的首要目的便是追求道德的极致,而这种道德产生之初的贞节本义常常被遗忘。不难看出,明清时期思想家对贞节问题的激烈讨论正是源于他们对贞节在道德实践中所蕴含的伦理异化的可能性的洞察。

三 维护女性权益,同情女性处境

汪中对贞女问题的关注并非偶然现象,这也与他一向对女性问题的关注相联系。汪中作为考据学家,他不仅通过考古礼为女性争取更多的权益,还对处于弱势之女性怀有深切同情,为她们争取更多的物质保障与精神空间。

(一) 为女性争取权益

在《妇人无主答问》一文中,汪中对女性死后应享有的祭祀权利进行了

---

① 黄宗羲在探望多次试图殉死的年轻寡妇时也顾虑重重,探望之后,这位女子再次自杀被救,黄宗羲担心他们的拜访刺激了女子的举动,又写信转交这位女子,道"贞之未尝劣于烈也"。参见[美]卢苇菁《矢志不渝:明清时期贞女现象》,秦立彦译,第55页。

② (明) 李贽:《续焚书注·书〈胡笳十八拍〉后》,《李贽全集注》,张建业、张岚注,第3册,第295页。

辩护，批评了清初散文家方苞"家庙不为妇人作主，以为礼也"①的说法。他首先通过对典籍的考察明确指出，"祥禫之祭，妇人犹有尸，而于练不为作主，斯不然也。埋其虞主而不作练主，斯又不然也。自练至毁庙惟一主，然则妇人有主，明矣"。其次，他又通过对祔礼的考察，为妇人有主提供了有力的旁证。汪中引证古礼指出，在一些特殊情况下（"夫来仕无庙者"）夫祔于其妻，若是妇人无主，即"所祔者无主于庙"，那么"后之虞主于何而祔？"并且，按《杂记》所言"男子祔于王父则配，女子祔于王母则不配"，可知王母得专其祭，那么"若妇人无主，王母何以得专其祭？"②这些都是对妇人有主这一结论的有力补充。再次，汪中对"吉祭"中妇人无尸的疑问进行了解答，据《少牢馈食礼》指出，"是妇人与夫共箟一尸，非无尸也"，因为虽然吉祭只有男尸，但"尸既孙行，其体于祖父母则一"，因此"不必更象以孙妇矣"。③也就是说，虽然吉祭中没有单独的女尸，但男女共箟一尸，并不可以此证明妇人无尸，也就更不能据此谓家庙中妇人无主。最后，汪中在纠正方苞"家庙不为妇人作主"的说法之后，严厉地指出："夫生则共事宗庙，殁乃不沾一食。葬而不祭，既馁其母；祭而不配，又鳏其父，於五刑莫大之罪，盖无所逃焉。其为不学，又不足言矣。"④

汪中通过古礼的考证从多方面对"妇人有主"进行了论证，与讨论贞女一样，汪中引经据典、详细考辨古礼的目的并不仅在于维护古礼的纯正，而是有其背后的义理诉求，在此处即维护女性的正当权益。在古代社会，祭祀是礼制中非常重要的一项，人死后所享有的祭祀礼与其身份、地位息息相关，"家庙不为妇人作主"可以说是对女性生前贡献的一种漠视，对女性在家庭中地位、价值的一种贬低。因此，从小与母亲感情深厚，深知母亲之伟大的汪中对于女性在家庙中无主的这种说法深为不满，这大概也是汪中考古礼力辨"妇人有主"的情感出发点。此外，汪中还作《雷州府知府冯君妻三李氏不合葬议》一文对女性死后的祭祀礼进行了讨论⑤，也充分体现出了他对原配、继

---

① （清）汪中：《妇人无主答问》，《新编汪中集》，田汉云点校，第375页。
② （清）汪中：《妇人无主答问》，《新编汪中集》，田汉云点校，第374页。
③ （清）汪中：《妇人无主答问》，《新编汪中集》，田汉云点校，第375页。
④ （清）方濬颐：《述学校勘记》，《新编汪中集》附录三，田汉云点校，第68页。大概由于此段言辞激烈，汪喜孙在重新汇刻时将此删去，故今本不见。
⑤ 关于此文所探讨的主要问题及其意涵，彭公璞已有详细论述，此不赘述。可参看彭公璞《汪容甫学术思想研究》，博士学位论文，武汉大学，2010年。

室,年少、年长,有子、无子等各层面女性人情的体谅。

汪中对女性的维护不仅体现在对古礼的考证上,还体现在他对处于弱势的女性的关怀上。节妇,在贞节观念严格的明清时期,是一个颇受人尊敬与推崇的群体,然而对于这些节妇艰苦的日常生活却甚少有人给予有效的关注。时人的赞赏、称颂,政府的旌表等固然给予了节妇极大的精神鼓舞,但却无法从根本上改变节妇生活的艰辛劳苦。在《与剑潭书》一文中,汪中对此问题进行了深刻的思考并提出了有益的建议。在他看来,"状嫠室之坚贞,叙生我之劳瘁,当世号为女宗,国史怀其旧俗",这些都是虚文,难以让节妇的生活得到实质的帮助,为此他提出了为寡妇建立"贞苦堂"的设想:

> 议曰:凡州县察其寡妇之无依者,必良家谨愿者。造屋一区,间各户,使居之,命之曰"贞苦堂"。外为门,有守门者,门左为塾。……门右为库。……择乡大夫之敦笃有智者总其事。出入赢缩之节,官吏不得问焉。①

汪中此提议的目的,一方面是为了加强风俗教化,即"哀苦蕉萃之状,日聚而相习,则夜哭之感不生,而从一以终者众矣";另一方面,也源于他自身的经历,汪中与母亲共同度过了最为艰难的岁月,当他渐渐成长以后,虽然"事亲至孝",但由于长期游幕漂泊,思念之余,对母亲颇觉亏欠。他在《归耕操》诗中感叹,"子壮大兮母病羸。老不得养兮,何以生子为?日昭昭兮我心悲"②,充分表达了这位孝子对母亲的感念与歉疚之情。汪中深知,儿子的孝顺情感无法从根本上改变寡母生活的艰难,因为当其子有能力去奉养其母时,这些为生活而操碎了心的母亲们也许已经落下病根,难以与其共富贵、同安乐。《与剑潭书》中的这段充满真情的文字正是汪中孝子心境的真实写照:

> 然当始孤之日,蒙穉无知,其亲血气坚壮,疾疢不作,而饥寒愁痛,斵削万端,使不得一日遂其性。洎其子成人授室,门户再造之日,方思

---

① (清)汪中:《与剑潭书》,《新编汪中集》,田汉云点校,第440—441页。
② (清)汪中:《归耕操》,《新编汪中集》,田汉云点校,第491页。

从容颐养，以娱暮年，而精力奄亡，茶然槁木。蔓苓梁肉，无补于既敝之身。是忧患之日，则其亲既当之，而以伤其生；安乐之日，则妻子仆妾借得与享之，而亲转不能坚其命，岂非生人之至痛哉！①

汪中对此问题的思考及建议在当时是非常有意义的。也许在今人看来，汪中建立"贞苦堂"的这种主张并无多大新意，甚至还有强化贞节风气之嫌。但在贞节之风盛行的清代，文人的关注点往往在节妇、贞女所体现的道德作用上，而这种片面的关注容易导致一个问题：寡妇的经历越是悲苦、艰辛，其所具有的道德价值越大，进而愈加值得颂扬与旌表。这样一来，节妇实实在在的艰难生活仿佛沦为了维护世道人心的工具，而她们曾经贫穷、劳苦的生活则被悄无声息地掩埋在"节妇"的光环之下。汪中对寡妇的关注则并不仅限于精神上的表彰，他深知寡母抚幼的艰难，他以这种"以情絜情"之心来体谅更多的寡母，不希望"子壮大兮母病羸"的悲苦在历史中频频重演，因此，汪中提出建立"贞苦堂"的建议在当时仍然具有积极意义。

汪中的这一建议也在当时的社会实践中产生了积极影响。其子汪喜孙曾与同人建"恤嫠所"，外省州县也相继模仿。② 1906 年，南京成立了全国第一家"清节堂"，而汪中"贞苦堂"的提议正是"清节堂"的最早构想③，这对切实改善节妇的物质生活有着极大的现实意义。

（二）对妓女的深切同情

除了关注道德上广受尊重的节妇群体，对于处境更为悲惨的妓女，汪中也颇为同情。尽管他没有如袁枚那样大胆地为妓女申辩，但从《经旧苑吊马守真文并序》一文中，我们不难看出汪中对这位名妓才华的赞赏及其遭遇的深切同情。

马守真，又名马湘兰，秦淮八艳之一，善画兰，有诗才，与文人王穉登交往甚密。马守真性格侠义，"时时挥金以赠少年"，王穉登在为其诗集作序

---

① （清）汪中：《与剑潭书》，《新编汪中集》，田汉云点校，第 440 页。
② 参见（清）汪喜孙《先君子与剑潭书跋尾》，《汪喜孙著作集》，"中央研究院"中国文哲研究所 2003 年，第 671 页。
③ 据日本学者夫马进的研究，恤嫠会是主要从经济上援助贫困寡妇的团体，清节堂则是收养夫死而不欲再婚的妇人的设施。夫马进指出，在苏州恤嫠会创始的同一时间，汪中在《与剑潭书》中构想出了与后世一般称为清节堂的设施完全相同的东西。参见［日］夫马进《中国善会善堂史研究》，伍跃、杨文信、张学锋译，商务印书馆 2005 年版，第 319—328 页。

时称赞她"轻钱刀若土壤,居然翠袖之朱家;重然诺如丘山,不忝红妆之季布"。在马守真危难之际,王曾救其一命,在马守真所留下的诗歌中,我们不难看到她对王的一片真情,但由于各种原因,王穉登没有答应马氏"以身相许"的请求。万历三十二年(1604)秋,马守真从南京赶往苏州为王穉登举行了盛大的祝寿,"归未几而病,燃灯礼佛,沐浴更衣,端坐而逝,年五十七"①。马守真的一生充满了悲凉的意味,她的死更是让人叹息不已。汪中在经过马守真故居旧院南苑时,不禁心生万千感慨,他一方面欣赏湘兰的才气,"余尝览其画迹,丛兰修竹,文弱不胜,秀气灵襟,纷披楮墨之外,未尝不爱赏其才,怅吾生之不及见也",另一方面又对湘兰的命运充满了同情,"夫托身乐籍,少长风尘。人生实难,岂可责之以死",汪中非常体谅这位女子的处境,"婉娈倚门之笑,绸缪鼓瑟之娱,谅非得已",故而沉痛地感叹道:"嗟乎!天生此才,在于女子,百年千里,犹不可期。奈何钟美如斯,而摧辱之至于斯极哉!"②

汪中之所以对名妓马守真的命运有如此真切的理解,还缘于他从中看到了自己的命运:

> 余单家孤子,寸田尺宅,无以治生。老弱之命,悬于十指。一从操翰,数更府生。俯仰异趣,哀乐由人。如黄祖之腹中,在本初之弦上。静言身世,与斯人其何异?③

同样的孤苦无依、同样的漂泊不定、同样的哀乐由人,唯一不同的是,他"幸而为男,差无床簀之辱耳"。怀着与马守真相似的悲苦与哀伤,汪中写下了这首哀婉凄美的辞赋:

> 嗟佳人之信嫮兮,挺妍姿之绰约。羌既被此冶容兮,又工颦与善谑。……惟女生而从人兮,固各安乎室家。何斯人之高秀兮,乃荡堕于女间。奉君子之光仪兮,誓偕老以没身,何坐席之未温兮,又改服而事人。顾七尺其不自由兮,倏风荡而波沦。纷啼笑其感人兮,孰知

---

① 参见(清)钱谦益《列朝诗集小传》,上海古籍出版社1983年版,第765—766页。
② (清)汪中:《经旧苑吊马守真文并序》,《新编汪中集》,田汉云点校,第471页。
③ (清)汪中:《经旧苑吊马守真文并序》,《新编汪中集》,田汉云点校,第471页。

其不出于余心。哆乐舞之婆娑兮，固非微躯之可任。哀吾生之鄙贱兮，又何矜乎才艺也。……谅时命其不可为兮，独申哀而竟夕。①

汪中的这段文字颇有"借他人之穷愁，以供我之咏叹"的自怜意味，而同病相怜的感受则让汪中对马守真的理解更为真切与深刻。汪中的这种以名妓自比的情感投射，也是当时社会的一种独特现象。② 于汪中而言，马氏的遭遇给予了他一个嗟叹自我命运的视角；于今人而言，汪中的这篇饱含深情的文字却又给予了我们一个了解其女性观的窗口。从汪中的笔下，我们读出了一个更为生动、鲜活的秦淮名妓马湘兰，也看到了汪中对弱势女性真诚的精神关怀。

本章小结

通过对袁枚、章学诚、汪中女性观的研究，我们可以看出，这一时段的解放女性思想是纠缠、反复，甚至充满矛盾的。在 18 世纪中，一些具体的女性问题逐渐凸显出来，思想家围绕以下几个主要问题进行了讨论。

其一，关于"贞女"的论争。对"贞女"现象，归有光、毛奇龄都进行过批评，但汪中对贞女的批评比前人更为激烈，也更为彻底。他不仅反复强调贞女之"不合礼"，还把批判的矛头指向了贞女本身。这也引起了极力维护礼教纲常的章学诚的不满，章氏对汪中进行了更为激烈的批评，并极力为贞女进行辩护。同时代的考据学家钱大昕的态度则较为温和，他既承认贞女不合"古礼"，又从"礼意"的角度认可贞女。这一时期围绕贞女问题的争论非常之多，但却没有绝对的胜利者。汪中的批评之所以在历史长河中留下了深邃的印迹，正在于他敏锐地察觉到了贞女问题背后所隐含的"伦理异化"现象。

其二，关于"女才"的分歧。晚明以后，"女子无才便是德"一语甚为流行，这也显示出，在女性文学颇为繁荣的明清时期，女才的发展已是一种

---

① （清）汪中：《经旧苑吊马守真文并序》，《新编汪中集》，田汉云点校，第 472 页。
② 在晚明至嘉道年间，文人社会中通过对"才女"与"名妓"的刻画，缔造了一种流行书写，这种"自怜"与"惜花"的情感也正是文人的投射和寄寓。详见李汇群《"才女"与"名妓"：晚明至嘉道文人社会的流行书写》，《中国文化研究》2008 年第 4 期。

难以阻挡的趋势。袁枚对女子作诗的肯定、招收女弟子并刊刻其诗稿的行为，既顺应了这一历史潮流，也进一步推动了女才走向公众，使得"男女有别"的传统观念摇摇欲坠。章学诚的批评则正是基于这一背景，为着维护凛然名教而发出的，然而，当章氏试图以梳理传统"妇学"的方式来清正"女才"时，其所认可的女才范围也逐渐模糊了正统与非正统的界限。在新旧的纠缠之中，传统也正在不断地生成，对过往的信仰与眷恋，都难以阻挡那些鲜活新思想萌动与跳跃的步伐。

其三，关于"改嫁"的讨论。袁枚通过对历史上改嫁之例的梳理，含蓄地表达了其肯定女性改嫁的态度，而钱大昕与焦循则围绕"七出"阐发了不同的婚姻贞节观。钱大昕"义合则留，不合则去"为婚姻不幸的女性提供了另一条路，而在焦循看来，现实生活中，这一条路对女性而言不是解放，而是伤害，相反，稳定的婚姻关系才是对女性的保护。钱、焦二人的争论对今天我们探讨婚姻问题仍有很大启示。如何在婚姻的幸福与稳定之间找到平衡点，在应然与实然之间找到平衡点，这仍是我们需要思考的问题。

此外，这一时段，缠足问题开始进入思想家的关注视野。袁枚从审美的角度对缠足提出了公开而大胆的批评，这在举世对缠足趋之若鹜的 18 世纪是非常难得的。当然，对缠足问题及贞节问题更为深入的反思与批判，则是在下一时段。

第四章　理性反思与新构想

——解放女性思想的深入发展与全面总结
（19世纪初—19世纪40年代）

1840年以来，太平天国以及维新时期的解放女性思想都不可避免地打上了西方思想的烙印。对于中国本土解放女性思想的发展而言，19世纪初至19世纪40年代的四十年是距离中国近代社会最近的时段，这既是传统解放女性思想阐发的最后时期，也是最为全面与深入的时期。这一时段清代社会也呈现出由盛转衰的局面，缠足、贞女等女性问题也更为突出。李汝珍与俞正燮作为这一时段解放女性思想的代表人物，前者以小说的形式为男女社会性别提出新的构想，讨论了缠足、纳妾、女性教育、女子参政等一系列突出的女性问题，后者延续了考据学风，为女性问题的探讨提供了大量翔实的史料支撑，并以同情女性为情感出发点，结合理性的分析，深刻地阐发了解放女性的思想。

第一节　《镜花缘》的女性观

李汝珍（1763—1830），字松石，直隶大兴人。"少而颖异"，不喜章句帖括之学，通音韵学，著有《音鉴》，曾受业于清代著名考据学家凌廷堪。其代表作《镜花缘》是清代继《红楼梦》之后又一部以女性人物为主体的长篇小说，李汝珍三易其稿，共有嘉庆间初刻、道光元年新镌、道光八年广刻芥子园三个刻本，其成书时间学界尚无定论。[①]

[①] 据胡适的考证，《镜花缘》的成书时间为1810—1825年，参见胡适《中国章回小说考证》，中国社会科学出版社2013年版，第395页。孙佳讯对此提出了异议，指出《镜花缘》并非李汝珍晚年失意之作，而是在其中年即开始写稿，其著作时期自嘉庆十四五年起，至嘉庆末年止（1809—1820）。参见孙佳讯《〈镜花缘〉补考——呈正于胡适之先生》，收录于胡适《中国章回小说考证》，第428—429页。

《镜花缘》不仅反映出李汝珍的博学多识、丰富想象及对腐朽现实的揭示和批判,还借助对海外国度的想象及对众多女性人物的刻画,展现了作者对女性问题的深刻反思。对于该书的主题及风格定位,学界讨论甚多,莫衷一是。① 胡适在《〈镜花缘〉的引论》一文中对该书的写作宗旨进行了明确的说明:

> 李汝珍所见的是几千年来忽略了的妇女问题。他是中国最早提出这个妇女问题的人,他的《镜花缘》是一部讨论妇女问题的小说。他对于这个问题的答案是,男女应该受平等的待遇,平等的教育,平等的选举制度。
>
> 这是《镜花缘》著作的宗旨。我是最痛恨穿凿附会的人,但我研究《镜花缘》的结果,不能不下这样一个结论。②

这一评论开启了《镜花缘》解放女性思想研究的先河,同时也引发了不少质疑与争论。

《镜花缘》以女皇帝武则天废其子唐中宗,改国号为周的统治时代为背景,假托武则天乘醉下诏,令百花齐放,致百花仙子与九十九位花神被上帝贬降凡尘,百花仙子降生至秀才唐敖之家,名唐小山(后尊父命改为唐闺臣),其余九十九位花神都降生为九十九位才女。小说前半部分讲述了唐敖与林之洋、多九公游历海外所见到的外邦种种奇闻异事,后唐敖入小蓬莱成仙,唐小山出海寻父,在小蓬莱的泣红亭上访得镌刻百位才女姓名及座次的石碑;后半部分讲述了百位才女相会的空前盛况,浓墨重彩地描写了才女参加女试科考的盛大场景与才女宴会上的"百花齐放",后反周义士徐敬业、骆宾王的

---

① 胡适指出,"《镜花缘》是一部讨论妇女问题的小说",参见胡适《中国章回小说考证》,第403页。鲁迅亦引胡适此说,并在此基础上将其归为"清之以小说见才学者",参见鲁迅《中国小说史略》,上海古籍出版社2006年版,第163—165页。当代学者对其进行了更为丰富的讨论:陈文新指出,《镜花缘》从结构看,是一部游记小说;从主题看,是一部讨论妇女问题的小说;从风格看,是一部诙谐小说;从题材看,是一部博物体小说。参见陈文新《〈镜花缘〉:中国第一部长篇博物体小说》,《明清小说研究》1999年第2期。王学钧则认为,《镜花缘》并非讨论妇女问题的小说,而是一个怀才不遇的儒生不可化解的功名情结的幻梦。参见王学钧《功名情结的幻梦:〈镜花缘〉主题论》,《明清小说研究》2010年第3期。

② 胡适:《中国章回小说考证》,第403页。

后人与剑南节度使文芸联合起来,起兵反抗武则天,终使得唐中宗复辟。小说以武则天下懿旨"来岁仍开女试"作为一个意味深长的结尾。①

《镜花缘》是不是一部讨论妇女问题的小说?作者究竟是主张男女平等还是女性中心?其妇女观在何种意义上具有开创性意义?后文将通过对李汝珍女性观的考察,尝试回应以上问题。

一 百名才女的书写

男女才智的平等在李汝珍之前的思想家、文学家那里都有论述或描写,在才女文化繁盛的明清时期,更有众多思想家对女才给予了特别的关注:晚明李贽早就驳斥了以女子学道为见短的俗见;清代章学诚则肯定男女的智慧灵秀是天赋平等的;袁枚不仅赞赏女性作诗,还广招女弟子,为其刊刻诗稿;一部《红楼梦》更是将女性之才书写到了极致。然而,像《镜花缘》这样对女性才学进行全面书写,并运用到科考、政事等具体实践中,却是前无古人的。借用中国哲学中的"体用"范畴来讲,我们可以说,李汝珍既刻画了女才之体——女性才学的主体内容,也构想了女才之用——女性才学的实践、施用。

(一) 几种女才类型的刻画——女才之体

就女才之体而言,李汝珍笔下的女才不仅包括学问、诗赋等文才,也包括琴棋书法等才艺以及舞剑弄棒等武才,粗略分类,有以下几种类型。

类型一:才情高,善诗赋。武则天所颁布的女试题目为一诗一赋,可知百位上榜的才女都是具有一定的诗赋水准的,但作者笔下也着重刻画了几位在辞赋方面才华格外突出的女性,上官婉儿就是其中之一。上官婉儿"才情敏捷,而且语句清新","胸罗锦绣,口吐珠玑",深得武则天欢心,当她与群臣一起作诗时,几乎无人能胜,惹得诸臣莫不吐舌道"天生奇才,自古无二"(第六回)。同时,也正是上官婉儿的这种超群的才气,使得武氏大为欢喜,产生广得闺才的想法,"如有能文才女,准其密奏,以备召见,量才加恩"(第八回),成为后文中才女考试、相聚的引线之一。

史幽探、哀萃芳二女的诗才也颇为作者所推崇。史幽探"将苏若兰的

---

① 本书中《镜花缘》一书的引文版本均来自(清)李汝珍《镜花缘》,张友鹤校注,中华书局1955年版,后文不再具体标注,特此说明。

《璇玑图》用五彩颜色标出，分而为六，合而为一，内中的诗不计其数，实得苏氏当日制图本心"，哀萃芳则"从史氏六图之外，复又分出一图，又得诗数百余首"（第四十一回），二位的才情慧心可谓闺阁才女之代表，也正是她们的才学为武则天所喜，直接促使武氏制定了开女试的恩诏，成了后文的才女考试、相聚的引线之二。

主人公唐小山的诗赋之才在百位才女中最为突出，她自小喜欢读书，"本来颖悟，再加时刻用功，腹中甚觉渊博，每与叔叔唱和，唐敏竟敌他不住：因此外面颇有才女之名"（第七回），果然这位小才女在后来的女试中以一篇《天女散花赋》才压群芳，当被风姨、嫦娥为难，令其当场作赋时，她"把神凝了一凝，只得打起精神，聚齐笔来，刷、刷、刷，如龙蛇飞舞一般，一连写了几句"（第八十八回），一篇千余字的美赋顷刻作成。女才在这里以一种夸张的方式得到了尽情的展现。

类型二：博学多识，机敏善辩。百位才女对古代典籍都有基本的掌握，这从"红文宴"中众人所玩的行酒令中可以看出。其中，作者也特别刻画了几位以博学见长的女性，最为突出的莫过于黑齿国的亭亭与红红。"黑齿国"可以说是李汝珍所构想的一个教育"理想国"，尽管这里的科考风气亦不理想，但此国的尚才重学之风却为李氏所大力推崇。作者用了三回的篇章来详细叙述两位才女与多九公谈文一段，他们所谈的内容，从基本的音韵、训诂到经典注疏辨析，从《毛诗》《论语》到《礼记》《周易》，多九公从最初的不屑到最后"急的汗如雨下，无言可答"，"抓耳挠腮"，"满面青红，恨无地缝可钻"，出门之后，唐敖道："小弟从未见过史上竟有这等渊博才女！而且伶牙俐齿，能言善辩。"（第十八回）在作者笔下，跟随唐敖、林之洋一起出海的多九公是以其满腹才学、见识广博而见长的，但这位博学的老人在与两位年幼的才女谈文时却受辱出丑，如此反衬，更凸显出两位才女之学问与辩才。

在后文中，作者又安排亭亭与唐小山、阴若花进行了一番精彩的谈文，细数《春秋》褒贬之义，"三礼"各家注疏优劣，历代年号、名姓等，三位才女侃侃而谈，难分高下。不仅皆为博闻强识、口若悬河之辈，也都有谦谦君子的风度。三位才女谈文的场景与多九公同亭亭、红红谈文的场景正好形成鲜明对比，尽管繁冗的谈文描写多少使作者受到"掉书袋"的质疑，但他将广博的学识赋予几位女性身上，正体现出其对女性才学的赞赏与推崇。

类型三：琴棋书画，才艺荟萃。小说后半部的才女盛宴可谓作者精心搭建的才艺大展台，百位女子的各种才艺得到了淋漓尽致的展示：

> 那弹琴的是尧春、尧蓂、舜英、若花、秀英、瑶芝、素云七位姐姐；那下围棋的是紫琼、紫菱、芷馨、香云四位姐姐；那写扇子的是书香、文锦、巧文、月芳、绣田、紫绡、红红、亭亭八位姐姐；那画扇子的是墨香、题花、丽娟、银蟾、凤雏、蕙芳六位姐姐。（第七十三回）

此外，还有善吹笛箫的苏亚兰、左融春等五位才女，通占卜之术的孟芸芝，善算法的米兰芬，懂医术的潘丽春，等等。才女们在这个"才艺大展台"上各显神通，共同构成了李汝珍笔下丰富多彩的才女内涵。

类型四：耍枪弄棒、习剑善射。作者所刻画的才女中既有能文博学的淑女，也有大胆勇敢的侠女。才女之才不仅是文才，也包含了武才。主人公唐小山可谓文武双全的典范，角色一出场，作者就交待小山"胆量极大，识见过人，不但喜文，并且好武，时常舞枪耍棒，父母也禁他不住"（第七回），两次出海寻父，也凸显了其过人的胆识；替母报仇的骆红蕖"终日搬弓弄箭，操练武艺"（第十回），不畏艰险，靠精准的箭术将当地的虎患除绝，被封为"小杨香"；"凌波仙"廉锦枫为取海参救母病，日日伏入水中练习水性，"久而久之，竟能在水一日之久。得了此技，随即入海取参，母病始能脱体"（第十三回）；幼年学枪的魏紫樱女扮男装，在当地驱逐野兽，继承父业，"以养寡母"（第二十一回）；"神弹子"徐丽蓉"弹无虚发"，"每发一弹，岸上即倒一人"（第二十六回）；精通箭术的苏亚兰曾作一首《西江月》，概括射箭要领（第七十九回）。此外，作者还刻画了颜紫绡、燕紫琼、易紫菱三位会剑术的"侠女"形象，不仅武艺高强，而且仗义救人，都有侠女气度。可见，武才也是作者笔下女才的重要组成部分。对武才的刻画，让李汝珍笔下的女性摆脱了"弱女子"的刻板印象，凸显出女性气质英姿飒爽的一面。

李汝珍不仅大力书写女性之才，还充分肯定了女才与女色、女德的相容性。一方面，这些多才的女性往往都有漂亮端庄的容貌，如唐小山"美貌端庄"，林婉如"品貌秀丽"，尹红萸"体度端庄，十分艳丽"，司徒妩儿"面如敷粉，极其俊秀"，颜紫绡"满面绯红，十分美貌"，等等，百名才女中，作者凡有描写外貌之处，皆是赞美之辞。在李汝珍看来，女性的容貌美丽不一定是"红颜祸水"的象征，女才与女色是可以相容的，这也是对传统"女祸论"观念的一种颠覆。另一方面，女才与女德也互不相妨，这些才女中，除了闵兰荪、花再芳、毕全贞三位是作者有意刻画的"俗见"女性外，其余几乎是德行甚高的女子，她们或是救母寻父的孝女，或是仗义助人的侠女，或是冒死救夫的义女，总之在品德上都有值得称道之处，才德的共存也是对"女子无才便是德"观念的间接驳斥。可见，李汝珍笔下的女才不仅内涵甚广，同时也具有极大的包容性。

以上四种类型充分体现了李汝珍对女才的推崇和赞赏态度，与此相关，女性教育问题也出现在了李氏的关注视野中。古代社会有着悠久的女性教育传统，从班昭的《女诫》到后世的《女论语》《规范》《内训》等女教经典，这些女教的目的在于规定女性在德、言、容、功等方面的正统典范，培养闺阁内的好女儿、好妻子、好母亲，可知，传统女教的内容与男子教育的内容相去甚远。

传统女教中的"妇功"要求女性"专心纺织，不好戏笑，洁齐酒食，以奉宾客"（《女诫·妇行第四》），在第七回中，作者讨论了女教与妇功的关系。当天生喜欢读书的唐小山从叔叔那里得知并无"女科"时，她认识到了女才无法施用的尴尬，于是放下书本，跟着母亲、婶婶学起针黹，但"学了几时，只觉毫无意味，不如吟诗作赋有趣，于是仍旧读书"。这既凸显了女红与女才之间的矛盾，也反映了作者对女教内涵的重省。在李汝珍笔下的教育理想国——黑齿国中，女性的教育内容与男性相差无几。在这里，"凡生女之家，到了四五岁，无论贫富，莫不送塾读书，以备赴试"（第十六回）。对于未婚女性而言，教育水平的高低还直接与婚嫁相联系：

> 就是女人，也是这样，到了年纪略大，有了才名，才有人求亲；若无才学，就是生在大户人家，也无人同他配婚。因此，他们国中，不论男女，自幼都要读书。（第十八回）

因此，这里的女性不崇尚涂脂抹粉，都以读书为"正事"，以有才学为荣。在李汝珍这里，女性教育已经开始从为家庭服务的闺阁女教中脱胎出来，取得了一定的独立地位。

究其实，传统男女教育差异的根本原因还在于"男主外，女主内"的社会性别角色定位，男性需要通过科考与仕途来履行其在外的职责，而女性则需要通过学习女德规范、掌握女红等技能来履行其在内的职责。李汝珍之所以能够提出女性与男性接受相同教育的设想，还在于他对女才之用的定位以及对社会性别问题的反思。

（二）朴素的女子科考与女性参政意识——女才之用

明清是一个才女文化格外繁盛的时期，闺阁诗人的大量出现成了李汝珍以及稍早的《红楼梦》大力刻画才女形象的直接源泉。相比于《红楼梦》中的女才之用终究止步于闺阁内的娱情或家政管理，《镜花缘》中的女才之用则要更为广阔，开女试的设计与女性参政的描写是作者在女才之用上向前跨出的一大步，正是这一大步，提供了女性从闺阁之内迈向闺阁之外广阔世界的可能。

对于中国古代的男性而言，接受教育、饱读诗书的直接功用即参加科考、做官从政，"学而优则仕"是一条通行的道路。在李汝珍看来，既然女性可以与男性有同样的才，甚至更高，那么女性也应该与男性一样参加科考，进而参与政事。这个想法，作者借主人公唐小山之口明确地提了出来：

> 小山道："请问叔叔，当今既开科考文，自然男有男科，女有女科了。不知我们女科几年一考？"（第七回）

在女性普遍受教育的黑齿国中，李汝珍将女才之施用进行了一番初步设计：

> 至敝乡考试，历来虽无女科，向有旧例，每到十余年，国母即有观风盛典：凡有能文处女，俱准赴试，以文之优劣，定以等第，或赐才女匾额，或赐冠带荣身，或封其父母，或荣及翁姑，乃吾乡胜事。（第十六回）

在这里，有才的女性可以通过类似于考试的方式为个人及家庭带来一定的荣誉，提升家族地位。如此一来，女性就有了以才学本身来获得其独立价值的可能。后文中武则天开女试的书写更是将这一想法推向了高潮：

> 奉天承运皇帝制曰：朕惟天地英华，原不择人而畀……丈夫而擅词章，固重圭璋之品；女子而娴文艺，亦增蘋藻之光。……况今日：灵

秀不钟于男子，贞吉久属于坤元；阴教咸仰敷文，才藻益征竞美。是用博谘群议，创立新科，于圣历三年，命礼部诸臣特开女试。（第四十二回）

参照男子科考的形式，女试也采取县考、部试、殿试的层层选拔形式，各层考中的才女皆赐予对应的匾额，此外，"殿试名列一等，赏'女学士'之职；二等，赏'女博士'之职；三等，赏'女儒士'之职：俱赴'红文宴'，准其半支俸禄。其有情愿内廷供奉者，俟试俸一年，量材擢用"（第四十二回）。这一诏令直接显示了女性参与国家政事的可能，女性不仅可以通过考试来展示其才学，并在这个过程中获得相应的荣誉和利禄，还可以在对应的职位上施展其才能，也就是说，女性有了同男性一样参政的机会。

李汝珍在小说中也的确安排了四位才女去实践其"女性参政"的朴素愿望。女儿国的世子阴若花被武后派遣回国，岐舌国的枝兰音、黑齿国的亭亭与红红三人"皆授为东宫护卫大臣，职有专司"，亭亭的一番话设计出了四人到女儿国后治国平天下的场景：

亭亭正色道："少保何足为奇，愚姐志岂在此？……我同他们三位，或居天朝，或回本国，无非庸庸碌碌，虚度一生；今日忽奉太后敕旨，伴送若花姐姐回国，正是千载难逢际遇。将来若花姐姐做了国王，我们同心协力，各矢忠诚：或定礼制乐，或兴利剔弊，或除暴安良，或举贤去佞，或敬慎刑名，或留心案牍。——扶佐他做一国贤君，自己也落个'女名臣'的美号，日后史册流芳，岂非千秋佳话。"（第六十八回）

在这里，女性像男性一样治国，以这种向外的方式实现自己的价值。借助对四位才女参政的设想，李汝珍表达了其朴素的女性参政意识。

此外，李汝珍对武则天形象的塑造也在一定程度上反映了他对女性参政的态度。李氏巧妙地选择了历史上唯一的女皇帝当政时期作为小说的时代背景，他对武则天的描写一改以往文学作品中昏聩荒淫、祸国殃民的反面形象，刻画了一位相对正面的女皇帝形象。虽然为着符合历史背景的考虑，作者自始至终没有承认武则天作为女主的合法性，并以武氏的夺权篡位为线索，以中宗复位为小说的完结，但小说中武则天当政时期的政绩是毋庸置疑的，开女试、褒奖女性等诏令都得益于这位女皇帝的执政。

李汝珍笔下的武则天是一位关怀女性、尊重女性的女皇帝,她专门颁布的关于女性的恩诏包含旌表孝悌、节烈、长寿的妇女,释放宫娥,设立养媪院、育女堂,补贴贫寒之家女儿婚配的妆奁之资,关注女性健康等内容,作者借唐敏之口称其为"自古未有的旷典"(第四十回)。这些恩诏不仅直接反映了作者本人对女性的关怀和体恤,也显示出他对作为女性的武则天参政的肯定。

综上,李汝珍虽然没有明确地提出现代意义上的女性教育与参政问题,但小说中已经反映出了他对女性教育的提倡及其朴素的女性参政意识。在解放女性的道路上,女性的职业权和政治权的获得是其中非常重要的环节。西方早期自由主义女性主义者穆勒大量论述了女性职业权与政治权利的重要性,指出应该"接纳她们进入迄今为男人独占的一切职务和职业"①。在李汝珍的小说中,女性可以和男性一样,参加科考,进入仕途,取得功名利禄,实现自我价值。尽管李汝珍是借小说的虚构世界来表达自己的观点与理想,但他这种朦胧的女性参政意识却把握了解放女性的基本方向,成为中国本土解放女性思想的重要部分。

二 女性身体之解放——对缠足的批评与女性美的塑造

女性是自己身体的主体,但对身体的训诫却来自社会风尚、道德舆论、风俗习惯等多方面。缠足对女性身体是否构成伤害?缠足是女性美的必要条件吗?女性美依托于天生之自然还是后天之修饰?女性美的本质是外表还是内在,抑或内外兼修?在李汝珍的笔下,我们可以看到他对这些问题的反思与讨论。

(一)对缠足的批评与反思

在《镜花缘》第十一回、十二回中,李汝珍构想了一个礼让谦和的"君子国",这里的人们"无论富贵贫贱,举止言谈,莫不恭而有礼",无愧于"君子"二字,但在第十二回中,作者则借君子国吴之和之口对天朝中的一些社会现象进行了批评,如为自身利益而不让父母入土为安的子女、为子女大摆筵席杀生浪费的父母、送子女入空门的父母、"三姑六婆"之乱象等,其中

---

① [英] 约翰·斯图尔特·穆勒:《妇女的屈从地位》,汪溪译,第337页。

也涉及了对缠足的描述:"吾闻尊处向有妇女缠足之说。始缠之时,其女百般痛苦,抚足哀号,甚至皮腐肉败,鲜血淋漓。当此之际,夜不成寐,食不下咽,种种疾病,由此而生。"(《镜花缘》第十二回)

不难看出,作者是在借异邦人之口来批判当时社会的种种乱象,缠足作为其中之一,显然也是作者所批评的对象。最让"君子国"的谦谦君子感到诧异的是,这样一种让女性身体遭受百般痛苦的习俗,竟然只是出于美观的考量。当时男性对"三寸金莲"的热爱与对审美习俗的习以为常让他们难以对女性缠足所遭受的身体之苦有真切的体会,即使通过女孩的哭声能感知几分缠足之痛,也往往并未真正地感同身受。于是,作者在小说中设计了"女儿国"中林之洋以男子之身亲尝缠足滋味的桥段。

李汝珍笔下女儿国的设计非常有意思,在这个国度里,男女分别扮演着不同的社会性别角色,"男子反穿衣裙,作为妇人,以治内事;女子反穿靴帽,作为男人,以治外事"(第三十二回),主人公唐敖的妹夫林之洋初到这里便感叹道:"闻得他们最喜缠足,无论大家小户,都以小脚为贵;若讲脂粉,更是不能缺的。幸亏俺生天朝,若生这里,也教俺裹脚,那才坑死人哩。"(第三十二回)哪知一语成谶,林之洋竟然因为到女儿国卖货,被"国王"看上,强封为王妃,被众宫娥依照规矩梳妆打扮、穿耳缠足。缠足的第一天,就让林之洋几近崩溃:

> 那黑须宫娥取了一个矮凳,坐在下面,将白绫从中撕开,先把林之洋右足放在自己膝盖上,用些白矾洒在脚缝内,将五个脚指紧紧靠在一处,又将脚面用力曲作弯弓一般,即用白绫缠裹;才缠了两层,就有宫娥拿着针线上来密密缝口:一面狠缠,一面密缝。林之洋身旁既有四个宫娥紧紧靠定,又被两个宫娥把脚扶住,丝毫不能转动。及至缠完,只觉脚上如炭火烧的一般,阵阵疼痛。不觉一阵心酸,放声大哭道:"坑死俺了!"(第三十三回)

狠缠和密缝之下,缠足之痛让七尺男儿也只能用哭喊来表达。夜里,林之洋不时被双脚疼醒,于是便开始偷解裹脚布:"即将白绫左撕右解,费尽无穷之力,才扯了下来,把十个脚指个个舒开。这一畅快,非同小可,就如秀才免了岁考一般,好不松动。"(第三十三回)

现实中的女性往往并没有机会偷偷放足,"缠脚布裹好之后,不能解开,晚上睡觉也要裹着,为此施缠者为提防女孩偷偷松解缠脚布,除将缠脚布用针线密缝之外,又层层做好暗号"①。小说中的林之洋也并不能真正主宰自己的身体,偷偷解开的缠脚布终究又要在遭受"打肉"的惩罚以后重新缠上:

> 缠足宫娥把足从新缠好,教他下床来往走动。宫娥挽着走了几步。棒疮虽好,两足甚痛……走来走去,真如挣命一般。到了夜间,不时疼醒,每每整夜不能合眼。无论日夜,俱有宫娥轮流坐守,从无片刻离人,竟是丝毫不能放松。林之洋到了这个地位,只觉得湖海豪情,变作柔肠寸断了。(第三十三回)

日夜的疼痛折磨,曾经豪情万丈的林之洋亦无力抵抗。如同现实中每一个从垂髫时期便被缠足的女孩,林之洋也只能默然接受缠足的事实,"未及半月,已将脚面弯曲折作两段,十指俱已腐烂,日日鲜血淋漓"(第三十四回)。然而,与现实中的女孩不一样的是,林之洋之所以日日忍受缠足之苦,并不是意欲在时间的流逝中将其真正内化为自我身体的内在属性,作为男儿身的他清楚地知道自身的社会性别规范,他的隐忍不过是等待救援的一种临时策略。当林之洋越发觉着被救无望之时,他首先想到的是摔脱花鞋,乱扯白绫,以死相抵。"屡次要寻自尽,无奈众人日夜提防,真是求生不能,求死不得。"(第三十四回)这赴死的决心,一方面,最直接的原因是其不堪缠足之痛的折磨,另一方面,更大的痛苦来自精神上的折磨,对于男儿身的林之洋来说,缠足打扮这类"妇人之事"是对自身性别气质的颠覆与践踏,如果不能恢复其原本的社会性别特征,他宁可放弃生命。

尝尽了缠足之苦后,几经周折,一双合格的小脚总算是"炼成"了:

> 不知不觉,那足上腐烂的血肉都已变成脓水,业已流尽,只剩几根枯骨,两足甚觉瘦小……并且两只"金莲",已被缠的骨软筋酥,倒象酒醉一般,毫无气力,每逢行动,总要宫娥挽扶。……那双"金莲"虽觉微长,但缠的弯弯,下面衬了高底,穿著一双大红凤头鞋,却也不大不

---

① 转引自高洪兴《缠足史》,第 51 页。

小。……虽非国色天香,却是袅袅婷婷。(第三十四回)

在逃出女儿国之后,林之洋向唐敖、多九公二人谈及缠足一事仍心有余悸:"俺在楼上被他穿耳、毒打、倒吊,这些魔难,不过一时,都能耐得。最教俺难熬的,好好两只大脚,缠的骨断筋折,只剩枯骨包着薄皮,日夜行走,十指连心,疼的要死。这般凌辱,俺能忍受逃得回来,只怕古人中要找这样忍耐的也就少了。"(第三十八回)

在林之洋的口中,缠足是整个女儿国遭遇中最为可怕的事,最不能承受之痛。为何女性习以为常的缠足习俗施之于男性身上却成为"求生不得,求死不能"的折磨?难道女性在缠足的过程中不会感受到如此疼痛吗?女性在成长中是如何克服缠足给身体带来的种种伤害的?面对这种不得不去适应的社会风俗,女性又是如何将缠足内化为自身的社会性别特征的?以上问题,大概都是李汝珍借林之洋的遭遇来启发读者进行思考的。

以上几处的描写清楚地表明了李汝珍的反缠足态度,他眼中的"金莲"处处渗透着缠足女性的血泪与痛楚。值得注意的是,李汝珍笔下的百名才女也多有缠足[1],有学者据此认为,《镜花缘》中"一百个才女人人裹小脚,根本没有男女平等的意思"[2]。其实不然,李汝珍对才女缠足的刻画与其对缠足的反对态度并不矛盾。作者笔下的"天朝",并不是个尽善尽美的"理想国",恰恰相反,才女们生活的"天朝"是一个有着种种流弊的社会,而主人公在海外各国的见闻既是对虚构的"天朝"现实的隐晦揭露,也是对作者所生活的时代问题的隐射,妇女缠足正是作者所揭露和反对的种种陋习之一。将才女缠足的描写指为作者认可缠足的证据,是对小说的一种平面化理解。从作者写作手法上看,才女的广泛缠足实际是对缠足现实影响之广、之深的一种深刻揭露。当女儿国世子阴若花缠足以后,陪唐闺臣上小蓬莱寻父时,作者刻意书写了若花因缠足而行走不便,疼痛不已的场景:"只觉两足痛入肺腑,登时喘作一团,连忙靠着一棵大树,坐在山石上,抱着双足,泪

---

[1] 如黑齿国的亭亭与红红虽不喜脂粉,唯重读书,但也"底下露着三寸金莲,倒也不俗"(第十六回),会剑侠之术的侠女颜紫绡,也是"底下露着一双三寸红绣鞋"(第五十四回),同样会剑术的燕紫琼、易紫菱也分别"胸下露着三寸紫绣鞋"(第五十九回),"胸下穿着三寸桃红鞋"(第六十回),连来自男女社会性别颠倒的女儿国世子阴若花,在到了"天朝"之后,也开始缠足(第四十六回)。

[2] 转引自汪龙麟《清代小说研究》,北京出版社2001年版,第541页。

落不止。"（第四十九回）可知，李汝珍笔下的才女缠足的描写不过是创作的背景需要，而绝非代表作者对缠足的认同态度。

通过对林之洋在"女儿国"缠足经历的细致描写，李汝珍勾勒出了女性缠足的大体过程：初缠之痛—放足之轻—隐忍之苦—金莲之"美"。从"痛"到"美"的过程看似一场华丽的转身与蜕变，实则从未脱离于女性的身体所遭受的苦痛。在作者生动鲜活的描写中，我们清晰地了解到缠足对女性健康的伤害：从皮肉破损、溃烂等外在的折磨，迁延至饮食、睡眠等整体的影响，更难以估量的是对女性心理健康的危害。我们可以想象，每一位缠足女性所经历的无数个疼痛难忍的黑夜，我们仿佛听到，每一位缠足女性辛酸眼泪中的控诉。任何一个饱受身体疼痛折磨的人从本心来讲都想要摆脱这种痛苦，但被缠足的女性则在社会性别的建构中逐渐遮蔽了这种本心，因为在她们看来，三寸金莲正是美与时尚的代言。

（二）女性美的塑造与讨论

李汝珍对世人皆以缠足为美的风尚颇为不解，他在描述君子国吴之和所见女性缠足之痛苦时，借吴之和之口追问：

> 小子以为此女或有不肖，其母不忍置于之死，故以此法治之。谁知系为美观而设；若不如此，即不为美。试问鼻大者削之使小，额高者削之使平，人必谓之残废之人；何以两足残缺，步履艰难，却又为美？即如西子、王嫱，皆绝世佳人，彼时又何尝将其两足削去一半？况细推其由，与造淫具何异？（第十二回）

小说中的吴之和从一个外邦人的视角来审视缠足，他所看到的不是三寸金莲步步生花之美，而是缠足对女性身体的伤害与身心的折磨。当他得知缠足是出自审美要求之时颇感诧异，这也正是作者心中不吐不快的对缠足的疑问。在李汝珍看来，人为地破坏身体，恣意改变天赋之模样，得到的不是美而是残废，何况缠足让女性用来行动的双足活动受限，根本谈不上美。不难看出，在李汝珍这里，足之美与足之用之间的矛盾是不可调和的，无用之物不能成为审美对象，所以缠足并无美感可言，从审美的角度也就失却了存在的合理性。

与缠足类似的，通过伤害女性身体以达到美观的目的的习俗还有"穿耳"。穿耳是今天社会常见的习俗，且并不专为女性所有。古代女性的穿耳习俗起源较早，但由于晋唐时期鲜见女性穿耳的记载①，所以有人认为穿耳是晚起的习俗。陶宗仪在《南村辍耕录》中纠正了这种看法，指出"《庄子》曰：'天子之侍御，不叉揣，不穿耳。'则穿耳自古亦有之"②，明代田艺蘅《留青日札》中也记载"女子穿耳，带以耳环，盖自古有之，乃贱者之事"③。从《庄子》中的说法来看，盖先秦时期已有穿耳之俗，而汉代与北魏的诗歌中也都有对妇女穿耳的描述④，可见这一时期女性穿耳已不再限于地位低下之人，而较为普遍。盖晋唐时期穿耳习俗出现断代，到宋代，穿耳又流行起来，至明清时期，穿耳已经成为各阶层女性的普遍习俗，耳环、耳坠等都成了贵贱、贫富女性的基本装饰品。⑤

今天，随着科技的发展，激光穿耳技术的成熟以及卫生消毒观念的普及，穿耳给女性身体所带来的伤害可以说是微乎其微，但在古代社会，穿耳对身体而言却并非一件微小的事。对穿耳的反对之声很早就有，就儒家的"孝"的观念而言，"身体发肤，受之父母，不敢毁伤，孝之始也"（《孝经·开宗明义》），穿耳当属不孝的行为；就道家的"自然"观念而言，《庄子·德宗符》曰，"为天子之诸御，不爪（指甲）剪，不穿耳"，成玄英疏，"夫帝王宫闱，拣择御女，穿耳剪爪，恐伤其形"，郭庆藩集释，"家世父曰：不爪剪，不穿耳，谓不加饰而后本质见"，穿耳正是伤其全形、掩饰本质的非自然行为。可见，就原始儒道观念来看，穿耳都是不被认可的。在小说《镜花缘》中，李汝珍在反对缠足的同时，也表达了自己对穿耳的态度，他借对林之洋被穿耳过程的描写，淋漓尽致地展现了穿耳之痛：

> 内中一个白须宫娥，手拿针线，走到窗前跪下道："禀娘娘：奉命穿耳。"早有四个宫娥上来，紧紧扶住。那白须宫娥上前，先把右耳用指将拿穿针之处碾了几碾，登时一针穿过。林之洋大叫一声："疼杀俺了！"

---

① 两晋至隋唐时期，女性似无穿耳习俗，出土文物与传世的绘画、雕塑中都不见女性穿耳的实例。参见王维玲、王定祥《中国古代妇女化妆》，陕西人民出版社1991年版，第182页。
② （元）陶宗仪：《南村辍耕录》，中华书局1959年版，第206—207页。
③ （明）田艺蘅：《留青日札》，上海古籍出版社2002年版，第384页。
④ 在东汉乐府诗《焦仲卿妻》中，小吏之妻刘兰芝便是"耳著明月珰"，北魏高允《罗敷行》明确描绘美女罗敷"耳穿明月珠"。参见高世瑜《中国古代妇女生活》，商务印书馆1996年版，第175页。
⑤ 参见高世瑜《中国古代妇女生活》，第175—176页。

望后一仰，幸亏宫娥扶住。又把右耳用手碾了几碾，也是一针穿过。林之洋只疼的喊叫连声。（第三十三回）

在作者看来，穿耳是矫揉造作的行为，破坏自然之美。李汝珍理想中的女性美是自然天成、不加雕饰的，这从他对数名才女外貌的描写中可以看出，如"生成美貌端庄"的唐小山（第七回），"生得齿白唇红，极其美貌"的廉锦枫（第十三回），"生得面如敷粉，极其俊秀"的司徒妩儿（第二十四回），等等，这些女子都可谓天生丽质。不难看出，李汝珍所欣赏的女性美是一种自然之美，穿耳之类的行为破坏了女性的自然容貌，所以他对此持否定态度。

女性外表的自然天成和后天打扮在李汝珍这里表现为一种对立的关系，但凡自然的生成之美貌，皆是美丽的值得欣赏的；但凡后天的人为修饰，就是不美的或者说是矫揉造作的。所以李汝珍不仅反对缠足穿耳等会对身体留下痕迹的雕琢，也反对涂脂抹粉等不着痕迹的修饰。在"女儿国"中，他借多九公之口委婉地批评了打扮妇人①的习俗，"此地……诸事俭朴；就只有个毛病，最喜打扮妇人。无论贫富，一经讲到妇人穿戴，莫不兴致勃勃，哪怕手头拮据，也要设法购求"（第三十二回），同时还描绘了一个矫作打扮下的"中年妇人"的模样"一头青丝黑发，油搽的雪亮，真可滑倒苍蝇，头上梳一盘龙鬏儿，鬓旁许多珠翠，真是耀花人眼睛；耳坠八宝金环；身穿玫瑰紫的长衫，下穿葱绿裙儿；裙下露着小小金莲。穿一双大红绣鞋，刚刚只得三寸；伸着一双玉手，十指尖尖，在那里绣花；一双盈盈秀目，两道高高峨眉，面上许多脂粉"（第三十二回），这与李汝珍笔下的才女之自然美貌形成了鲜明的对比。

按照李汝珍的审美思路，天然之美才是真正的美，而每个人的天赋容貌并不相同，有人天生肤白高挑，有人生而矮小黄黑，岂不意味着"美"对女性来讲是生而不平等的？那些生来普通甚至有缺陷的女性难道就没有追求美的权利？事实上，李汝珍并没有阻断女性追求美的道路，相反，他对女性之

---

① 此处的妇人即女儿国中的男子。李汝珍实际是借此对现实中打扮女性的习俗进行批评，他在文中的措辞是"打扮妇人"，而非"妇人打扮"，其所隐含的意思大概可以这样理解：打扮并不是女性自主的行为，女性是被打扮的对象，打扮的主体是男性及整个社会的审美风气。这种说法看似掩埋了女性的主体意识，但却在一定程度上反映出了当时社会中女性"被打扮"的真实状况。

美作了更具包容性的阐释。在李汝珍看来，女性的外貌之美只是浅层次的美，内在气质的彰显才是美的更高呈现。

在李汝珍笔下的黑齿国中，"其人不但通身如墨，连牙齿也是黑的，再映着一点朱唇，两道红眉，一身红衣，更觉其黑无比"，这样的外貌从世俗的审美来看往往是丑的，所以文中主人公也持同样的前见，唐敖"因他黑的过甚，面貌想必丑陋"，多九公也言"老夫屡过此地，因他生的面貌可憎，想来语言也就无味，因此从未上来"（第十六回）。接近之后却发现，这里的女子都以读书为尚，于是再打量她们的外貌时，也就有了几分不同，"里面有两个女学生，都有十四五岁；一个穿着红衫，一个穿着紫衫；面貌虽黑，但弯弯两道朱眉，盈盈一双秀目，再衬着万缕青丝，樱桃小口，底下露着三寸金莲，倒也不俗"。待到唐、多二人与两位女子谈学论道之后，对她们更是刮目相看，唐敖一番议论显示出他们在审美观念上的变化："刚才小弟因这国人过黑，未将他的面目十分留神，此时一路看来，只觉个个美貌无比。而且无论男妇，都是满脸书卷秀气，那种风流儒雅光景，倒象都从这个黑气中透出来的。细细看去，不但面上这股黑气万不可少，并且回想那些胭粉之流，反觉其丑。小弟看来看去，只觉自惭形秽。"（第十九回）而同行的林之洋见黑齿国的女子生得如此之黑，以为脂粉必定大卖，待到货物无人问津时才知道，"这些女人因搽脂粉反觉丑陋，都不肯卖，倒是要买书的甚多"（第十八回）。女儿国"妇人"的各种细致打扮、矫揉造作与黑齿国女性的满腹才华、儒雅气质形成了鲜明的对比，作者所表达的美丑、好恶之情不言而喻。

所以，李汝珍为女性所寻求的通过后天努力来追求美的道路就变得更为清晰，即通过对内在才学修养的提升来变化气质，让女性的外貌在才智的涵化之下彰显一种更有意蕴的美。以往的史书更倾向于以对比的方式来凸显女性色与德、色与才之间的紧张关系，以貌丑来反衬女性的品德高尚或才干突出，如《古列女传》中的齐钟离春、齐宿瘤女、齐逐孤女，皆是貌丑而有才识或貌丑而德高。① 李汝珍这里则以更为柔和的方式来处理女才与女色之间的

---

① 钟离春"为人极丑无双，臼头深目，长指大节，卬鼻结喉，肥项少发，折腰出胸"，但却"正而有辞"，对齐国的安宁功不可没，被宣王封为王后；宿瘤女脖子上长了个大瘤子，常为人所嘲笑，但她不屑修饰外表，强调以仁义修饰内心与行为，以得理的言辞使闵王大悟，并被立为王后；逐孤女"状甚丑"，多次被乡人逐出，无人敢娶，但却善言国政，与襄王谈政三天，助齐国取得大治，亦被襄王娶为妻子。以上三个典故均出自《列女传·辩通传》。

关系，巧妙地让才为色加分，从而使得女色呈现出一种新的面目：女性不依靠涂脂抹粉人为变白①，而是用自身的才气使得黑气中也透出美。女性美在一定程度上摆脱了单纯地以外貌为依据，而上升为一种融合了才学在其中的气质美。这样，女性之美不再是作为男性玩赏的附属物而存在，而开始有了其自身独立的价值。

三 李汝珍的婚姻观——反对算命合婚、痛斥纳妾

《镜花缘》中的才女的婚事多是父母及亲人包办的，可以说在李汝珍这里还没有自由婚恋的思想，但他对算命合婚的反对和对纳妾的痛快驳斥在当时都是颇具积极意义的。

在李汝珍看来，婚姻仍是两个家族之间的事务，需要父母为儿女计谋，但父母之计应当以儿女的终身幸福为目的，而非将终身大事依靠于算命合婚来草草决定。在第十二回中，他借吴之和之口对算命合婚的习俗进行了有理有据的质疑：

> 又闻贵处世俗，于风鉴卜筮外，有算命合婚之说。……婚姻一事，关系男女终身，理宜慎重，岂可草草？既要联姻，如果品行纯正，年貌相当，门第相对，即属绝好良姻，何必再去推算？……总之：婚姻一事，若不论门第相对，不管年貌相当，惟以合婚为准，势必将就勉强从事，虽有极美良姻，亦必当面错过，以致日后儿女抱恨终身，追悔无及。为人父母的，倘能洞察合婚之谬，惟以品行、年貌、门第为重，至于富贵寿考，亦惟听之天命，即日后别有不虞，此心亦可对住儿女，儿女似亦无怨了。（第十二回）

李汝珍还从逻辑上对算命合婚进行了有力的反驳，针对世人尽信卜筮之说，他指出，倘若尽以推算为联姻依据，那么在算法产生之前，人们又如何联姻呢？并且，以生肖作为女性命运凶劣之据，直接导致现实中出现诸多无根底的说法。因此，李汝珍严厉批评道："此皆愚民无知，造此谬论，往往读

---

① 李渔对女性姿容的论述中，第一注重的即"肌肤之白"，不白也是可以通过人为加工，使之变白的。参见（清）李渔《闲情偶寄》，江巨荣、卢寿荣校注，第131—133页。

书人亦染此风,殊为可笑。"(第十二回)在李氏看来,婚姻的结合应依据男女双方的品行、年貌与门第,虽然他注重门第的思想尚未完全摆脱家族婚姻观念的窠臼,但其看重品行纯正与年貌相当两点,可以说基本是出于对男女双方个体幸福的考虑,婚姻在他这里也开始有了个体与个体结合的含义。[1]

综观李汝珍笔下众位才女的婚姻,也基本都以品行、年貌与门第三者为联姻准则。相比当时社会论财结婚的习气与算命合婚的迷信,李汝珍的婚姻观有着较大的进步意义。遗憾的是,我们几乎无法从这些才女身上看到她们微妙真实的情感世界与自由婚恋的意识,这大概仍与作者开篇所强调的"恪遵《女诫》,敬守良箴"(第一回)的正统观念分不开。

李汝珍的婚姻观中,最为人所称道的是他对纳妾的痛斥。在两面国的强盗寨子里,一向惧内的大盗头子醉酒后在妻子的引导下说出了自己的心思:"拙夫意欲纳宠,真是眠思梦想,已非一日,惟恐夫人见怪,不敢启齿。适听夫人之言,竟合我心。"想把被捉入山寨的唐闺臣、林婉如、阴若花及黑女红红四人娶为妾。其妻大怒,掀翻筵席放声大哭,一边申讨丈夫负心,一边想要寻死。大盗磕头以求饶,后其妻命偻罗重重打他,打得其皮开肉绽、连声喊叫。强盗头子挨痛打的原因很简单,就是妻子知道了他有纳妾的想法。纳妾在古代社会并非什么不能容忍之事,妻子因丈夫有纳妾之意就如此大动干戈,在旁人看来实在难以理解。但我们若是反过来一想,假设妻子有纳"男妾"的想法,丈夫将其一顿痛打,社会舆论恐怕不会以此为怪。于是,李汝珍借强盗头子妻子之口对男人纳妾进行了一段酣畅淋漓的批评:

> 妇人道:"既如此,为何一心只想讨妾?假如我要讨个男妾,日日把你冷淡,你可欢喜?你们作男子的,在贫贱时原也讲些伦常之道;一经转到富贵场中,就生出许多炎凉样子,把本来面目都忘了,不独疏亲慢友,种种骄傲,并将糟糠之情,也置度外。这真是强盗行为,已该碎尸万段!你还只想置妾,那里有个忠恕之道!我不打你别的,我只打你

---

[1] 张寿安在研究中指出,十八九世纪中国知识界出现了婚姻观念的转折,即从传统的"家族结合式"转向以"男女结合"为主体的婚姻观念。参见张寿安《十八世纪礼学考证的思想活力》,第270—271页。李汝珍这里把男女双方的品行与年貌放在首要位置,在一定程度上也是以"男女结合"为主体的婚姻观念的展现。

'只知有己，不知有人'。把你打的骄傲全无，心里冒出一个'忠恕'来，我才甘心！今日打过，嗣后我也不来管你。总而言之：你不讨妾则已，若要讨妾，必须替我先讨男妾，我才依哩。我这男妾。古人叫做'面首'：面哩，取其貌美；首哩，取其发美。这个故典并非是我杜撰，自古就有了。"（第五十一回）

对纳妾如此激烈的批评，恐怕只能见于古代的文学作品中，如胡适所言"三千年的议礼大家，没有一个人能有李汝珍那样明白爽快的"①。明清时期，哪怕是最激进的思想家如李贽，也只能在自己的生命中去践行无子而不纳妾的思想，鲜有对纳妾作出如此直接批评的。在此处，李汝珍批评纳妾的理由有二：其一，从结果上讲，男子纳妾之后自然会对妻子有所冷落，尤其男子飞黄腾达以后，糟糠之妻的处境更是不易；其二，从义理上讲，纳妾不符合传统儒家的"恕"道。"恕"道，意即推己及人之道，《论语》中多有表述，如"己所不欲，勿施于人"（《论语·卫灵公》），"我不欲人之加诸我也，吾亦欲无加诸人"（《论语·公冶长》）。以絜矩之道来考察纳妾，如果我们把妻子看作与丈夫一样的个体，那么丈夫既可纳妾，妻子也应有同样的权利，所以作者才有"你不讨妾则已，若要讨妾，必须替我先讨男妾，我才依哩"的表述。当然，具体的现实是，男性纳妾最为重要的功能或者说最能被广泛认可的理由是子嗣的绵延，而在传统宗法社会中，女性在传宗接代中并不具有主体性。因此，传统宗法社会中鲜有思想家会把纳妾和男性贞节相联系，只有在虚构的文学作品中，作者抛开现实条件的制约，才可能以推己及人的方式来看待纳妾。

值得玩味的是，小说中这段痛斥纳妾的情节发生在"两面国"。据作者的描述，之所以名之为两面国，是因为这里的人一面是"个个头戴浩然巾"，看见穿着富贵的人就"和颜悦色、满面谦恭光景"，另一面却是在浩然巾下"藏着一张恶脸，鼠眼鹰鼻，满面横肉"，看见穿着贫穷的人就"陡然变了样子：脸上冷冷的，笑容也收了，谦恭也免了"。（第二十五回）这种"两面性"既包含作者对现实中两面三刀、嫌贫爱富的势利眼的讽刺，也是对婚姻中男女双重道德标准的一种隐射。一方面，婚姻内的女性，无论是因生活贫穷艰难

---

① 胡适：《中国章回小说考证》，第414页。

而改嫁，还是因遇人不淑而离婚，都可能被看作道德的污点，有违贞节的要求；另一方面，男性却可以因富贵而冷落糟糠之妻，可以广置媵妾，可以再娶续弦。这种双重道德标准，俞正燮斥为"无耻之论"，小说中的强盗之妻将其斥为"强盗行为"，以强盗之妻的口吻斥责强盗头子纳妾为"强盗行为"，何等讽刺！

李汝珍笔下这位痛斥纳妾的强盗妻泼辣凶狠，哭闹打骂，对丈夫纳妾的心思丝毫不容，这无疑可称得上一位"妒妇"。而妒妇的产生也和双重标准有一定的关系。① 晚明小说家周清源在小说《寄梅花鬼闹西阁》中写道："从来道，妒妇胸中有六可恨。哪六可恨？第一恨道，一夫一妇，此事定数，怎么额外有什么叫做小老婆。我却嫁不得小老公，他却取得小老婆，是谁制的礼法，不公不平，俺们偏生吃得这许多亏。这是第一着可恨之处。第二恨道，妇人偷了汉子便道是不守闺门，此是莫大之罪，该杀该休；男儿偷了妇人，不曾见有杀、休之罪。……第四恨道，妇人偷了汉子，便要怀孕，生出私孩子来，毕竟有形迹，难以躲闪，就如供状一般，所以妇人不敢十分放手，终究有些忌惮。男子偷了妇人、小官，并无踪影可以查考，所以他敢于作怪放肆。"② 这段描述看起来和李汝珍《镜花缘》中的思考有几分相似，作者从女性的角度体察到了妒妇的心理活动，认识到了妒妇之所以会产生嫉妒之情，还在于传统社会对男女的不同评价标准以及女性在身心上的弱势地位。但周清源却并未如李汝珍一样，给予妒妇一定的生存空间，借对妒妇的观察来为女性真正鸣不平，周氏在小说中仍和主流的反妒论调一样，对妒妇进行申讨，以不妒为妇女之美德。

需要说明的是，李汝珍笔下提到的讨男妾，并非提倡女性也应该和男性一样"纳妾"，而是以此来说明男女都应该同样地对婚姻忠贞，彼此专一，而不是单方面要求女性。胡适将李汝珍这里所讲的纳妾问题泛化为贞操问题，认为李汝珍提出的是男女贞操的"两面标准"问题③，这一说法不尽恰当。李汝珍由纳妾问题所引发的议论主要是针对婚姻中的男女忠贞而

---

① 明末文人王世贞就认为，无论是节妇烈女还是悍妇妒妻，都出于同一种心理需要，其区别只在于不同情境之中的表达，对于同一个女人来说，自己实践对于婚姻的信念就是贞节，同时她要求她丈夫与她一样则是嫉妒。参见田汝康《男性阴影和女性贞节——明清时期伦理观的比较研究》，刘平、冯贤亮译校，第83页。

② （明）周清源：《寄梅花鬼闹西阁》，《西湖二集》，周楞伽整理，人民文学出版社1999年版，第177—178页。

③ 参见胡适《中国章回小说考证》，第413页。

言的，而并不涉及寡妇再嫁、室女守贞等广泛的贞节问题，从李汝珍小说中对才女的婚姻论述来看，他也并没有对贞节问题提出更多的讨论。小说中可能涉及贞节问题的描述大略有三处，一是武则天所颁布的十二条广惠女性的诏令里有专门对贞节的表彰①，二是在山寨中当强盗头子欲纳唐闺臣等四位才女为妾时，她们首先想到的就是自尽②，三是小说结尾处邵红英、戴琼英等六位年轻女性殉夫的行为。这样看来，李氏在贞节问题上应该是持相对保守观点的。因此，李汝珍对婚姻内的双重标准的批判并不能代表其贞节观的开明。

四 "女儿国"的构想与性别问题的反思

女儿国在古书中多有记载，大体有两种类型："一为纯女无男之国，一为以女为治之国，前者无稽而后者实有。"③ 前者如《山海经·海外西经》，"女子国在巫咸北，两女子居，水周之"，后者如《新唐书·西域传上》，"东女……以女为君……俗轻男子，女贵者咸有侍男，被发，以青涂面，惟务战与耕而已。自从母姓"。《镜花缘》中的女儿国属于第二种类型，其蓝本正是这里的"东女国"④。李汝珍用了六回的篇幅对女儿国进行生动刻画，不仅仅是对海外奇闻的大胆想象，还寄托了他对性别问题的深刻反思。

在女儿国里，虽然也是男女配合，但男女的社会性别角色是颠倒的，"男子反穿衣裙，作为妇人，以治内事；女子反穿靴帽，作为男人，以治外事"（第三十二回），男女的社会分工与别处恰好相反。为了凸显这种社会性别颠倒的反差，李汝珍对一位中年男性进行了细致刻画：

> 门内坐着一个中年妇人：一头青丝黑发，油搽的雪亮，真可滑倒苍蝇……一双盈盈秀目，两道高高蛾眉，面上许多脂粉；再朝嘴上一看，原来一部胡须，是个络腮胡子！（第三十二回）

---

① 第三条：太后因"贞节"二字自古所重，凡妇女素秉冰霜，或苦志守节，或被污不屈，节烈可嘉者，俱赐旌表。第十二条：太后因节孝妇女生前虽得旌表，她们殁后遽使泯灭无闻，未免可惜。特沛殊恩，以光泉壤，命各郡县设立"节孝祠"。（第四十回）
② 闺臣……暗暗说道："适听女盗所言，我们万无生理。但怎样死法，大家必须预先议定，省得临时惊慌。"若花道："我们还是投井呢？还是寻找厨刀自刎呢？"（第五十回）
③ 李剑国：《〈镜花缘〉海外考》，南开大学出版社 2004 年版，第 414 页。
④ 参见李剑国《〈镜花缘〉海外考》，第 417 页。

而女性则是：

> 并无胡须，虽是男装，却是女音；兼之身段瘦小，嫋嫋婷婷。（第三十二回）

在一般的观念看来，此类打扮分别相当于男扮女装与女扮男装，常人看来甚为怪异。李汝珍借唐敖之口提出了疑问，"他们原是好好妇人，却要装作男人，可谓矫揉造作了"，但作者的思考却不止于此，所以书中的人物对这种质疑又进行了反思，多九公笑道："唐兄：你是这等说；只怕他们看见我们，也说我们放着好好妇人不做，却矫揉造作，充作男人哩。"这两个"矫揉造作"直接提出了问题所在：究竟什么是"自然"？作者又借唐敖之口深入探讨这个问题："俗话说的：'习惯成自然。'我们看他虽绝异样，无如他们自古如此；他们看见我们，自然也以我们为非。"的确，在女儿国的人看来，这些外邦人才是男女颠倒，后文中一位妇女打扮的男性就对唐敖道："你面上有须，明明是个妇人；你却穿衣戴帽，混充男人！……你把本来面目都忘了！"（第三十二回）在女儿国国民看来，男人（在彼处成为"妇人"）就应该是女人（一般语境中的女人）打扮、装束。这种怪诞的性别颠倒的设计，实际上隐含了作者对男女社会性别的反思。

男女的性别差异不仅包含生理上的不同，还包含社会属性的差异，也就是"社会性别"（gender，有时也直接翻译成性别）。通常，"社会性别概念被社会学家用来描述在一个特定的社会中，由社会形成的男性或女性的群体特征、角色、活动及责任"[①]。李汝珍的讨论中已经意识到了性别中的社会属性，在他看来，我们所形成的这种性别定式来自特定的社会，男女的角色定位来自社会的习惯使然，而并非不可改变的先验划分。那么，男女社会性别角色应该是怎样的呢？现存的男女性别是否应该颠倒过来？"女儿国"的设计并不

---

① ［英］坎迪达·马奇等：《社会性别分析框架指南》，社会性别意识资源小组译，社会科学文献出版社2004年版，第18页。西方妇女史学家琼·斯科特（John W. Scott）对作为社会关系成分之一的"性别"的相关因素进行了概括，包括文化象征的多种表现、与男性气质/女性气质相关的规范化概念、与社会组织及机构相关的政治学概念、主观认同。参见琼·斯科特《性别：历史分析中一个有效范畴》，载李银河主编《妇女：最漫长的革命》，中国妇女出版社2007年版，第134—135页。

是李汝珍对这一问题的回答,作者男女对调的设计主要有以下两层考虑。一方面,让男性亲自品尝缠足、穿耳以及矫作打扮的滋味,切身体会女性之苦,以此来深化"己所不欲,勿施于人"的意涵。既然男性(作者笔下林之洋为典型)感受到了缠足穿耳之痛,那么以絜矩之道推之于女性,便可知女性所受之苦。这是作者女儿国构想的最直接原因。另一方面,李汝珍的设计也的确是基于对男女社会性别的思考。虽然他没有找到一条可以依循的道路,如男女两性应该是怎样的社会角色,应该是男主外或是女主外,但他已经意识到的是,男女的社会分工不是固定不变的,"女儿国"的描写正是对其可变性的一个假想。再结合整个小说中李汝珍对女才的大力推崇、对女性教育的重视、对女性参政的赞同态度,不难看出,他认为女性是可以胜任男性角色的种种任务的,只要社会为女性提供相应的条件,女性完全可以与男性一样接受教育、参加科考、治国平天下。

在晚明李贽那里,已经意识到了男女见识差异的原因在于女性囿于闺阁之内,无法与男子一样接触到更广阔的社会世界,"见短"并非女性的类特征,而是依据环境可变的。对于社会条件变化下女性可能的处境,李贽没有进行更多的设想,只是从逻辑上证明了男女平等的可能性,而李汝珍以小说家的创见对这一问题进行了大胆的构想,女儿国中的女性治国、女主外事,可以说把李贽男女平等的理论思想变为了小说中的"现实"。

李汝珍对性别问题的反思在当时的中国社会是非常具有前瞻性的。从世界范围内来看,李汝珍的《镜花缘》的确是较早地提出女性问题的作品[1],只不过,尽管李汝珍提出了诸多女性问题并试图寻找解决的办法,却最终没有找到逻辑上自洽的建构途径,所以他对女性问题的设想才会招致"女性中心思想"[2] 的诟病。

在女性问题被广泛讨论的今天,我们一般认为,解放女性的思想并不是

---

[1] 据鲍家麟的研究,李氏的《镜花缘》要比英国约翰·斯图尔特·密尔的《妇女的屈从地位》和俄国车尔尼雪夫斯基(N. G. Chernyshevsky)的《怎么办》早问世四十余年,比汤普森(William Thompson)《女性之呼吁》早出版五年,仅略晚于玛丽·沃斯通克拉夫特(Mary Wollstonecraft)的《女权辩护》,在世界女权史上也是很早的作品。参见鲍家麟《李汝珍的男女平等思想》,载《中国妇女史论集》,牧童出版社 1979 年版,第 221 页。

[2] 蔡尚思认为,李汝珍的种种为女性呐喊的声音是报复男性的"女子中心思想"的表现,这一观点主要就是针对"女儿国"而言。故他在肯定李氏思想进步性的同时,也指其为"野蛮人的思想而非文明人的思想"。参见蔡尚思《中国礼教思想史》,第 125—127 页。

推翻男权社会而代之以女权社会,而是建立一个两性关系和谐的平等社会,男女平等并不是抹杀男女差异,而是实现人格与权利上的平等。综观《镜花缘》对女性问题的讨论,李汝珍意识到了女性的不平等地位,也意识到了男女社会性别的可变性,遗憾的是李氏没有意识到男/女、外/内的固定模式可以温和地转化为男女合作、共治内外的方式。究其实,原因在于他对男女大防界限的谨守。即使在李汝珍突破重重防线所构想的女儿国与黑齿国中,他也非常强调"男女有别",在女儿国中,妇人打扮的男子对一旁观望的唐敖喊道:"你也不管男女混杂!你明虽偷看妇女,你其实要偷看男人!"(第三十二回)显然,作者认为即使是在女儿国这样男女颠倒的国度,男女也是要各守其职,不可混杂。在黑齿国中,男女虽然可以同样地接受教育,女性可以出门,但"男女却不混杂,因市中有条大街,行路时,男人俱由右边行走,妇人都向左边行走,虽系一条街,其中大有分别"(第十六回)。此外,唐小山在向叔叔唐敏问及女试一事时也讲:"因想当今既是女皇帝,自然该有女秀才,以做女君辅弼,庶男女不致混杂。"(第七回)可见,在李汝珍的观念中,尽管男女性别角色可以完全倒置,但男女混杂则万万不可。正是男女大防的限制,使得李汝珍虽然发现了女性问题中的诸多病症,却没有开出合适的药方。

李汝珍在开篇即引班昭《女诫》云,"女有四行:一曰妇德,二曰妇言,三曰妇容,四曰妇功",并强调"此四者,女人之大节而不可无者也","女有为女,妇有为妇","曲终之奏,要归于正"(第一回),以此表明才女的形象并非要彻底颠覆传统的女性观。在第七十一回中,作者还借助师兰言之口重申了孔子"非礼勿视"四句,并将其作为闺阁的处世准则。然而,综观《镜花缘》一书,我们不难发现,李汝珍的讨论和思考远远超出了传统的女性观之外,不仅是当时被广泛讨论的女性才学、缠足、纳妾等问题,还通过对男女社会性别的反思产生了朴素的女性参政意识。

小说的写作形式使得李汝珍女性观的表达不如其他思想家一样直接明了,但也正是由于小说超越现实的巧妙构想与生动活泼的细致刻画,反而对一些问题给予了更加深刻的揭露和展示,例如以男性视角对缠足问题的反转切入与描绘,以精巧的构思对女性教育、参政的大胆设想等,这都是其他写作手法无法替代的。尽管李汝珍对女性问题的构想离现代的女性解放还有一段距离,但其探讨的深度无疑已经达到了时代的最高峰,为中国近代的妇女解放运动提供了适当的思想土壤。

第二节 俞正燮的女性观

俞正燮，字理初，安徽黟县人，生于清乾隆四十年（1775），卒于道光二十二年（1842），清代著名考据学家，深受皖南戴震学风的影响，由于其曾拜遵循戴震治学路径的孙星衍为师，故可看作戴震的三传弟子。[①] 道光元年（1821），四十七岁的俞正燮中南江举人，后参加两次科考，未中进士，家境贫穷，主要以佣书为业。俞正燮"秉性方直"[②]，"不乐仕进"[③]，自少时便刻苦攻读、博览群书，表现出过人的记忆力[④]。其主要著作有《癸巳类稿》《癸巳存稿》，在学风上延续了乾嘉学派的考据传统，通过文字、音韵、训诂的治学方法以求学术上的实事求是。俞正燮的考证范围广博，涉及经史著作、天文历法、地理边疆等各个方面，其考证虽重实事求是，却并未将义理置于考证之外，他对女性问题的关注与精彩考论正是其心系现实的明证。

受乾嘉时期学术风气的影响，俞正燮并未像之前的袁枚、章学诚等思想家那样就女性教育、贞节等问题进行激烈论争，而是以考据的方式来进一步研究相关的女性问题。俞氏不仅延续了前人对女性问题的思考，并且通过对典籍的考证、梳理与仔细分析，更加全面和深入地揭示和探讨了女性问题，表达其解放女性的思想。他对女性问题的关注主要表现在以下几个方面。

一　为女性鸣不平，主张男女平等

俞正燮之前多有为女性鸣不平的声音，也出现过男女平等的呐喊，俞氏的独特之处则正在于，他通过考证的方法揭示了女性的悲苦命运，纠正了大

[①] 参见许苏民《朴学与长江文化》，第258页。
[②] （清）夏寅官：《碑林集补·俞正燮传》，《俞正燮全集》附录一，于石等校点，黄山书社2005年版，第3册，第200页。
[③] （清）齐学裘：《见闻随笔》，《俞正燮全集》附录一，于石等校点，第3册，第217页。
[④] 据程鸿诏《黟两先生传》中记载"先生随父之官，好读书，拥籍数万卷，手翻不辍，辄已成诵，地人名事迹本末，见某皮某册某行，语辄中"，《俞正燮全集》附录一，于石等校点，第3册，第206页。

量史书记载中对女性的歪曲,曲折地表达了男女平等的主张。

(一)揭示女性之苦,为女性鸣不平

俞正燮作《女》一文,考察了典籍中女性的性别地位,揭示女性自降生起就不受人喜爱的卑下处境。他引《白虎通义》云"女,如也,从如人也",揭示了女性的依附地位,又引《释名》云"女,如也。青徐州曰娪。娪,忤也,始生是,人意不喜,忤忤然也"①,指出"女"从字源上讲,本身就已经包含了不受喜爱之义。现实中是否如此呢?俞氏广泛考察了民间歌谣、诗篇中的说法,如《史记》中记载的"武帝时,天下歌曰'生男勿喜,生女勿怒'",《太平广记》中记载的"生男勿喜欢,生女勿悲酸"都反映了生女"忤忤然怒而悲酸"之情是"人之常矣"。《玉台新咏》傅玄《苦相篇》中"苦相身为女,卑陋难再陈。……生女无欣爱,不为家所珍。长大避深室,藏头羞见人。……玉颜随年变,丈夫多好新"②的描述,更是将女性之卑下命运揭示得淋漓尽致。

婚姻中的夫妇关系也有诸多不平等。尽管经典中有"妻者,齐也"的说法,但俞正燮认为这是后起之义,史事与现实却并非如此。他认为,"夫者,扶也,扶起为阳。妻者,栖也,栖定是阴",这才是实际生活中的夫妻,而《昏义》与《曲礼》中的记载③则更清楚地显示出"妻不为齐,明也"④。不仅如此,婚姻之离合对于男女两性的意义也不可同日而语,他引《后汉书·曹世叔妻传》中"得意一人,是谓永毕;失意一人,是谓永讫"一语说明"遇人之淑"的重要性,女性之终身幸福被牢牢地系于婚姻,若是遇人不淑,便是终身的抱憾。又引白居易《妇人苦》一诗"妇人一丧夫,终身守孤子,有如林中竹,忽被风吹折。一折不重生,枯死犹抱节"揭示女性的丧偶之苦。对于男性,丧偶的境遇却大不相同,"男儿若丧妇,能不暂伤情!应似门前柳,逢春易发荣。风吹一枝折,还有一枝生"⑤,俞氏所引此诗也揭示出在婚姻生活中男女的双重道德标准,这也正是后文所述其贞节观中

---

① (清)俞正燮:《癸巳存稿》卷四《女》,《俞正燮全集》,于石等校点,第2册,第148页。
② (清)俞正燮:《癸巳存稿》卷四《女》,《俞正燮全集》,于石等校点,第2册,第149页。
③ 俞正燮引《昏义》云,"古者天子,后,三夫人,九嫔,二十七世妇,八十一御妻",《曲礼》云,"天子有后,有夫人,有嫔,有世妇,有妻,有妾",又云,"公侯有夫人,有世妇,有妻,有妾"。俞正燮:《癸巳存稿》卷四《妻》,《俞正燮全集》,于石等校点,第2册,第149—150页。
④ (清)俞正燮:《癸巳存稿》卷四《妻》,《俞正燮全集》,于石等校点,第2册,第150页。
⑤ (清)俞正燮:《癸巳存稿》卷四《女》,《俞正燮全集》,于石等校点,第2册,第149页。

所批评的内容。

正是因为对女性的悲苦处境有较为深刻的洞察,俞正燮广泛征引各类典籍①,来说明体恤女性的忠告是自古以来世人皆同的,并劝诫世人体谅女性之苦。

女性的不平等处境不仅表现在现实社会的遭遇上,也反映在史书的记载中,故俞正燮也对史书中加之于女性的一些污蔑、不实之辞进行了申辩。在《鲁二女》一文中,他为季姬、子叔姬二女正名,对于前者,俞氏通过详细考证《左传》的相关记载,指出《公羊传》《谷梁传》注污季姬淫佚之失实,认为"季姬盖老矣,遭家不造,为古贵妇人之失势者",并斥责汉儒"恕己度人,好言古女淫佚"以及之后"瞽儒秽言,无一可通"②;对于后者,俞氏通过考证认为,《公羊传》《谷梁传》污子叔姬为淫是"不见国史,望文生义",又斥方苞之论为"自出心裁"③。俞正燮不忍此二女皆为妄人所污,以考证的方式揭示历史真相,还二女以清白。在《息夫人未言义》中,俞氏对息夫人再醮后不言之深意进行了考察,《左传》中的记载显示,息夫人是羞于再醮而不言,俞正燮则通过对典籍中楚庄王、樊姬、武昭王后尹氏不言之考察,认为息夫人不言乃由于"守心丧礼"④,也就是出于对亡夫的感念,以不言的方式为其守丧。在《河广解》中,俞正燮考证出《河广》一诗为被出之妻念故夫而作,后人质疑"宋桓夫人非念其子,何以为贤",俞氏则曰"弃妇能念其夫,愈是贤也"⑤,直言不讳地赞赏宋桓公夫人的宽广胸怀。对于《后汉书·冯衍传》注中所记载的冯衍之妻的妒行,俞正燮为其辩护道"此妇性盖暴急,衍诬之为妒",并推测"衍以宦厄,贫

---

① 如白居易"须知妇人苦,从此莫相轻",《庄子·天道》篇中尧告舜之语"吾不虐无告,不废穷苦死者,嘉孺子而哀妇人,此吾所以用心也",《尚书·梓材》中成王谓康叔之语"至于敬寡,至于属妇,合由以容"及《天方典礼》中谟罕墨特之语"妻暨仆,民之二弱也,衣之食之,勿命以所不能"。参见(清)俞正燮《癸巳存稿》卷四《女》,《俞正燮全集》,于石等校点,第 2 册,第 149 页。

② (清)俞正燮:《癸巳存稿》卷一《鲁二女》,《俞正燮全集》,于石等校点,第 2 册,第 32—33 页。

③ (清)俞正燮:《癸巳存稿》卷一《鲁二女》,《俞正燮全集》,于石等校点,第 2 册,第 33—34 页。

④ (清)俞正燮:《癸巳存稿》卷一《息夫人未言义》,《俞正燮全集》,于石等校点,第 2 册,第 30 页。

⑤ (清)俞正燮:《癸巳存稿》卷一《河广解》,《俞正燮全集》,于石等校点,第 2 册,第 23 页。

不具媵自不能具妾，循衍书意，盖有愧行于其妻矣"①。在《书旧五代史·僭伪列传三后》中，俞正燮详辨了两位花蕊夫人的生世，认为"妾最婵娟"语乃"轻薄子所撰"，《太平清话》中"命别护送"语，《闻见录》云"颇侍宠"及《鉴戒录》妄诋徐后"皆诬衊不成人美也"，并赞昶花蕊夫人"思报仇，志则可尚"。② 在《羊车说》中，俞正燮考证了羊车并非羊驾之车，乃宫中小车，如当时之"轿车"，本是晋武帝荒淫，而文人反诬宫人与嫔妃，实为"不知羊车之始末"。③ 以上种种，皆是俞正燮为女性鸣不平的具体表现。

史书中对女性的失实记载出现的原因较为复杂，或出于修史者的主观偏见，或由于时代的思想局限，或是各种微妙的偶然因素共同作用的结果，但有一种观念无疑加剧了史书对女性的不实记载，即"女子祸水论"的观念。也可以说，这些污蔑女性的记载，一定程度上是"女祸论"在历史进程中的具体展开。因此，相比于李贽、唐甄从理论上直接批评"女祸论"，俞正燮的考证则是以史事为依据，对历史书写中隐晦的"女祸论"给予了批判，后者不仅是对前者的一种有效补充，更是对前者的有力论证与详细注解，这些翔实的考据实可看作对前人批评的一种深化。俞氏对"女祸论"的批评虽然是委婉曲折的，但却在字里行间自然流露出他对女性的同情与维护，看似琐屑的考证中其实充满着新人道思想。

（二）主张男女平等，为女性争取权利

俞正燮不仅为女性鸣不平，劝告世人要体恤女性之苦，他还借助对典籍中古礼的考证，含蓄地表达其男女平等的主张。

从称谓上讲，男女是对等的，既没有尊卑之分，也并非女方单方面地依从男方。如"君子"之称，在古礼中并不单指男子，《丧服传》云"君子子者，贵人之子也。为庶母服小功，以慈加己也"，他不同意郑注云"言君子子者，则父在也，父没则不服之"的说法，通过考《诗经·都人士》"彼君子

---

① （清）俞正燮：《癸巳类稿》卷十三《妒非女人恶德论》，《俞正燮全集》，于石等校点，第1册，第634页。
② 参见（清）俞正燮《癸巳类稿》卷十二《书旧五代史·僭伪列传三后》，《俞正燮全集》，于石等校点，第1册，第572—573页。
③ 俞正燮指责"《胡贵嫔传》妄云'宫人望幸，争以竹弃插户，盐水洒地，以引帝车'，又诬及宋文帝潘淑妃，谓'羊嗜盐，舐地不去，邀帝住'"。（清）俞正燮：《癸巳类稿》卷三《羊车说》，《俞正燮全集》，于石等校点，第1册，第142页。

女，谓之尹吉"，俞氏认为"此君子当属母"，"言君子，贵人也"。① 在《女人称谓贵重》一文中，他对几个常用的女性称谓作了一番考察，"盖娘子以称内主，其闺女则称小娘子也"，最初娘子为一家之尊称，后六朝、唐人相沿，辽、金、元皆承用此称谓，后人嘲笑"娘子"之称为俚语，实则"不知其讬意至高也"。俞氏还通过考证《高斋漫录》中的记载，指出"婆"与"公"相对而称，"公婆"与"公姥"，"娘子"与"郎君"亦相对之称②，俞正燮此文要表达的是，女性的称谓与男性相对等，考其源头，实为尊称，不得以女性的称谓为轻贱之语。在《娣姒义》一文中，俞氏指出，"娣姒"称谓之分"据妇年大小，不以夫年为大小"③。此外，他还考证了"姬"为"美女之称"，指出"女子美者称姬，犹男子贤者称君子矣"④。以上皆显示出俞正燮对女性称谓的重视，他认为男女称谓的对等在一定程度上反映了男女地位的平等，并且女性的称谓在特定的语境下具有独立的意涵，不必依附于男子。

按古礼，男女在婚姻礼制及婚姻关系上也是对等的。在婚姻之礼上，男女并无尊卑之分，俞氏在辨"问名"之义时，指出"盖古者夫妻皆名，古帝、后皆以名著"⑤；在解"醴妇取脯"之义时，指出"男冠以脯遗母，此女嫁亦以脯遗母"，"授人于门外者，正男子之礼，妇人同之"⑥。男女婚姻前后也有对应的称谓，对于男方，"未娶则曰士，既娶则曰夫"；对于女方，"未嫁则曰女，既嫁则曰妇"，而"新昏夫妇之间称为兄弟。此名以义起，即礼也，即正名也"⑦。俞正燮强调新婚夫妇以"兄弟"之称来正名，正显示出夫妇间如兄弟般的平等关系。对于离异的夫妇，夫休妻谓之"出妇"，俞正燮也相应地考证了妻去夫之"出夫"。他引《说苑》云"太公望，故老妇之出夫也"，指出"娶妻，故有出妇；赘婿，则有出夫"，不仅"出"兼男女，俞氏还考证出

---

① （清）俞正燮：《癸巳类稿》卷三《君子子解》，《俞正燮全集》，于石等校点，第 1 册，第 119 页。

② （清）参见俞正燮《癸巳存稿》卷四《女人称谓贵重》，《俞正燮全集》，于石等校点，第 2 册，第 176—177 页。

③ （清）俞正燮：《癸巳类稿》卷三《娣姒义》，《俞正燮全集》，于石等校点，第 1 册，第 118 页。

④ （清）俞正燮：《癸巳存稿》卷四《姬姨》，《俞正燮全集》，于石等校点，第 2 册，第 177 页。

⑤ （清）俞正燮：《癸巳类稿》卷三《问名义》，《俞正燮全集》，于石等校点，第 1 册，第 113 页。

⑥ （清）俞正燮：《癸巳类稿》卷三《醴妇取脯义》，《俞正燮全集》，于石等校点，第 1 册，第 112—113 页。

⑦ （清）俞正燮：《癸巳类稿》卷三《嗣为兄弟义》，《俞正燮全集》，于石等校点，第 1 册，第 115 页。

"寡"与"独"亦兼男女。① 可见,婚姻关系解体时,女性并非必然处于被动地位。②

俞正燮也注意到了由"三从"观念所引起的违逆人情的现象。针对"儒言古妇人嫁后归宁,此外无至母家者"这一观点,俞正燮进行了反驳。他认为,这大概只是针对远嫁异国者而言的。俞氏考证了典籍中的相关记载,如《仪礼·士冠礼》云"入见姑姊,如见母",《韩诗外传》云"子得罪于父母,可因姑姊妹谢也",《新序·杂事》云"可因姑姊、叔父谢也",他据此指出"姑姊可在家,何云夫人不至母家",并以《葛覃正义》中所引《郑志》云"大夫妻以下,父母既没亦归宁"之语,来证明妇女嫁后回娘家的正当性,认为不应当以王后、诸侯夫人之义来要求普通百姓③,以此为女性争取更为宽松的生活空间。与此形成鲜明对比的是正统儒者对女性不得私回娘家的强调,如朱熹在对《诗经·卫风·河广》进行注解时就引述范氏所言,"夫人之不往,义也。……卫有妇人之诗,自共姜至于襄公之母,六人焉,皆止于礼义而不敢过也"④,把女性之不敢私回娘家作为礼义之正道。

二 全面深刻的反缠足论

清代是缠足之风达到"登峰造极的鼎盛时期"⑤,与此同时,少数保持独立思考的思想家也对这种压抑女性的社会风俗进行了反省与批判。前文已论述了袁枚、李汝珍等人对缠足的批评。与前人一样,俞正燮看到了缠足对女性身体的戕害,以同情女性为出发点来批评缠足。不同的是,袁枚的反缠足论主要以破坏女性自然美态为由,从美学的角度来说明缠足之弊,李汝珍主要是看到了缠足对女性身心造成的巨大伤害,对其进行深刻的揭露,而俞正燮则更多地出于体恤女性及两性平等的考虑,以考证的方式来抨击缠足,并

---

① (清)俞正燮:《癸巳存稿》卷四《出夫》,《俞正燮全集》,于石等校点,第2册,第178页。
② 俞正燮这里探讨的"出夫"是针对赘婿而言的,并非普遍的婚姻关系。在古代社会中,婚姻之结合并不是两个独立个体结合之联合,故俞氏的讨论与现代婚姻观念中的离异还有很大差别,他所指出的这种对等关系是指,对于女性嫁入男方家庭的情况,男方可以出妻;对男方至女方家庭做赘婿的情况,女方也可以出夫。对于俞氏的婚姻观及贞节观,后文将作具体讨论。
③ 参见(清)俞正燮《癸巳存稿》卷四《妇人至母家》,《俞正燮全集》,于石等校点,第2册,第150页。
④ (宋)朱熹:《诗集传》,赵长征点校,第51—52页。
⑤ 高洪兴:《缠足史》,第23页。

对缠足进行了哲学层面的反思。

(一) 以考据反缠足

比俞正燮稍长的清代学者钱泳作《裹足》一文，详细考察了缠足的源流与当世的流行状况。钱泳在《裹足》一文开篇即指出缠足不见于经史，"经史所载者，惟曰窈窕，曰美而艳，或言领言齿言眉目，从未有言及足者"①，并广泛征引前人所列举的材料，谓其"并不言足之大小"，从而仍旧提出这一永恒的千古难题"然则裹足之事始于何时"。钱泳的答案和稍早的文人赵翼（1727—1814）②对缠足的考证基本一致，谓裹足始于南唐李后主，"宋时有裹有不裹"，并且其所引证材料以及论证方式都和赵翼大同小异，认为《湛渊静语》与《辍耕录》"二说皆在宋、元之间，去五代未远，必有所见，非臆说也。大约此风至金、元时始盛，自此相沿而成俗矣"③。至此，我们甚至认为钱泳有抄书之嫌，但钱泳在后文紧接着对缠足给出了很有意思的考证思路。

既然对前人所考缠足起源没有太大异议，钱泳转而考证缠足审美观念上的起源，谓"其足小而锐者，考之于古亦有所出，出于古之舞服"。钱泳引《史记》云"揄修袖，蹑利屣"，《集解》徐广注云"利屣，舞屣也"，"舞则见屣，舞屣赤色花纹，薄地头利锐，缀以珠，似即今女人之鞋式也"，历史上一些著名的"舞赋"都有论及脚，他据此推测，古代女性衣服长而拖地，脚被衣服遮蔽，只有跳舞时才能看到，所以"言履言屣"，可知窅娘裹足是舞服。④钱泳之所以花大量笔墨来考证缠足"小而锐"的审美观念出于舞服，其落脚点在于以此来强化其反缠足的论述。舞服在古代是贱者之服，而缠足的审美源自舞服，那么可知缠足为贱者之服，"岂可以行之天下，而且行之公卿大夫之眷属耶？"⑤以考据的方式从道德上来对缠足的正当性进行消解，这

---

① （清）钱泳：《履园丛话》，张伟校点，第627页。
② 赵翼与袁枚并称清代性灵派三大家，作有《弓足》一文对缠足进行了较为详尽的考察。赵翼从杜牧诗之"尺减四分"与韩偓诗之"六寸肤圆"两句中推测，当时虽未明言足之纤小，但诗人已开始留意足的长短，因此，当时的风俗已经开始逐渐以"纤小"为贵了，而五代才开始流行真正意义上的"扎脚"。参见（清）赵翼《陔余丛考》卷三十一《弓足》，《赵翼全集》，曹光甫校点，凤凰出版社2009年版，第3册，第572—573页。
③ （清）钱泳：《履园丛话》，张伟校点，第628页。
④ 参见（清）钱泳《履园丛话》，张伟校点，第628页。
⑤ （清）钱泳：《履园丛话》，张伟校点，第631页。

样的方式在当时的确具有较强的说服力。

俞正燮与钱泳一样,是难得的对缠足持有现世关怀的学者,在他细致的考据背后,也始终贯穿着较为明确的反缠足意识。俞正燮共作两篇《书旧唐书舆服制后》的文章,分别收入于《癸巳类稿》与《癸巳存稿》,前者为一篇长文,详考了弓足的历史、起源;后者为一篇短文,主要考证了诗词中对鞋、足的描述,驳斥当时词人对古代妇女缠足的误解。

俞正燮对缠足的考证有与前人很不一样的地方,他主要采用的是以否定性的描述从古代文献中寻找不缠足的明证,所以对于缠足的确切起始年代,他比前人的结论都要更晚,认为"弓足之事,宋以后则实有可征"[1]。对于最早的南唐窅娘缠足的记载,俞正燮也是认可的,但他认为窅娘缠足乃是当时的个案,并不具有普遍性,也不表明当时有裹足的习俗。让俞正燮更不能接受的是,明代甚至有学者把缠足起源大大向前推进,言"古亦弓足",一种说法"言孝堂山汉画,女人足前锐",俞正燮驳斥道"男足亦前锐。前锐,乃侧画体,且画惟方履则见棱",比如古镜铸舞女像也是足前锐,是舞鞋为尖头的缘故。所以画上所见的足前锐是因为鞋前锐,而并非脚前锐。另一种说法则是"无智之人,妄说古书",俞正燮广泛列举了被以为缠足之证的诗词,反驳道"行缠、裹春云、束足、结璘皆足饰而云裹足"[2],并非真正意义上的缠足。

虽然俞正燮言认为宋以后有缠足的明证,但他同时也广泛引证当时文献,来说明宋时缠足也并不普遍,如引"《梦溪笔谈》云'王纶家,紫姑神谓其女履下有秽土,云不能载,女子乃袜而登云',李清照《点绛唇》云'见客入来,袜刬金钗溜'",以证"北宋亦自有不裹足者"。即使是在缠足更为普遍的南宋与元代,俞正燮也引文献来说明缠足并非如清代一样深入人心,引《岭外代答》云"安南国妇人,足加鞋袜,游于衢路,与吾人无异",以证"宋时岭外皆不弓足",又引《辍耕录》云"程鹏举宋末被虏,配一宦家女,以所穿鞋易程一履",以证"是其时宦家亦有不弓足者","元时南人亦有不弓足者",又据《枫窗小牍》中言"今虏中闺饰……皆自北传男",以证"元

---

[1] (清)俞正燮:《癸巳类稿》卷十三《书旧唐书舆服志后》,《俞正燮全集》,于石等校点,第1册,第636页。
[2] (清)俞正燮:《癸巳类稿》卷十三《书旧唐书舆服志后》,《俞正燮全集》,于石等校点,第1册,第635页。

时南人亦有不弓足"。① 总之，宋元以后，缠足虽日渐普遍，但俞正燮却通过文献考证来说明，缠足在传播过程中呈现出地域差异，在被接受的过程中也遭到不同程度的抵制。既然缠足在历史上起源较晚，并非古已有之，那么当时社会对缠足的广泛推崇也就缺乏对应的古礼支持，这为俞正燮的反缠足论述提供了很好的历史依据。

除了考证缠足的源流，俞正燮也留意到了钱泳所考证的缠足与舞服的密切关系。我们有理由相信，俞正燮很可能看过钱泳《裹足》一文，并受到钱泳反缠足思路的影响②，因为他论及此问题时的表述几乎和钱泳一样："其弓足小而锐者，求之于古，亦有所出。出于古之舞服。"③ 不过俞正燮又发挥其考据优势，在钱泳所引材料的基础上加上大量诗词文献，以说明诗词中"屐、履、靴"等表述都是描述舞者，因为舞先见足，"利屐本纤，因而裹之"，故"窅娘裹足者，舞人也"，缠足是出于舞者的尖头鞋。但窅娘之裹足与宋以后裹足的方式也有所差异，前者是"就屐鼻利处而纤向上"，后者则是"纤直，后乃纤向下"④。尽管如此，古之舞服仍可看作缠足的最早起源。而舞者在古代是供人玩赏的，地位低下，舞服相应地为低贱的服饰。缠足自流行之日起，一直被作为身份的象征以别贵贱，钱泳、俞正燮等人却在当时大费周章考证缠足之出于低贱的舞服，其良苦用心可见一斑。

缠足风俗自古并无，考其出处又出自贱者之服。这是考据学家在考证缠足的源流时得出的两条最重要的结论。高彦颐在论述明清时期学者对缠足的考证时指出，"在明清两代，让学者们能够保持体面地撰写有关缠足的文字，

---

① （清）俞正燮：《癸巳类稿》卷十三《书旧唐书舆服志后》，《俞正燮全集》，于石等校点，第 1 册，第 639 页。

② （清）俞正燮的《书旧唐书舆服制后》与钱泳的《裹足》两篇文章有很多相似之处，俞氏之文在考据上更详，钱泳之文在反缠足论说上更详。钱、俞二人生卒年相去不远，钱泳年长十六岁，在目前二人的交友考察中没有明确证据显示二人曾有交集，俞氏《癸巳类稿》刊于癸巳年（1833），钱氏《履园丛话》成书于道光五年（1825），而俞书中有明确记载《书〈旧唐书·舆服制〉后》（长篇）一文作于嘉庆丙寅年（1806），修订于道光壬午年（1822），钱泳《裹足》一文写作具体时间尚无可考，而一些文章在刊刻之前可能已经私下有流传，所以从现有的史料来看，我们无法断定此二文何者成书在先，只能姑且根据行文推测，钱文在先，俞氏 1904 年以后开始了漫长的佣书生涯，可能也读到了钱泳关于裹足的论述并受其影响。

③ （清）俞正燮：《癸巳类稿》卷十三《书旧唐书舆服志后》，《俞正燮全集》，于石等校点，第 1 册，第 642 页。

④ （清）俞正燮：《癸巳类稿》卷十三《书旧唐书舆服志后》，《俞正燮全集》，于石等校点，第 1 册，第 642—643 页。

最盛行的方法乃是探求其源流"①，而对于钱泳、俞正燮等学者来讲，考证本身绝非目的，而仅仅是最有力且正当的手段而已。

(二) 缠足的哲学反思

明清思想家的反缠足话语，绝大多数是以考据文或小说的形式来展开的，一则缠足在很多学者看来属于闺阁琐事，多不愿专门言说，二则当时缠足之风已深入人心，事涉亲眷亦不便讨论，小说的形式则既可影射现实又能比较自由地表达作者的观点。但除了这样较为隐晦或间接的表达方式外，也有少数思想家在考据的同时直接表明了自己对缠足的态度，并从哲学的角度展开了反思。

前文已从审美的角度论述过，缠足是对古典审美观中阴阳、刚柔等因素的偏狭化理解与实践。事实上，缠足不仅是一种审美上的偏狭，从广义上讲，也是对传统哲学中"一阴一阳之谓道"（《周易·系辞上》）的背离。我们在第一章已经论述过，传统哲学中的阴阳概念虽然以"天尊地卑，乾坤定矣。卑高以陈，贵贱位矣。……乾道成男，坤道成女"（《周易·系辞上》）的方式将男/女、阴/阳、刚/柔等二元关系固定下来，但《周易》中的哲学思想也强调阴阳之间的相济生成、相互转化的生动关系。如果只是片面强调阳的一面，"扶阳而抑阴"，或者说把阴/阳、刚/柔、动/静等因素以一种狭隘的方式固定下来，那么"阴"便无法成为一个活泼泼的与"阳"共生的因素。

阴阳相济共生的关系决定了阴阳之间总是有一定的张力，而缠足的习俗则是人为地刻意塑造并夸大男女之别，如高彦颐所言，"到了16世纪，弓足已被视为男女差异的记号。此外，它也标志着古今差距，因为在古时候，男女两性的足服并未呈现实质上的差异"②。在刚柔相济的序列中，女性的柔弱特质一旦偏离了其自身的基本维度，便会导致从柔到弱以至于不能与阳、刚的一面共生。传统社会中，妇女的活动范围基本囿于阃内，这已经让女性在视野上受到不同程度的限制，而缠足的女性在行动上还要受到更多的限制，相比男子在生活上有诸多不便：出行必扶墙摸壁、拄杖持杆，还有一些女性因缠束不当而疼痛难忍；睡觉时需穿上软底睡鞋防止足帛松开；平民女性还

---

① [美] 高彦颐：《缠足："金莲崇拜"盛极而衰的演变》，苗延威译，第179页。
② [美] 高彦颐：《缠足："金莲崇拜"盛极而衰的演变》，苗延威译，第159页。

要自己膝行洒扫、跪坐陇亩等。① 我们可以说，缠足在一定程度上加剧了女性生理上的弱势处境。

既然女性处于更加弱势的地位，而男女两性又是共生共济的，所以钱泳认为"古者有丁男丁女，惟裹足则失之"，并以朝代更迭作为例证来说明缠足对整个社会的影响。"试看南唐裹足，宋不裹足得之；宋金间人裹足，元不裹足得之；元后复裹足，明太祖江北人不裹足得之；明季后妃宫人皆裹足，本朝不裹足得之，从此永垂万世。由是观之，裹足为不祥之金明矣"，钱泳的这段历史论证显然透着牵强附会的痕迹，也与史实不尽相符，后文中他以更抽象的哲学表达来诠释缠足的后果反而更有说服力："妇女裹足，则两仪不完；两仪不完，则所生男女必柔弱；男女一柔弱，而万事隳矣。"② 而俞正燮则对其作了更为精炼妥帖的表述，即"古有丁男丁女，裹足则失丁女，阴弱则两仪不完"③。于是，钱、俞二人的反缠足论述就不仅仅是站在琐屑的考据、闺阁的审美、女性的身体等具体的立场，而有了阴阳哲学的视野。按《易传·系辞上》"易有太极，是生两仪，两仪生四象，四象生八卦，八卦定吉凶，吉凶生大业"，女性作为阴类，作为两仪之一，阴类的弱化便让从太极到大业的路径受到阻断，所以钱泳讲"万事隳矣"，通过这样的哲学演绎，女性缠足这一闺阁琐事便有了宏观的社会意义。我们甚至可以想象，若是再往后推几十年，钱、俞二人一定会和民国时期救亡图存的思想家一样，为反缠足赋予国富民强的现实意义。

钱泳把缠足上升到整个社会的高度，还源于其对缠足现象的一个重要观察与思考："举世之人皆沿习成风，家家裹足，似足不小，不可以为人，不可以为妇女。"④ 这就可以从某种程度上解释，为什么女性要自己缠自己的足，或者说父母要替自己的女儿缠足，因为足之大小不仅会影响世俗对女性的审美判断，影响女性的择偶与婚姻⑤，甚至影响女性之为"人"的合法性。在

---

① 参见高洪兴《缠足史》，第111—112页。
② （清）钱泳：《履园丛话》，张伟校点，第631页。
③ （清）俞正燮：《癸巳类稿》卷十三《书旧唐书舆服志后》，《俞正燮全集》，于石等校点，第1册，第643页。
④ （清）钱泳：《履园丛话》，张伟校点，第630页。
⑤ 很多民间歌谣都反映出缠足与女性婚姻之间的密切关系，男性以小脚为择偶标准，脚的大小在很大程度上影响着婚姻的幸福，如浙江余姚歌谣"一个大脚婆，抬来抬去没人要"，四川蓬安歌谣"一张纸儿两片薄，变人莫变大脚婆，妯娌嫌我大脚板，翁姑嫌我大脚鹅，丈夫嫌我莫奈何，白天不同板凳坐，夜里睡觉各自个，上床就把铺盖裹……"高洪兴：《缠足史》，第97页。

女性举世缠足的时代，缠足的习俗已经浸润到了女性的性别特征中，成为女性气质建构的必要条件，如果拒绝缠足，不仅会威胁到其作为女性的基本特征，甚至会威胁到其作为人的基本存在。当社会习俗把缠足内化成女性的类特征以后，置身于社会中的个体要想意识到缠足之弊也就越来越困难。对于绝大多数人来说，缠足不过是女性不得不经历的一种身体的蜕变，在习俗的熏染下，女性在追求美与幸福的过程中将缠足嵌入了自己的身体血肉，缠足逐渐模糊了自然与非自然的界限，成为身体难以分割的一部分，也成为精神世界不可或缺的愉悦来源之一。

在"习俗移人"的强大作用下，缠足悄无声息地内化为女性的阴类特征，而"阴弱则两仪不完"的敏锐观察则保持了一种难得的清醒态度。这里的阴弱之"弱"不仅包含着身体上的柔弱，也包含着道德层面的低贱之意。前文已论述过钱、俞二人对缠足出自古之舞服的考察，舞服是低贱之象征，于是女性缠足从道德意义上遭到了诘难。在此基础上，俞正燮还进一步指出，"女贱，则男贱"[①]，这是对"阴弱则两仪不完"的另一种表达，换句话说，按照阴阳相济相成、夫妇共生共荣的思路，尊重女性也是对男性的尊重，阴阳的和谐得益于把女性看作和男性一样的"人"的存在，这里已经有了几分现代话语中的"男女平等"的意味。

明清时期的反缠足话语通过思想家具有哲学深度的论述有了更为明晰的呈现，虽然没有长篇大论，但就当时的时代学术风气而言，这样的考据与讨论已经足以支撑起其背后的反缠足思想。并且，这一时期的思想家也不仅仅停留在理论层面对缠足的反思上，他们也试图通过现实的呼吁来对抗强大的社会风俗。

（三）反缠足的现实呼吁

禁止缠足的声音很早就开始出现，早在崇德三年（1638），皇太极就颁布谕旨"有效他国衣冠、束发裹足者，治重罪"。清军入关以后，顺治元年（1644），孝庄皇后谕"有以缠足女子入宫者斩"，顺治二年禁裹足，顺治十七年（1660）皇帝下制书令普天下痛改积习，不再缠足，违者对其父亲、丈夫进行惩罚，康熙三年（1664）又禁缠足，到康熙七年（1668），缠足因积习

[①]（清）俞正燮：《癸巳类稿》卷十三《书旧唐书舆服志后》，《俞正燮全集》，于石等校点，第1册，第643页。

难改弛禁（对汉族女性）。道光十八年（1838），又重申缠足诫令，但仍是"言者谆谆，听者藐藐"①。

来自国家官方的禁缠足之声并非因为认识到了缠足之弊，体恤到了女性缠足之痛而发出的声音，而是与男子削发令一样，出于从习俗的角度加强统治的需要，因此以上禁令并不能看作真正意义上的反缠足呼吁。

明清时期思想家反对缠足的呼声则是始于对"谁缠了谁的足"这一问题的思考。是母亲缠了女儿的足？男性缠了女性的足？抑或女性缠了自己的足？虽然明清缠足讨论的话语中，并没有学者明确提出过这个问题，但我们却可以从他们的论说中看到其对这一问题的思考。诚然，即使今天，我们也无法对这一问题给出准确的答案，但寻求答案的过程本身也会给人以启发。

在袁枚的《随园诗话》中就记载了这样一则故事，赵钧台至苏州买妾，有一李姓女子，貌美而足大。赵氏嫌弃其脚大，知其能诗，遂刁难她以"弓鞋"为题作诗。此女子语出惊人道："三寸弓鞋自古无，观音大士赤双趺。不知裹足从何起？起自人间贱丈夫！"赵悚然而退。②明清时期的女性文学较为繁盛，才女诗词也多有被刊刻，但我们今天从这些女性的文字中几乎看不到反缠足的表达，这位李姓女子大概由于出生比较低贱，在对缠足的态度上反而更加直率。我们从这难得的女性反缠足之声中可以看到，李氏女子认为，是男性缠了女性的足，缠足应该归罪于男性。当然，我们无法判定李氏女子这里的"贱丈夫"三个字代表的是普遍意义上的男性还是某类特定喜好的男性，但可以肯定的是，她是站在女性的角度为女性缠足（或不缠足）开脱。

从李氏女子的诗作中，我们读出了她明确的反缠足态度。但与其说是男性缠了女性的足，不如说是由男性所主宰的社会风气缠了女性的足，解铃还须系铃人，所以想要从根本上改变缠足的风气，还必须从男性观念的改变着手。李汝珍在《镜花缘》中对禁缠足的现实呼吁就是从这个角度来进行的，他借"君子国"吴之和之口抨击了当时社会的缠足现象之后，进一步指出了男性应对此担负的责任，"此圣人之所必诛，贤者之所不取。惟世之君子，尽绝其习，此风自可渐息"（第十二回）。但李汝珍只是把责任指向了"世之君

---

① 贾逸君：《中华妇女缠足考》，第 24 页；以上清代官方的缠足禁令，参见高洪兴《缠足史》，第 26 页；关于康熙三年（1664）到七年（1668），禁缠足到弛禁始末，详见钱泳《履园丛话》，张伟校点，第 630 页。

② 参见（清）袁枚《随园诗话》，顾学颉校点，第 115 页。

子",并没有对禁缠足提出更加具体的措施。

要想改变缠足的风气,仅仅试图改变男性的观念仍是不够的。对"谁缠了谁的足"这一问题的回答还有另一个重要的维度,即女性缠了自己的足。当然,女性并不会无故去缠自己的足,其背后有男性及整个社会的因素,但当缠足已既成风俗甚至引领时尚以后,想要再废止缠足,女性自身的观念也是一个非常重要的障碍。后来的放足运动中,女性之意愿也的确成了最大的阻力。

俞正燮在当时也已经意识到了,在实际操作过程中,女性缠足的自我意愿在其中所起的重要作用,他指出"女子心不可改者,不知古大足时,有贵重华美之履"①。俞正燮并没有从现实去仔细探讨"女子心不可改"的复杂原因,而是发挥其考据优势,"故具分析言之,非以历证谈者之短,亦庶为读古史好学深思者之一助也"②,试图通过考据古大足之美的迂回方式来让好学之人改变以小脚为美的固有观念。不得不说,这种方式的确是很符合考据学家"由字以通其辞,由辞以通其道"的基本思路,也具有思想史上的意义与价值,但就现实女性缠足观念的改变而言,其作用是微乎其微的。

三 同情女性中的弱势群体,赞赏杰出女性人物

女性作为一个性别群体,其成分比较复杂,她们分属于不同的家庭与阶层,遭遇了各异的命运,故其处境又各不相同。俞正燮对女性问题的关注,不仅限于为"女性"这样一个笼统的性别群体说话,还特别地考察了不同境遇下的女性人物,对其中的弱势群体充满了同情,对历史上杰出的女性大加赞赏。

(一) 同情女性中的弱势群体

女性中的倡优、尼姑之类,她们处于女性性别体系的底层,其遭遇往往比普通女性更为悲惨,命运往往更加多舛。俞正燮以严谨的考证方式对她们的生存状况寄予了极大的关注,字里行间流露出对她们命运的深切同情。

首先是对倡优这一群体的生存状况的关注。不同于一些古代文人对于倡优或赏玩其美色、才艺,或轻蔑、凌辱其人格,或两者兼而有之的态度,俞正燮以非常严肃的态度考证了清代废除乐户、丐户籍及女乐的沿革,并在其

---

① (清) 俞正燮:《癸巳类稿》卷十三《书旧唐书舆服志后》,《俞正燮全集》,于石等校点,第 1 册,第 643 页。

② (清) 俞正燮:《癸巳类稿》卷十三《书旧唐书舆服志后》,《俞正燮全集》,于石等校点,第 1 册,第 643 页。

后详考了乐户、丐户、女乐的起源与各代之变革，搜集了大量反映倡优生存境况的材料，揭示了她们在古代社会中悲苦的命运与低下的地位，甚至是一些惨无人道的遭遇。历代的统治者对此往往不够重视，他指出"自三代至明，惟宇文周武帝、唐高祖、后晋高帝、金、元及明景帝，于法宽假之，而尚存其旧，余皆视为固然"①。这些女性出身不幸，任人买卖、践踏，无法选择自己的婚姻，没有基本的人权，生活在社会的最底层，甚为可怜。因此，俞正燮大赞清代废止乐户之事，痛快地说"本朝尽去其籍，而天地为之廓清矣"，谓其"诚可云舒愤懑"。②

在《嫖解》一文中，俞正燮考证了"嫖"字之源起："以此七事，知挟妓曰嫖，起于宋。谓之嫖者，以妓乐籍，俗写作嫖；亦作閟，曰女票拘魂，入门即败。"③ 并引证了诸多关于狎妓的史料，以说明其自古以来的广泛存在。在《家妓官妓旧事》中，俞氏考证了娼妓制度的起源与流变，行文中也流露出对地位低下的官妓、家妓所遭遇的不平之事的同情，如"杨诚斋以教授狎官妓，乃黥妓面，以耻教授"，又如"岳阳教授陈诜与妓江柳狎。守孟之经杖柳，文其鬓以'陈诜'二字，押隶辰州"，狎妓本是一个复杂的社会现象，其背后既有社会因素也有个人原因，即使问罪于个体，也应该由当事人来共同承担。但我们看到，实际的惩处中，男性往往只是名誉受损，而这些地位低下的妓女却常常被杖刑、面部赤字等惨烈的方式进行羞辱与痛罚，袁枚在小说中对这类现象进行了深刻的揭露与讽刺，而俞正燮则斥责其为"均所谓虐无告也"④。在俞氏所处的清中期，这一现象有所改观，"今士人职官挟妓，引律则科奸罪。贵贱同也；名例则为私罪，不准赎。其狱案，则曰苟贱无耻"，这样一来，并不仅仅罪及妓女，狎妓之官员也受到相应的惩处，可以从源头上扼制狎妓的现象，俞氏肯定地称"斯为当也"⑤。

---

① （清）俞正燮：《癸巳类稿》卷十二《除乐户丐户籍及女乐考附古事》，《俞正燮全集》，于石等校点，第1册，第620页。
② （清）俞正燮：《癸巳类稿》卷十二《除乐户丐户籍及女乐考附古事》，《俞正燮全集》，于石等校点，第1册，第620页。
③ （清）俞正燮：《癸巳存稿》卷十四《嫖解》，《俞正燮全集》，于石等校点，第2册，第622页。
④ （清）俞正燮：《癸巳存稿》卷十四《家妓官妓旧事》，《俞正燮全集》，于石等校点，第2册，第625页。
⑤ （清）俞正燮：《癸巳存稿》卷十四《家妓官妓旧事》，《俞正燮全集》，于石等校点，第2册，第626页。

对于狎妓的男性，俞正燮的态度虽也较为温和，但他显然并不认可狎妓的行为，于是列举了众多闻妓而逃或见色自持的文人，如杨邦乂"少处郡庠，同舍拉出饮，诡言友家，实娼馆也。娼艳妆出，公愕然，疾趋而归"，"倪瓒眷妓赵买儿，令其自洗，从夜达旦，竟不作巫山之梦"等，随后总结云"人之性情嗜好，不能强同，然多识前言往行，择其卓异者，亦大雅明哲之道"。① 俞正燮也意识到娼妓的存在背后有着复杂的原因，处罚狎妓的官员可以从制度层面削减娼妓现象的发生。但即使真的消除了妓院、娼妓，只要作为狎妓主体的男性有相应的需求，便会有狎妓行为的出现。所以俞正燮把狎妓者也纳入其讨论的视野中，他看到了人性气禀的差异，所以希望男性加强自身修养，从前人的卓异者身上学习善行善性，此为"大雅明哲之道"。

女尼②在当时社会也处于较为低下的地位，她们多是因为生活中遭遇不幸或迫于其他缘故而投身佛道以求解脱。③ 明代以来，由于儒道佛三教合流的影响，女尼的清修也受到冲击，常常有尼姑走出庵院，与民间闺房女子多有往来，更有甚者在世俗交往中成为淫尼。④ 所以明清小说中的女尼多以负面形象出现，现实中的女尼也常常招致污名。

这样一些女性的生存状况也引起了俞正燮的关注，他在《尼庵议》中通过对佛经的详细考察，对尼庵提出了三点意见：其一，"尼庵宜祀本师憍昙弥、耶输陀罗、净检、道馨、净秀及当庵开山师，不当祀佛也"；其二，"尼自有庵。既自有庵，当自立法，不当受男僧节制也"；其三，"尼庵待弟子宜宽也"。这既反映出俞氏对尼姑的体恤，也反映出其僧尼平等、尼庵应自立的主张。他还广泛考证佛经中的记载，指出"女身可受记为如来，可化为金轮王，可转身为释迦文佛，为弥勒佛，是当优游求之者也"⑤，从而为学佛之女

---

① （清）俞正燮：《癸巳存稿》卷十四《家妓官妓旧事》，《俞正燮全集》，于石等校点，第2册，第627页。

② 女尼，在佛教典籍中一般称为"优婆夷"，明代律例典章中通常称为"尼僧"或"尼姑"，如明代法律规定"凡寺观庵院，除见在处所外，不许私自创建增置，违者杖一百还俗，僧道发边卫充军，尼僧女冠入官为奴"。陈宝良：《中国妇女通史·明代卷》，第186—187页。

③ 在研究者所收辑的28名出家为尼、为冠的事例中，其中仅有1例是自愿入寺为尼，1例原因不明，其余26人为尼为冠差不多都与家庭或个人的不幸遭遇有密切关系。参见郭松义《中国妇女通史·清代卷》，杭州出版社2010年版，第124—127页。

④ 参见陈宝良《中国妇女通史·明代卷》，第187页。

⑤ （清）俞正燮：《癸巳存稿》卷十三《尼庵议》，《俞正燮全集》，于石等校点，第2册，第537—546页。

尼正名。

俞正燮还为女性所享有的同等祭祀权利进行申辩。宋儒程颐"止以元配配食，继配祀于别室"，俞正燮认为其"于义未安"。他指出，上古并无并配现象，乃是因为"古天子诸侯一娶，故庙无二嫡"，上古的继室只是媵妾，并非正娶，而《晋书》《唐书》的记载都显示了"自秦以来有再娶，前娶继娶皆嫡也"，因此不能以上古之无并配来要求后世。既然后世的继室也为嫡妻而非媵妾，那么"生以正礼，没不可贬，两祔无嫌"。① 俞氏还严厉斥责那些"妄人邪论，谓当上法三代"，"为三代妄造故实"，故出现了"子废嫡母"，"黜其继母"，"祖以为妻，孙不以为祖母"，"子奉生母，而孙黜其生祖母"②等违逆人情的荒诞现象。俞正燮此处的申辩，一方面是主张元配与继室都应有同等的祭祀权利，为夫妻关系正名，为女性争取正当的地位；另一方面，也显示出他在处理经义时的变通，虽是阐明古礼，驳斥后世不明经礼的妄言，但他更看重的是经礼之义，当异时之条件发生变化时（即后世的继室为嫡妻而非媵妾），具体的礼制也相应地发生改变以反映出经礼之本意，而并非固守僵化的礼制以致违逆人情。

此外，俞正燮对许嫁而夫死的女子也颇为体恤，他认为，许嫁而未成婚的女子，若夫死，女不必远吊，因为"女未识男面，于其家人不能正名之，何以为吊"，并且"女弱非能成吊礼，其婿葬或缓溺，女斩焉丧服他行，币月、三月而后归，曾不如死之为愈矣"，正是出于从人情上体谅未婚许嫁的女性年纪尚小，行吊礼对她们而言过于苛刻，所以他犀利地指出"郑君虽大儒，其说不可用也"③。可见，俞氏之考证并不迷信经礼，而是充分考虑其与人情是否相合，若有违逆人情之礼，俞氏则加以否定，体现了他将人情置于经礼之上的情礼观。

(二) 赞赏史上杰出的女性人物

俞正燮对历史上著名的杰出女性也格外关注，或为她们廓清事实，还以

---

① 俞氏还举了历史上诸多并祔的例证，如"案《丧服小记》'妇祔于祖姑'，祖姑有三人，则祔于亲者，是三妇皆祔"，唐开元时，生母窦后与嫡母肃明皇后并祔，宋代也有三妇、四妇并祔的情况，参见（清）俞正燮：《癸巳类稿》卷十二《并配义》，《俞正燮全集》，于石等校点，第1册，第561页。

② （清）俞正燮：《癸巳类稿》卷十二《并配义》，《俞正燮全集》，于石等校点，第1册，第561—562页。

③ （清）俞正燮：《癸巳类稿》卷三《女吊婿驳义》，《俞正燮全集》，于石等校点，第1册，第116—117页。

清白，或赞扬她们的杰出才华、高尚品德，或同情她们的坎坷遭遇、命运多舛。其中，最为突出的是俞正燮对著名女词人李清照生平的考证。

著名才女李清照（1084—1155）与赵明诚琴瑟和鸣的婚姻本是一段佳话，但李清照中年改嫁张汝舟之说却一度被看作其人生污点。虽然改嫁在古代尤其是李清照所生活的宋代是常见之事，妇女再嫁在现实层面也常常被允许。但李清照不同于一般女性，她既是才华横溢的词人，也是完美伴侣的典范，其在《金石录序》中描述的夫妇生活的日常①成了后世无数才子佳人的理想典范。所以世人普遍对于李清照的贞节寄予了更多的期望，似乎"从一而终"才符合人们对完美才女的普遍想象。

随着明清时期贞节观念的愈加严苛，这一时期也出现了对李清照改嫁的道德谴责，如明代藏书家叶盛在评论李清照《武陵春》词时写道："玩其辞意，其作于序《金石录》之后欤？抑再适张汝舟之后欤？文叔（李格非）不幸有此女，德夫（赵明诚）不幸有此妇。其语言文字，诚所谓不祥之具，遗讥千古者欤。"②对这一部分多有卫道气息的文人而言，改嫁即失节，也是李清照的人生污点。甚至因为有改嫁作为支撑，可以随意对才女进行谴责与否定。

当谴责才女的声音悄然传播之时，也引起了另一批文人的不满，他们或不满于"才女配驵侩"的讥讽，或不满于"改嫁之说"本身，或出于对"真相"的渴求，于是，也有了另一种声音的出现，即认为李清照改嫁张汝舟这一说法是子虚乌有的诽谤之辞。围绕李清照改嫁与否的争论从明清时期一直持续到今天，材料与观点愈加丰富与繁复，但争议却从未停止。笔者并不打算详细梳理改嫁之争的始末，或是试图对改嫁与否给出可能的答案，到目前为止，对李清照改嫁一事给出定论仍然是很困难的事③，此处仅举明清文人对

---

① 详见（宋）李清照《李清照集笺注》，徐培均笺注，上海古籍出版社2017年版，第335页。
② 转引自［美］艾朗诺《才女之累：李清照及其接受史》，夏丽丽、赵慧俊译，上海古籍出版社2017年版，第207页。
③ 海外汉学家艾朗诺在其《才女之累：李清照及其接受史》一书中花了大量篇幅梳理关于李清照再嫁的讨论，包括明清时期以及现当代的论战。参见［美］艾朗诺《才女之累：李清照及其接受史》，第八章"维护寡妇形象，否认再嫁事件：明清时期的接收史"和第九章"现代主义、修正主义、女性主义：现当代的接受史"。在新近的研究中，有学者指出了艾朗诺关于李清照改嫁之争的研究中的一些疏漏，并且更倾向于强调，探究改嫁真伪固然重要，但不能喧宾夺主地取代对李清照其他作品的解读。参见杨焄《近代学界的"李清照改嫁"之争》，《文汇报》2018年3月16日。

李清照改嫁进行辩诬的典型稍作探讨，以窥文人的爱才惜才之心。

晚明文人徐𤊹曾作《易安更嫁》，对"以桑榆之晚景，配兹驵侩之下才"之类讥讽易安改嫁的说法提出了疑问，谓其"谬妄不足信"，他给出的理由是，李清照当时已是五十二岁的中年妇人，为"清献公之妇，郡守之妻，并无更嫁之理"，并对这种污蔑才女的说法加以谴责曰"更嫁之说，不知起于何人，太诬贤媛也"①。而清初卢见曾（1690—1768）则在《重刊〈金石录〉序》中对前人所讲的"无更嫁之理"作了更为详细的阐发。从道理上讲，"以如是之年（五十二岁）而犹嫁，嫁而犹望其才地之美、和好之情亦如德夫昔日，至大失所望而后悔，悔之又不肯饮恨自悼，辄谍谍然形诸简牍"，这样不明智的行为，一般人尚不肯为，何况是李易安这样明达之人呢？从情感上讲，易安在后来丧乱艰难的岁月中仍对昔日二人残存的卷轴百般爱惜，"如护头目，如见故人。其惓惓德夫，不忘若是，安有一旦忍相背负之理"。此外，卢氏也提到了易安的家庭影响，"文叔之妻，王拱辰孙女，亦善文。其家世若此，尤不应尔"。因此，他认为改嫁之说为"子舆氏所谓好事者为之，或造谤如《碧云騢》之类"，不足为信，于是借重刊此书的机会为才女辩诬，"毋令后千载下，易安犹蒙恶声"②。卢氏的辩诬也的确影响到了时人的看法，袁枚就将其论说收入《随园随笔》中，其《李易安改节之疑》一文通篇都是引用的卢见曾此文，可见其对卢氏的观点深信不疑。③

不过以上辩诬大多出于对世人讥讽才女"桑榆晚景，驵侩下材"的不满，根据李清照的身世与文字作出的情理上的推测，并不能让人完全信服，真正具有说服力的则是俞正燮在《易安居士事辑》一文中的考证。俞氏详考了李清照的生平、事迹及其与赵明诚二人琴瑟好合的一段佳话，对易安之才学、德行都颇为赞赏。他在文中列举了大量李清照的优秀词作以及她所受到的诸多赞誉，足见其对易安才学的欣赏。对于李清照夫妇在校勘学上的贡献，俞正燮也给予了充分肯定，指出"易安与共校勘，作《金石录》，考证精凿，多足正史书之失"④。他和前人一样，同样不满于才女配驵侩的改嫁之说，因此，

---

① 褚斌杰编：《李清照资料汇编》，中华书局1984年版，第52页。
② 褚斌杰编：《李清照资料汇编》，第95页。
③ 参见（清）袁枚《随园随笔》卷十九《李易安改嫁之疑》，《袁枚全集》，赵新德校点，第5册，第344—345页。
④ （清）俞正燮：《癸巳类稿》卷十五《易安居士事辑》，《俞正燮全集》，于石等校点，第1册，第766页。

俞氏用了很长的篇幅来为这位才女辩诬。他详考了李清照改嫁一说的始末，指出"其时无学者，不堪易安讥诮，改易安《与綦学士启》，以张飞卿为张汝舟，以'玉壶'为'玉台'。谓官文书使易安嫁汝舟，后结讼，又诏离之。有文案"。又考之《宋史·李格非传》云"女清照，诗文尤有称于时，嫁赵挺之之子明诚，自号易安居士"，并没有改嫁的说法。[①]

对于李心传等人以小人之心篡改才女之生平，并将其描写得绘声绘色的恶劣行径，俞正燮直言"素恶易安改嫁张汝舟之说。雅雨堂刻《金石录序》，以情度易安，不当有此事。及见李心传《建炎以来系年要录》，采鄙恶小说，比其事为文案，尤恶之"，正是这些不实之言使得李清照改嫁之说广为流传，"赵彦卫、胡仔、李心传等，不明是非。至后人貌为正论"[②]。于是便有了前文所述的叶盛斥易安词为"不详之具"的谴责，俞正燮严厉地驳斥了这一说法，谓"此何异谓直不疑盗嫂乱伦，狄仁杰谋反当诛灭也"[③]。按《汉书》的记载，直不疑是一位正直大度的官员，当有人诽谤他盗嫂乱伦时，他只是说"我并没有兄长"，于是污蔑之辞不辩自白。俞正燮以直不疑为喻，正是要说明既然已证李清照改嫁一说为子虚乌有，那么叶盛的指责便不攻自破。

从俞正燮的言辞中，我们不难看出，他对李清照改嫁一说充满厌恶，其长篇大论的考证也是迫切地想要为才女辩诬。但我们仍想弄清楚的是，让俞正燮感到内心不适的到底是李清照改嫁的行为本身还是因其改嫁所引起的非议。俞正燮在文中对此也有说明，"是非天下之公，非望易安以不嫁也；不甘小人言语，使才人下配驵侩"[④]。但是艾朗诺在研究中对这一说明作了不同的解读，他认为，俞正燮的这段声明"反而在不经意间透露了事情真相"，这里所讲的真相，从艾朗诺前文的论述中可以找到答案，他认为俞正燮"或许是以更为解放的态度对待寡妇再嫁的先驱，但他毕竟还是生活在以那个价值观为主流的时

[①] （清）俞正燮：《癸巳类稿》卷十五《易安居士事辑》，《俞正燮全集》，于石等校点，第1册，第776—777页。
[②] （清）俞正燮：《癸巳类稿》卷十五《易安居士事辑》，《俞正燮全集》，于石等校点，第1册，第776—778页
[③] （清）俞正燮：《癸巳类稿》卷十五《易安居士事辑》，《俞正燮全集》，于石等校点，第1册，第778页
[④] （清）俞正燮：《癸巳类稿》卷十五《易安居士事辑》，《俞正燮全集》，于石等校点，第1册，第777页。

代"，所以他在情感上难以接受李清照"曾经自我妥协而嫁给一位低阶层的家伙"①。笔者认为，结合俞正燮对贞节、缠足、女性处境等相关问题的考证与论述，我们有理由相信他绝不是仅凭着一己之情感来为李清照辩诬，"是非天下之公"是一名考据学家的基本操守。当然我们也并不否认俞正燮为才女辩诬的情感倾向，他在文中还引述了当时的另一位才女惠斋被诬一事，以说明"盖时风气如此"。俞正燮对这种妒女才的风气多有不满，谓"夫小人何足深责，吾独惜易安与惠斋，以美秀之才，好论文以中人忌也"②。我们不难看出，俞正燮为才女辩诬的情感倾向正是基于不忍才女受辱的爱才惜才之心，而非耿耿于失节之事。

清人梁绍壬对时人为李清照的辩护作了这样的回应"后人力辨易安无此事，淑真无此词。此不过为才人开脱，其实改嫁本非圣贤所禁"③。其观点颇具代表性，包括今天很多学者仍然认为清人否定李清照改嫁是基于对贞节的执念，实则不然，至少在俞正燮那里，绝不会因为李清照的改嫁而对其有所微词。这一点后来的胡适与陈东原也看得很清楚，胡适在其所选注的《词选》中在李清照条目下写道："清儒俞正燮替她抱不平，曾作《易安居士事辑》，替她辩诬。后来陆心源和李慈铭也有辩诬的话。改嫁并非不道德的事；但她本不曾改嫁，而说她改嫁了，那确是小人的行为。"④陈东原在对"旷世女文人"李清照的书写中也提道："直至清代俞正燮替她编排事实，作《易安居士事辑》，辩无其事。李慈铭又作辑补，事始大白。改嫁原不是丑事，然而她没有改嫁，诬之为改嫁，岂非大不平么。"⑤

尽管我们今天仍难以确定俞正燮的辩诬是否合于史实，但后人仍能从其细致的考据辨析中看到清代文人对才女钦佩与怜惜的态度。对这样一位"能诗、词、文、四六，又能画"的旷世女才女，俞正燮毫不吝惜对她的赞扬，这也是对"女子无才便是德"观念的直接反驳。

西汉时期远嫁他乡的王昭君也是俞正燮颇为赞赏的女性，他共作《昭君》《题昭君图三首》《集昭君诗一册书其后》《昭君诗》四篇诗文考证昭君生平，表达其对昭君的欣赏与同情。在《题昭君图三首》序中，俞氏描绘昭君之貌

---

① [美] 艾朗诺：《才女之累：李清照及其接受史》，夏丽丽、赵慧俊译，第216—217 页。
② （清）俞正燮：《癸巳类稿》卷十五《易安居士事辑》，《俞正燮全集》，于石等校点，第 1 册，第777—778 页。
③ （清）梁绍壬：《两般秋雨盦随笔》，庄葳点校，上海古籍出版社1982 年版，第132 页。
④ 胡适选注：《词选》，河北人民出版社1999 年版，第 155 页。
⑤ 陈东原：《中国妇女生活史》，第 133 页。

"光明丰倩，殆似当年……佳侠之态溢于眉宇"，明言"予于古之美人，独念昭君及两莫愁"，称赞昭君"人才多智谋足，明艳寡双，而恬淡无营，母仪行国，阅十三载"，对昭君的才貌、气度、德行均予以了充分的肯定。对于后人出于追慕昭君而增加的赞美文辞及事实，俞正燮谓其"亦可喜矣"[1]，足见他对杰出女性形象的喜爱和维护之情。又作诗一首："承恩凭画士，选色失倾城。岁月消长路，容华惜此生。临行君顾重，远嫁妾身轻。清夜聆新怨，寥寥望古情。"[2] 抒发他对这位遭遇坎坷的杰出女子的同情与感念。

此外，俞正燮还作《亳州志木兰事书后》一文对女扮男装替父从军的花木兰进行了详细考证，包括其姓氏、故里、生活时代以及《木兰诗》的来历等。他指出，"木兰盖亳人，葬于完"，又谓"其代父为师都成，而不肯入师都宫"的行为正是孟子所言"往投，礼也；往见，非礼也"，称其"真所谓女士也"。[3] "女士"，是对有士人操行的女性的称呼，孔颖达将"釐尔女士，从以孙子"（《诗·大雅·既醉》）中的"女士"疏为"谓女而有士行者"。花木兰是中国历史上具有浓郁传奇色彩的女英雄，"忠孝节义"在这位巾帼英雄身上得到了充分的体现。这样一位"弱女子"，她孝顺、懂事，牺牲自己的青春支撑起整个家庭；她勇敢、坚强，与男性一起经历数年军旅生活，英勇抗敌，得胜凯旋；她淡泊名利，拒绝朝廷的官职，回家奉养父母。试问世间男子，又有多少能做到呢？在木兰面前，一切"女子不如男"的俗见都黯然失色。历史上对木兰生平及事迹的记载众说纷纭、莫衷一是，俞氏此处对木兰生平的细致考证，显示出他对这位奇女子的深深敬意，而"真女士"一语，则是俞氏对木兰发自内心的热情赞美。

四 俞正燮的婚姻观与贞节观

在婚姻及贞节问题上，俞正燮都表现了较为开明的态度，尤其对婚姻中弱势的一方——女性，给予了充分的理解，并站在两性平等的高度探讨了婚姻与贞节问题。

---

[1] （清）俞正燮：《四养斋诗稿》卷三《题昭君图三首》，《俞正燮全集》，于石等校点，第 3 册，第 38 页。

[2] （清）俞正燮：《四养斋诗稿》卷三《昭君诗》，《俞正燮全集》，于石等校点，第 3 册，第 40 页。

[3] （清）俞正燮：《癸巳存稿》卷十三《亳州志木兰事书后》，《俞正燮全集》，于石等校点，第 2 册，第 563—564 页。

(一) 为"妒"正名,反思纳妾制度

妒,在《说文解字》中释为"妇妒夫也",牛志平指出"所谓妒妇,盖专指嫉妒丈夫纳妾嫖妓的妇女"①。妒妇最常见的嫉妒对象是小妾,虽然妾在古代社会中地位并不高,但她们却可能或因年轻美貌,或因有功于延续香火,或因性格可人等受到丈夫的宠爱,而正妻对此产生嫉妒之情,这往往是妒妇之"妒"最典型的表现形式。

妒妇往往与"惧内"现象同时出现,具体表现为刻毒之妒、含蓄之妒、中常之妒、反常之妒、矫饰之妒等,与惧内的原因②类似,妒妇的产生既有经济因素,也有情感因素③。明末清初的文学作品中出现了大量"妒妇"形象,如《醒世姻缘传》《醋葫芦》等小说都对"妒妇"进行了生动的刻画。作者对妒妇的描写多采取讽刺与抨击的笔调,通过"疗妒"的方式让她们变得贤淑、宽容、温顺,意欲扭转世风,借此警戒当时女子勿做妒妇,当做贤妇。

典籍中对女性之妒通常也持批评态度,妻子虽为"与夫齐体"的女君,却有不妒的义务。为了规范与劝诫女性,"妒"被作为休妻的正当理由——"七去"④之一。因此,女性不妒被认为是应该的,而妻子容忍甚至帮助丈夫纳妾的行为则作为宽厚、贤淑的道德典范而被赞赏,如朱熹在《诗集传》中对《诗经》中不妒之女性进行了极大的赞美,其释《周南·螽斯》云"后妃不妒忌而子孙众多,故众妾以螽斯之群处和集而子孙众多比之,言其有是德而宜有是福也",释《周南·樛木》云:"后妃能逮下而无嫉妒之心,故众妾乐其德而称愿之。"⑤不难看出,女子不妒对家庭主要有两大好处:其一,在情感上有利于家道和谐,妻妾和睦相处,也让丈夫省却很多烦恼;其二,在结果上有利于家族的繁衍与壮大,可能给家庭带来多子多福的局面,最次的情况,也往往能够让家庭不至于无后。于是,"妒"则自然被认为是女性缺乏

---

① 牛志平:《唐代妒妇述论》,《人文杂志》1987年第3期。
② 据谢肇淛在《五杂俎》中写道"美姝世不一遇,而妒妇比屋可封",并分析"惧内"主要原因有三:其一,夫妻曾经"贫贱相守",有共患难的经历;其二,"枕席恩深",夫妻溺于情爱,"转爱成畏";其三"阿堵生威",女方具有经济基础。参见(明)谢肇淛《五杂俎》,上海书店2001年版,第147—148页。
③ 参见刘嘉陵《明清小说中的妒妇形象》,《社会科学辑刊》1996年第5期。
④ 据《大戴礼记》,"七去"包括:不顺父母、无子、淫、妒、有恶疾、口多言;"七出"内容与之类似,据《仪礼·丧服》,"七出"包括:无子、淫佚、不事舅姑、口舌、盗窃、妒忌、恶疾。
⑤ (宋)朱熹:《诗集传》,赵长征点校,第5、6页。

贤德的表现。

在第二章中，我们已经论述过晚明时期黄道周、吕坤、唐甄等文人对女性之"妒"的反思以及对"妒妇"的体谅。清代以后，随着"惧内"现象的广为流行，越来越多的小说家、戏剧家在作品中对妒妇进行书写与鞭挞，开出了各种各样的疗妒之方。与此同时，也有一些思想家以较为理性平和的态度来反思和讨论"妒妇"问题。俞正燮之前的清代学者龚炜（1704—1769）对此"持论极平"，其《原妒》一文把妒妇产生的根源归于男性[1]，相较于世人多对妒妇单方面进行指责，龚炜的观点的确给了女性更多的体谅，但对妒妇现象产生的更深层次的制度原因却没有相应的考察。

俞正燮在《妒非女人恶德论》一文中，则对女性之妒及纳妾问题作了更加深入的反思与探讨，其讨论大体包括如下几个层面。

其一，承认女人之妒的合理性。俞氏开篇即指出"妒在士君子为恶德。谓女人妒为恶德者，非通论也"，清楚地表达了此文主旨——妒非女人恶德。俞正燮引述了古代官文书及史书中对妒妇的记载：宋明帝因袁顗妻嫉妒，将其赐死，并"使近臣虞通之撰《妒妇记》"；元孝友上书称"使妻妒加捶挞者，免所居官。妻无子而不娶妾，科以不孝之罪，离遣其妻"；阮嵩因妻善妒而被免职，"一妻不能禁止，百姓如何整肃，妻既礼教不修，夫又神明安在？解见任"。俞正燮认为，这些对妒妇的诏令与讨伐是完全没必要的，进而指出"妒者，妇人常情。妒而忌，则杀人者死，伤人抵罪，何烦诏表令檄牵妒言之哉"[2]。在他看来，妒是人之常情，如果是因妒生恨，转而产生致人死伤的后果，依照法律处置即可，没必要因此而对寻常之妒多加约束。

何以在礼法中被视为恶德的女子之妒在俞正燮这里只是寻常之情呢？因为在他看来，"夫买妾而妻不妒，则是恝也，恝则家道坏矣"[3]。恝意即漠然，如果妻子对丈夫买妾之事无动于衷，则表明妻子对丈夫是漠不关心的。当然，

---

[1] 龚炜认为，夫妻一开始能够和睦相处，有美色的干扰后妻子会性情大变，其根源仍在于丈夫态度的转变。在他看来，妻子的嫉妒不过是发于"情之所激"，应该得到谅解，倘若能知晓妒的缘由，"不独召妒者自反知悔，即妒者亦且心平气和，未始非疗妒之一术也"。（清）龚炜：《巢林笔谈》，商务印书馆1981版，第219页。

[2] （清）俞正燮：《癸巳类稿》卷十三《妒非女人恶德论》，《俞正燮全集》，于石等校点，第1册，第632—633页。

[3] （清）俞正燮：《癸巳类稿》卷十三《妒非女人恶德论》，《俞正燮全集》，于石等校点，第1册，第634页。

现实中女性对丈夫纳妾丝毫没有妒忌之心可能有两种情况：第一种是从情感上讲妻子对丈夫并未投入太多的感情，甚至不在乎自己的丈夫，所以丈夫纳妾既合乎礼法，她也不会有太多情感波动；第二种可能是妻子明明心生嫉妒却不愿承认和表现出来，压抑自己的真情实感假装若无其事。那么，有没有可能出现第三种情况，即妻子性情宽容贤惠，从心底里压根就没有嫉妒小妾的想法？按照俞正燮的思路，并没有这种可能，因为"妒"本身是合乎人之常情的，"夫妇之道，言致一也"，所以不管妻子是出于哪种原因而对丈夫纳妾的行为漠然置之，这对家庭来说都是一个危险的信号，所以俞正燮说"恝则家道坏矣"。

其二，女人妒之起因在于丈夫之行为轻佻与不合理的纳妾制度。男性之妒往往表现为妒贤妒才，所以俞正燮直言"妒在士君子为恶德"，而女性之妒则不然，其直接起因往往在于丈夫之轻佻情性。俞正燮引《韩非子》中的一则典故：卫人夫妻一同祷告，妻子曰"使我无故得百束布"，丈夫不解，问其为何要得如此之少，妻子回答说，要得多了，你会用来买妾，又引《意林·典论》中的一则典故："上洛都尉王玉，以功封侯，其妻泣于内，恐富贵更娶妻妾。"俞氏认为，这两位女性之所以会如此害怕丈夫富贵，正在于"其夫必素佻达者"①。可知，丈夫的轻薄放荡是引起妻妒的直接原因。

更进一层，女人妒的根本原因还在纳妾制度。俞正燮引《易林》云"二妇同夫，志不相思，心怀不平，志常愁怨"，又引《意林·申子》云"妒妻不难破家，一妻据夫，众妻皆乱，此不可奈何者也"，都说明了违反"夫妇之道，言致一也"的原则，很难有不妒之妻。所以他主张对纳妾进行严格限制，认为《明会典刑部》中《律例一》和《律例四》的严格规定可以使妇女无可妒，为"礼法之最善者也"②。

其三，区分"妒"与"忌"，认为"妒而不忌，斯上德矣"。虽然俞正燮和龚炜类似，都认为"妒"发于自然之情，是自然而然的，但如果不对这种

---

① （清）俞正燮：《癸巳类稿》卷十三《妒非女人恶德论》，《俞正燮全集》，于石等校点，第1册，第633页。

② 《明会典刑部·律例一》云："亲王妾媵十人，一次选；世子、郡王四人。二十五岁无子，具二人，有子即止。三十无子，始具四人。长子至将军三十无子，具二人。三十五无子，具三人，中尉三十无子，娶一妾；三十五无子，具二人。庶人四十以上无子，许娶一妾。"《律例四》云："民年四十上以无子者，方听娶妾，违者笞四十。"参见（清）俞正燮《癸巳类稿》卷十三《妒非女人恶德论》，《俞正燮全集》，于石等校点，第1册，第633页。

感情加以适当的克制，听任其行为，那么则可能超出正常人情之外发生不可饶恕的后果。龚炜言"妒有差等，处分亦自有别，其甚至于狮虎者，暴戾恣睢，本属情外之物，不可恕"①。俞正燮也为"妒"划定了界限，也就是以"忌"为限。"妒"与"忌"在现代汉语中的意思基本相同，然在古代汉语中意思则稍有差别，对于前者，《说文解字》曰"妒，妇妒夫也。从女，户声"，《离骚·楚辞》王逸注"害色为妒"；对于后者《说文解字》曰"忌，憎恶也。从心，己声"，《左传·昭公三年》杜预注"忌，怨也"。从古注中的常用释义上看，"妒"多指女性，且多因色而起，"忌"则更偏重于憎恶、怨恨，其程度似更深。《诗经·召南·小星序》郑玄笺"以色曰妒，以行曰忌"，对二者也作了区分。在俞正燮这里，"忌"不仅有憎恶之义，而且促使主体引发了负面的行为，由"妒而不忌，斯上德矣"②与"妒而忌，则杀人者死，伤人抵罪"两句推断，"忌"主要是指由于"妒"之情不加节制，任其泛滥而造成了杀人、伤人等严重后果的行为。区分"妒"与"忌"，为妒划定了合适的界限，正是俞正燮言"妒非女人恶德"的必要前提。

对于俞正燮为妒妇辩护的名篇《妒非女人恶德论》的主旨，陈东原指出，此篇"断不是为妒妇同情，求天下男子都能俯首帖耳以听她们去妒的，此论的主要意思是，鼓吹严格的一夫一妻制度"③。在对俞正燮女性观的研究中，持此观点的学者不在少数。④ 此一说法似有不恰之处，如业师吴根友所言，俞正燮并没有鼓吹严格的一夫一妻制度⑤，理由如下：其一，俞正燮文中明确肯定了《明会典刑部》中的律例规定，也就是说，在他看来，有严格限制的纳妾是合适的；其二，俞正燮提出"夫买妾而妻不妒，则是恝也，恝则家道坏

---

① （清）龚炜《巢林笔谈》，第 219 页。
② （清）俞正燮：《癸巳类稿》卷十三《妒非女人恶德论》，《俞正燮全集》，于石等校点，第 1 册，第 634 页。
③ 陈东原：《中国妇女生活史》，第 192 页。
④ 如中国台湾学者鲍家麟也认为，俞正燮在强调妒非女人恶德的同时，也反对妒的根源之一的一夫多妻制，根本解决之法，仍在维护一夫一妻制。参见鲍家麟《俞正燮论中国女性》，载张妙清、叶汉明、郭佩兰编《性别学与妇女研究——华人社会的探索》，台北：稻香出版社 1997 年版，第 213 页。另，张晓芬《公与私的诠衡——论俞正燮人权平等思想》一文也认为俞正燮"主一夫一妻制"，但都没有提出有说服力的文本根据。参见张晓芬《公与私的诠衡——论俞正燮人权平等思想》，《人文与社会学报》2008 年第 3 期。
⑤ 吴根友指出："俞正燮的思想仍旧无法跳出传统宗法社会在制度结构上为男女两性制造的不平等，认可制度层面服务于宗法要求的一夫多妻制。"吴根友：《晚明至清末解放女性思想简论》，载俞湛明、罗萍主编《社会性别与女性发展》，第 24 页。

矣","妒非女人恶德,妒而不忌,斯上德矣",均是维护男子娶妾的情况下对妇女"妒"的合法性进行辩护。诚然,俞正燮在文中引证了《易》中的"三人行则损一人,一人行则得其友",以此来说明夫妇之道"言致一也",他的确已经认识到了男子娶妾是破坏"一阴一阳"夫妇之道的行为,但是他的解决方法并不是要突破传统社会纳妾的基本框架来另辟蹊径,而是在此框架之下寻找最优的解决方法,即严格控制纳妾和肯定一定范围内的"妒"。因此,俞正燮此文的主旨在于肯定"妒"的合法性,而非鼓吹严格意义上的一夫一妻制。

总体来讲,俞正燮对女性之妒的辩护及其对纳妾问题的思考在传统社会已经是非常超前的言论了,"夫妇之道,言致一也"的确是可能导向严格一夫一妻制的理论基础,只是囿于时代的限制,在宗法社会中俞氏还不可能彻底抛弃"无后为大"的观念来要求完全废止纳妾,其闪光的新思想仍然打上了维护宗法制的烙印,因而与现代婚姻制度仍有一段距离。

(二) 对贞节问题的反思

对于贞女问题,明清以降的学者已经进行过广泛的讨论与激烈的论战。大概是由于前人对婚礼的考辨已经颇为详尽了,作为考据学家的俞正燮并没有延续考证古礼的方式对婚姻之成立的程序与细节进行详议,而是延续了归有光、毛奇龄、汪中等人所坚持的不以纳征为婚姻成立的说法,在此基础上从义理的层面对贞女现象进行了批评。

俞正燮首先辨明贞女的起源,他以皇甫谧《列女传》中所载罗静之例为贞女之始。罗静为同县朱旷所聘,婚礼之前,罗静之父罗勤因病去世,未婚夫朱旷"触冒经营,寻复病亡",罗静感念未婚夫朱旷之恩义,誓不再嫁。当有人向罗静逼婚时,她情真意切地说:"实感朱旷为妾父而死,是以托身亡者,自誓不二。辛苦之人,愿君哀而舍之。如其不然,请守之以死。"①

---

① (清) 俞正燮:《癸巳类稿》卷十三《贞女说》,《俞正燮全集》,于石等校点,第 1 册,第 631 页。据卢苇菁,此为历史上第二个贞女的记载,最早的贞女记载为刘向《列女传》中的卫宣夫人。参见 [美] 卢苇菁《矢志不渝:明清时期的贞女现象》,秦立彦译,第 25—27 页。刘向《列女传》是流传非常广的著作,但俞氏没有以其中的贞女故事作为贞女的起源,而选择了皇甫谧《列女传》中的罗静,这应该不是治学严谨的俞正燮的技术性失误,而是他刻意选择的结果。比较两位贞女的故事,我们发现,卫宣夫人的守贞没有适当的情感与道德基础,仅仅是执着地不嫁,而罗静则是感念未婚夫的恩义而不嫁。俞氏选择了后者作为贞女的起源,正是为了凸显最初的贞女个例与后世的"贞女"现象之间的本质差别。

对于罗静的守贞，俞氏是认可的，称其"可云女士矣，可云贞女矣"①。然而，"后世女子，不肯再受聘者，谓之贞女"，则与罗静守贞之义有着本质差别，俞氏认为"其义实有难安"。因为，后世普遍化的"贞女"现象已经背离了最初的贞女之义，缺乏了基本的道德基点与内在的情感认同，只是空洞地遵循外在的道德要求。"贞女"从最初主体出于内在真情实感的节义表达，到明清时期泛化为普遍抽象的守贞要求，这也正是伦理异化的一种表现。对于后世的贞女现象，俞氏批评道："未同衾而同穴谓之无害，则又何必亲迎，何必庙见，何必为酒食以召乡党僚友，世又何必有男女之分？此盖贤者未思之过。"②与之前的贞女批评者一样，俞氏也认为许嫁并不能代表婚姻之义，既然许嫁之后还有亲迎、庙见等后续程序，那么婚姻的成立显然不是以许嫁为标志的。

俞正燮反对贞女的出发点不仅限于此，他还看到了在贞烈之风盛行的男权社会中，女性的悲苦处境。俞氏在文中所引的描述"搭台死节"③的福建民谣深刻揭露了这种异化了的伦理及其对社会风气带来的恶劣影响：

闽风生女半不举，长大期之作烈女。
婿死无端女亦亡，鸩酒在尊绳在梁。
女儿贪生奈逼迫，断肠幽怨填胸臆。
族人欢笑女儿死，请旌借以传姓氏。
三丈华表朝树门，夜闻新鬼求返魂。④

---

① （清）俞正燮：《癸巳类稿》卷十三《贞女说》，《俞正燮全集》，于石等校点，第1册，第631页。
② （清）俞正燮：《癸巳类稿》卷十三《贞女说》，《俞正燮全集》，于石等校点，第1册，第631页。
③ 据卢苇菁，这种"搭台死节"的"恶习"可以追溯到明朝，几乎出现在福建，尤其是在福州，它与一般贞女故事中父母的焦虑形成了强烈的对比。参见［美］卢苇菁《矢志不渝：明清时期的贞女现象》，秦立彦译，第121—122页。据田汝康，在福建省，这种女性为了坚持婚姻忠贞而自杀的事情呈现为一种公开展示的形式，被称为"搭台"，这种行为最早在万历年间（1573—1620）出现，在1640年至1860年较为盛行，最后的记载是在1850年。田汝康的研究还指出，当时中国每个地区都有自己独特的自尽方式——福建上吊，山西投水，安徽徽州则是绝食。参见田汝康《男性阴影与女性贞节——明清时期伦理观的比较研究》，刘平、冯贤亮译校，第54—57、63页。可见，类似"搭台死节"这类伦理异化现象并非某个省份的孤例，而是广泛存在于当时社会的习俗之中。
④ （清）俞正燮：《癸巳类稿》卷十三《贞女说》，《俞正燮全集》，于石等校点，第1册，第631页。

在这种陋俗中，女性不仅被剥夺了基本的生存权，甚至沦为了家族谋取福利的工具。她们的自我诉求、内心的真实感受，则被淹没在"贞女""烈女"这些闪亮而虚无的光环之中。对此，俞正燮颇为愤恨地感叹道："呜呼！男儿以忠义自责则可耳，妇女贞烈，岂是男子荣耀也。"① 在父权制社会中，女性本没有与男性平等的地位，但却适时地被要求担负起各种重任，男子的荣耀需要女性的贞烈来成就，男性的道德力量需要女性的节烈来激发，甚至男性社会的亡国与败家亦常常被归因于"女祸"，这也正是男权社会中女性处境的吊诡之处。所以，俞正燮这样有着敏锐洞察力的思想家，才会以犀利的言语发出为女性鸣不平的声音。

节妇问题相对贞女问题而言，其所包含的义理更为单一，究其实，即女性再嫁的合法性问题。关于贞女问题背后的论战可能包含了各种复杂因素，很难将其明晰化，但节妇问题并没有引起那么广泛的论战，其讨论归纳起来约有以下三种基本观点：一是男可再娶，女无二适；二是男无再娶，女无再嫁；三是男可再娶，女可再嫁。观点一是古代经礼中的主流观点，观点二可见于第二章中论述的颜元对男性贞节的强调，到俞正燮这里，他不仅继承了颜元对男子守身的强调，指出"按'妇无二适之文'，固也，男亦无再娶之仪"，还跨越了"女无再嫁"的界限，直言不应指责再嫁者。这也就是观点三，俞氏对再嫁的认识从根本上颠覆了观点一对女性贞节的苛求。

俞正燮对节妇问题的认识可分为两个方面。一方面，他对这种苛责妇女再嫁之说甚为不满，指出"古言'终身不改'，言身则男女同也。七事出妻，乃七改矣。妻死再娶，乃八改矣。男子理义无涯涘，而深文以罔妇人，是无耻之论也"，毫不留情地揭示了这种双重道德标准的虚伪性。② 另一方面，俞

---

① （清）俞正燮：《癸巳类稿》卷十三《贞女说》，《俞正燮全集》，于石等校点，第 1 册，第 631 页。
② 对于贞节问题上男女的双重道德标准，晚明文学中也进行了揭露，凌濛初小说中的这段话正可以作为俞正燮此段批评的一个详细注脚："天下事有好些不平的所在！假如男人死了，女人再嫁，便道是失了节、玷了名、污了身子，是个行不得的事，万口訾议；及至男人家丧了妻子，却又凭他续弦再娶，置妾买婢，做出若干的勾当，把死的丢在脑后不提起了，并没人道他薄幸负心，做一场话说。就是生前房室之中，女人少有外情，便是老大的丑事，人世羞言；及至男人家撇了妻子，贪淫好色，宿娼养妓，无所不为，总有议论不是的，不为十分大害。所以女子愈加可怜，男子愈加放肆，这些也是伏不得女娘们心里的所在。"（明）凌濛初：《满少卿饥附饱飏》，载《二刻拍案惊奇》，王根林校点，上海古籍出版社 2012 年版，第 167—168 页。

正燮也充分肯定了女性出于自愿而守寡行为的价值，他引《元史·列女传》中记载的霍尹氏不愿改嫁之例，事例中尹氏曰"人之志不同，妾知守妾志耳"，对此俞氏赞赏道"此则妇人之节，男子所不及"[①]。因为这样一种出于自愿、合于人情的守节行为才体现出守节之真义。正是对节妇问题进行了深刻的反思，俞氏才得出了"其再嫁者，不当非之；不再嫁者，敬礼之斯可矣"这样公允精炼的结论，既尊重女性的个人意愿，把人情放在适当的位置，也不抹杀超道德行为的真正价值。

在贞节观念颇为严格的明清时期，一方面催生了一大批节妇、烈妇及其热情歌颂者与追随者，另一方面也使得一些目光敏锐的思想家对节妇现象进行了反思。晚明思想家李贽在节妇问题上表现出了开明的态度，通过对历史人物的评点，感性直率地表达其开明的贞节观，而清初思想家袁枚则从史书记载中寻找再嫁之例，为寡妇再嫁寻找历史依据，其后的钱大昕更为大胆地指出"去而更嫁，不谓之失节"。到俞正燮这里，他从体恤女性的情感出发，严厉批评了"男子理义无涯涘，而深文以罔妇人"的无耻之论，并通过理性思辨对节妇问题进行深刻反思与讨论。可以说，俞氏的贞节观是对前人观点的全面继承和发展，从理论上深化了明清时期解放女性思想中对贞节问题的论述。

本章小结

通过对俞正燮、李汝珍女性观的研究，我们发现，这一时段的思想家不仅对一些具体女性问题的思考更为成熟、理性，更加细致、深入，也尝试从理论上阐发各具特色的男女平等思想，并对女性/性别相关问题进行了深刻反思。

李汝珍的《镜花缘》以小说的形式对诸多女性问题进行了探讨与揭露，如幽默地让身为男性的林之洋在女儿国"被缠足"，以揭示缠足之苦与痛；浓墨重彩地刻画黑齿国两位才女的学识与辩才，既显示出作者对女才的充分肯定，也反映了其对女性教育的重视；畅快地让两面国的女强盗头子怒斥丈夫

[①]（清）俞正燮：《癸巳类稿》卷十三《节妇说》，《俞正燮全集》，于石等校点，第1册，第630页。

纳妾，以揭示婚姻中男女道德的双重标准；巧妙地设计了男女对调的"女儿国"，突出了性别的"社会性"，同时也为女才的施用提供了可能的空间；塑造了集才貌、智慧、品德、胆识于一体的主人公唐小山，可谓作者眼中"新女性"的典范。小说的方式赋予了作者丰富的想象空间，所以李汝珍对女性问题的探讨能够更大限度地摆脱现实社会制度的束缚与普遍观念的羁绊。他对于女性参政的设想以及对社会性别问题的反思，正是其大胆构想的结果。然而，李汝珍毕竟并非李贽那样敢于"颠倒千万人之是非"的异端思想家，所以他在小说开篇即引《女诫》，以表明自己的"正统"立场。

俞正燮则以考据的方式对女性问题进行了关注与探讨，其解放女性思想有以下突出特点。其一，考据的方式让俞正燮的论述更具说服力。他通过对缠足源流的考证揭示出古代妇女不缠足以及缠足起源于贱服的事实，为其反缠足论提供了有力的事实支撑。同样，他通过对古代典籍的细致考证，为历史上诸多被诬之女性廓清事实，以实事求是的态度还她们以清白。其二，俞氏站在一个两性平等的高度来理性看待女性问题。无论是对历史上杰出女性的赞赏、对缠足陋习的批评，还是对贞节问题的深刻反思，都反映出俞氏两性平等的基本出发点。虽然他尚不能完全跳出宗法社会的框架明确地提出一夫一妻制，但纳妾制度之弊以及贞节的双重道德标准都已为俞氏所意识到。其三，俞氏对女性，尤其是女性中的弱势群体，充满了同情。这种情感基础与理性分析的共同作用，使得他对女性问题的探讨入情入理：一方面，他考虑到女性的悲苦处境，劝世人善待女性；另一方面，他还深入思考了种种男女不平等的现象，试图寻找一条男女平等的道路。虽然俞正燮并没有为男女平等的理想提出可行的方案，但他对具体女性问题的探讨，无疑是走在这样一条解放女性的道路上。

第五章　晚明至清中期解放女性思想的特点与影响

以上七位思想家作为晚明至清中期的解放女性思想的典型代表，大体可以勾勒出这一时期解放女性思想的发展历程。七个思想家的女性观作为纵向时间顺序上的七个点，并不能清晰展现出这一时期解放女性思想的全貌，但将这七个典型人物的女性观放在一个动态的历史发展过程中进行考察，可以将其形成一个平面，从而凸显其自身的特点与问题。

从整体上讲，这一时期的解放女性思想既在诸多方面有别于传统的女性观，也不同于受西方女性主义思潮影响的近代女性解放思想。因此，本章将其作为一个整体来分析其主要特点及内在理路，并尝试讨论其在思想史上的意义、对妇女史研究的启示及其对后世女性解放思想的影响。

第一节　晚明至清中期解放女性思想的主要特点及内在理路

一　晚明至清中期解放女性思想的主要特点

这一时期的解放女性思想在观念上既有对传统儒家女性观的继承，也发展了一些具有启蒙意义的新思想；在形式上往往表现为"复古礼"，但也有李贽式的"颠倒千万人之是非"的激烈表达方式及对传统的彻底重省；其发展过程充满了曲折反复，对女性问题的解构之功大于建构。具体而言，表现为如下特点。

（一）以复古求解放

"以复古求解放"是梁启超对清代两百余年中学术的概括，表现为"第一步，复宋之古，对于王学而得解放。第二步，复汉唐之古，对于程朱而得解放。第三步，复西汉之古，对于许郑而得解放。第四步，复先秦之古，对于一切传注而得解放"①。此处借用梁氏这一说法来概括三百年来解放女性思想的特点，因为这一时期解放女性思想的阐发亦在很大程度上借助于对经典的重释和古礼的考证。② 具体而言，这里的"以复古求解放"主要包含了以下两个层面。

第一，通过对经典的阐释，为解放女性思想提供义理根据。《周易》是一部被重释和发挥得最多的经典，其中的阴阳观念为后世阐释两性关系留下了很大的空间，阴/阳、女/男的类比既构成了整个"男尊女卑"的传统，也为男女平等的观念提供了一个基本的哲学理念。《易·序卦》中有一段很重要的文字在思想家的论述中被反复引用：

> 夫妇，人之始也。有天地然后有万物，有万物然后有男女，有男女然后有夫妇，有夫妇然后有父子，有父子然后有君臣，有君臣然后有上下，有上下然后礼义有所错。夫妇之道不可以不久也，故受之以《恒》。恒者，久也。

李贽以此来论证夫妇在五伦中的首要地位，并进一步以夫妇为天地万物之始；袁枚以《易》之阴阳夫妇之义证明男女之情的正当性；汪中以"夫妇之礼，人道之始也"来反对室女守贞的行为；焦循引此段来证明夫妇一伦稳定性的重要意义；清代张海珊也引证此段文字，曰"昏者，阴阳之交、生民之始，固无有得而参焉者也"③，以证明夫妇关系乃其他一切关系之基础。此外，唐甄还将"夫妇之道不可以不久也"与《诗经·小雅·白华》中的"鸳鸯在梁，戢其左翼"及《咸卦》中的"男下女"相结合，引申出"夫妇相下之道，恒道也"的男女平等思想。我们可以看到，虽然思想家的阐释角度各不相同，但这些解释却都为经典赋予了更为鲜活的生命力，并使其成为解放女性思想的哲学基础。

从经典阐释中发掘解放女性的义理根据，并不仅仅体现在对《周易》《诗经》等典籍的哲学阐释上，也充分表现在思想家对儒家经典一些重要观念的

---

① 梁启超：《清代学术概论》，朱维铮导读，上海古籍出版社1998年版，第7页。
② 尽管与梁氏"以复古求解放"所阐发的具体内容、时间段及方式都有一定差别，但由于其根本精神具有相通之处，此处仍直接借用了梁氏的这一说法。
③ 转引自张寿安《十八世纪礼学考证的思想活力》，第297页。

继承和发展之中，最突出的即"孝"与"恕"的观念。

"孝"是中国传统文化尤其是儒家文化中非常重要的观念，《孝经·开宗明义章》云"夫孝，德之本也，教之所由生也"，《后汉书·姜革传》云"夫孝，百行之冠，众善之始也"，都显示了孝在道德教化中的重要地位。《说文解字》云"孝，善事父母者。从老省，从子，子承老也"，《孝经·士章》曰"资于事父以事母，其爱同"，很明显，孝的对象是父母。在孝的层面上来讲，父母往往是并称的，父与母作为"孝"的践行对象并无多大差异，作为母亲的女性获得了与作为男性的父亲同样的地位。明清思想家通过对孝的阐释与发挥，为父母争取同等地位，如唐甄在《备孝》中特别强调"父母，一也"，且"父之父母，母之父母，亦一也"，并提醒已经嫁人的女性不可"近舅姑，远父母"①，唐甄不仅从孝中诠释出了父母平等的表层意涵，还进一步强调父家与夫家的平等地位，这在父权制社会中是非常难得的平等思想。

更深一层，"孝"的观念还直接影响了一些思想家对女性的态度。明清时期贞节观念的强化除了催生了大批的贞节烈妇外，也产生了众多寡母抚孤或抚幼的坎坷境遇，寡母在家庭中扮演着双重角色，既操劳着家中的日常琐事，也承担着家庭生计的重担，甚至还要督子课业，母子相依为命共同度过了艰苦的生活，前文论述的汪中即突出的例证，归有光笔下的《先妣事略考》以数百字的短文浓缩了母亲周孺人短暂而劳苦的一生②，明清时期类似的例证还有很多，如作为"遗腹子"的刘宗周（1578—1645）、五岁丧父的刘宝楠（1791—1855）、七岁丧父的洪亮吉（1746—1809），等等。在这种特殊的背景之下，母子之间形成了一种格外深厚的情感，熊秉真对寡母与孤儿的生活与情感进行了细致分析，指出"分享困苦生活、在异常严酷中奋斗、在屈辱中共同求生的经验，滋长了母子间强烈的连结，这种联系充满了苦中带甜的回忆，有着旁人无法体会的亲密，以及强烈的同志情谊"③。这样一种特殊的情感与正统的"孝"观念相结合，形成了一种更为强大的力量，这种力量的影

---

① （清）唐甄：《潜书》，吴泽民编校，第74页。
② 归有光七岁开始入学，时隔多年，他仍然记得母亲对其勤勉而严厉地督学，"孺人中夜觉寝，促有光暗诵《孝经》，即熟读无一字龃龉，乃喜"。归有光在为人父之后对其母愈加感念，"期而抱女，抚爱之，益念孺人，中夜与其妇泣，追惟一二，仿佛如昨"。（明）归有光：《震川先生集》，周本淳点校，第593—595页。
③ 熊秉真：《建构的感情——明清家庭的母子关系》，岳心怡译，载《性别、政治与集体心态：中国新文化史》，麦田出版社2001年版，第262页。

响有两个维度：一方面使得儿子肩负着极大的重任，并对母亲怀着一种终身无法释怀的内疚感①，甚至形成一种排他性的情感纽带②；另一方面，也使得这些学者对母亲的处境有着深刻的认识，对母亲的辛劳、企盼、重负、眼泪都有着感同身受的理解，对母亲的敬重与关切也就汇聚成了同情女性的一种情感基础，使得他们不自觉地对女性问题进行更多的反思，发出更多的议论。而这一基础的伦理依据，正是依托于"孝"的正统观念。

在正统儒者朱熹那里，对母亲的书写与评价也更少受到性别气质的限制，甚至允许个别作为母亲的女性表现出"资禀高明，器宇恢廓，凛然有烈丈夫之操"③之类的男性气质。我们可以想象，传统女性观并不会允许妻子行丈夫之道，也不会允许普遍意义上的女性行男性之道，但却可以在一定程度上允许母亲行父亲之道，因为母亲作为孝道的承载对象，其人生已经达到了"三从"观点下的权力顶点，所以她可以在一定的范围内游离于固化的性别气质之外。当然，孝道所带来的地位并不能取代普遍的男女平等，它只是让历史中的女性获得了一定的生活空间，并促使明清时期的思想家更为深刻地认识女性的境遇。

"恕"也是儒家重要观念之一。《论语·卫灵公》："子贡问曰：'有一言而可以终身行之者乎？'子曰：'其恕乎！己所不欲，勿施于人。'"孔子这里对"恕"的内涵及其重要性作了明确的说明。《说文解字》云"恕，仁也"，将恕与仁直接等同。从结构上看，"恕"字从如从心，王逸《楚辞章句》云"以心揆心为恕"，刘宝楠释《论语正义》引《贾子·道术》曰"以己量人谓之恕"，也可以说，"恕"也就是以己之心体谅人之心。从戴震关于"以情絜情"的论述中，我们可以更加清晰地理解传统的"恕"道：

> 凡有所施于人，反躬而静思也："人以此施于我，能受之乎？"凡有所责于人，反躬而静思之："人以此责于我，能尽之乎？"以我絜之人，

---

① 参见熊秉真《建构的感情——明清家庭的母子关系》，岳心怡译，载《归别、政治与集体心态：中国新文化史》，第267—268页。
② 黄宗羲在《都督裴君墓志铭》中记载的一则孝子细节非常生动地诠释了这种排他性："事母夫人甚孝，舍中失火，君但负母而出，不问余物，其妻妾怨之，君曰：'斯时吾止见太夫人，不见汝等也。'"（清）黄宗羲：《黄宗羲全集》，沈善洪主编，浙江古籍出版社2005年版，第10册，第483页。
③ （宋）朱熹：《晦庵先生朱文公文集》，《朱子全书》，戴扬本、曾抗美校点，第25册，第4253页。

则理明。天理云者，言乎自然之分理也；自然之分理，以我之情絜人之情，而无不得其平是也。①

"以情絜情"的对象应该是一切的人，而女性自然是其中重要的一部分。因此，这样一种"以情絜情"的"恕"道也成了思想家阐述解放女性思想时的理论基础。如唐甄所言"五伦百姓，非恕不行；行之自妻始"②即借助"恕"的观念来反对"暴内"现象，又如《镜花缘》中，作者笔下的女强盗则借助"忠恕之道"来控诉男性纳妾。更广泛地讲，这一时期对女性颇为同情的思想家大都是以一种"以情絜情"的方式来体恤女性的境遇，如汪中对妓女马守真悲苦一生的书写，俞正燮为弱势女性争取权利，李汝珍在《镜花缘》中让男性亲尝缠足之苦，等等。因此，"恕"作为儒家传统中的重要观念，既可以成为思想家为女性鸣不平时的有力依据，也可以成为思想家聚焦女性问题的一种情感基础。

第二，通过对古礼或典籍的考证，为解放女性思想提供考据学基础。最为突出的即关于贞女问题与缠足问题的讨论。贞女问题自归有光《贞女论》以来，讨论者甚多。严格从古礼上看，"贞女"的行为的确是没有依据的，因此如归有光、毛奇龄、汪中这样的学者一再引"古礼"来反对"贞女"，将贞女的行为斥为"非礼"。前文已论述过，贞女的出现是历史发展中的新问题，而面对这样一种不合先王之制的现象，有的学者通过回到古礼来批判现实的不合理，有的学者通过权变古礼来肯定现实的合理，有的学者甚至通过当世法律的权威来肯定存在之合理。③ 虽然贞女的反对者背后的深层原因各不相同，但是从归、毛、汪等学者论述的出发点来看，他们或是出于对殉死贞

---

① （清）戴震：《孟子字义疏证》，中华书局1961年版，第1—2页。戴震的"以情絜情"学说受到了梁启超、胡适、容肇祖等人的批评，认为其允许个人将自己的情感、欲望强加于他人，从而侵犯他人的自由。邓国宏对此进行了辨正，指出"只要我们把戴震的'以情絜情'主张准确地理解为不仅'设身'而且'处地'的感受和认知受影响的他者是否能够接受自己的行为和态度，把这其中的道德主体理解为一个'理想的观察者'"，那么"以情絜情"说就不会有这样的问题。邓国宏：《戴震"以情絜情"说辨析》，《安徽大学学报》（哲学社会科学版）2012年第5期。本书这里所强调的"以情絜情"也正是思想家设身处地地体察女性的处境，在一种反躬自问中自我省察，其目的在于"恕"，而非"有所责于人"。

② （清）唐甄：《潜书》，吴泽民编校，第79页。

③ 如焦循指出"国律，许嫁女已报婚书及有私约而辄悔者笞五十，虽无婚书，但曾受聘财者亦是"，按照现今国律，纳征许嫁是有法律效力的。参见（清）焦循《贞女辨》（下），《雕菰集》，第2册，第112页。

女的人道关怀，或是出于对守贞之室女生活状态的人情体恤，因此，笔者认为，尽管贞女的反对者一再强调贞女之"非礼"，但他们并非单纯地捍卫古礼，而是借助"古礼"的金字招牌来反对愈演愈烈的贞女现象与观念，避免更多"袁机式"的悲剧发生。类似地，学者对缠足的反对也借助了对缠足起源、演变的考证，通过指出古代女性不缠足、缠足出自贱服，以辨明缠足并无历史依据，袁枚、俞正燮等人对缠足的反对大抵都采用了这样的方式。

此外，思想家还通过对古礼的考据为女性争取更多的权利，替一些受诬女性洗去冤情。这在清代考据学家那里体现得尤为突出，如汪中通过考证古礼说明"妇人有主"，以维护女性的祭祀权，俞正燮通过对典籍的考证，矫正了史书中一些对女性的不实记载，并花了很大篇幅为著名才女李清照正名，等等。

（二）根植于传统女性观

这三百年来解放女性的思想虽然出现了诸多新兴因素，但追溯其思想根源，仍旧与传统的哲学思想有着非常密切的联系。因为这一时期的女性观基本尚未受到西方话语的影响①，思想家们对女性问题的思考层面、言说方式大体都以传统思想观念为基础，这与晚清之后思想家讨论女性问题的方式有着根本的不同。

自班昭《女诫》提出"女有四行：一曰妇德，二曰妇言，三曰妇容，四曰妇功"以来，传统妇学对女性"德、言、容、功"的规范深入人心，即使

---

① 晚明时期，传教士所带来的西方思想中，涉及女性问题的主要是男女性道德平等的观念。据许苏民对明清之际儒耶对话的研究，晚明西方传教士将基督教伦理学中人人平等的观念带到了中国，其中包括了男女性道德的平等观念。传教士不仅劝说儒家士大夫实行一夫一妻制，还劝说中国皇帝也要"无邪思，无二妇"。这些反对纳妾的言论遭到了保守派儒者以及做妾的女人的强烈反对，而李贽这样的进步思想家则对此观念持欢迎态度。在儒耶对话中，孙元化、杨廷筠等信奉天主教的学者对纳妾制度进行了反思与批判，如杨廷筠指出，"况以伦言，妻不容有二夫，夫岂容有二妻？如转一名谓之妾，遂云无妨，岂非私一男，亦可转一名，谓之无妨乎"，十分明确地反对双重两性道德。参见许苏民《明清之际伦理学三问题的儒耶对话——兼论对话对中国伦理学的影响》，《学术月刊》2011年第4期。尽管西方一夫一妻的观念在晚明就传入了中国，但正统儒者对这样的观念仍旧很难接受。到清中期的俞正燮与李汝珍那里，虽然对纳妾制度进行了激烈的批评，也并未明确提出一夫一妻的观念。所以，我们可以说，晚明至清中期的女性观基本上没有受到西方话语的影响。不过，在晚明李贽这里，虽然没有专门讨论纳妾问题，但他对夫妇一伦重要性的论述与他无子嗣而终身不纳妾的行为，已经表明了他的态度。而据许苏民在该文中所言，在传教士来华之前，李贽的"男子之见未必长，女子之见未必短"的惊世妙论已经在晚明社会广为流传，所以我们也很难说李贽在女性问题上的新观念是受了西方传教士的影响。

如李贽这样敢于对圣贤提出质疑的"异端"思想家也并未脱离这个基本框架。李贽在忆及妻子黄宜人时,称赞其"辛勤拮据,有内助之益。若平日有如宾之敬,齐眉之诚……情爱之中兼有妇行妇功妇言妇德"①。而小说《镜花缘》尽管深入探讨了诸多女性问题,蕴含了许多新兴观念,但作者李汝珍在开篇即引述班昭《女诫》"女有四行"一段,并强调书中所载之女性"非素日恪遵《女诫》,敬守良箴,何能至此"(第一回)。在这些思想家看来,仅仅认可女性在家庭中的价值、地位是不够的,女性可以凭着出色的才智与过人的见识在闺阁之外获得认可。但与此同时,对女性公共领域价值的认可并不意味着女性要彻底脱离家庭领域的女性角色,也就是说,社会中的女性角色应该是叠加于家庭中的女性角色之上的,而并非完全替代后者。

"男女有别"是儒家伦理思想中的重要观念,《礼记·郊特牲》中"男女有别,然后父子亲;父子亲,然后义生;义生,然后礼作;礼作,然后万物安"一语奠定了"男女有别"在伦理关系中的基础性地位。这里的"别"主要是相区别,后世则不仅继承了男女差别之义,更强化了男女别嫌之义。这三百年中思想家所论述的解放女性思想也仍然大体在其范围之内,如强调男女平等的唐甄在《潜书》中也多次表达了其对"男女有别"观念的认同;袁枚的思想虽然受礼教束缚较少,其广招女弟子的行为虽然引来了不少非议,但他亦在诗中写道:"汉庭夏侯胜,宫中延为师。以其年笃老,瓜李无嫌疑。我亦大耋年,传经到女士。"②可见,袁枚以七十岁高龄而招收女弟子,也是有意识地避免男女之嫌;《镜花缘》中的"女儿国"虽然男女社会性别完全颠倒,却也非常强调男女有别,不可混杂。大体上,我们可以说,"男女有别"在这一时期的思想家观念中仍是一条不可逾越的严格防线。③

此外,还有一些传统女性观如"男主外,女主内",女性思域不出于阃内,等等,也在其中部分思想家那里得到了继承,但由于其并不具普遍性和代表性,故此不详列。

这样一来,解放女性的思想就在一定程度上延续了传统的女性观。这种

---

① (明)李贽:《焚书注Ⅰ·与庄纯夫》,《李贽全集注》,张建业、张岱注,第1册,第108页。
② (清)袁枚:《小仓山房诗集》卷八《喜老七首》,《袁枚全集》,王英志校点,第1册,第776页。
③ 当然,在正统的观念看来,袁枚招收女弟子的行为以及李贽与女弟子的微妙关系都对男女别嫌构成了潜在的威胁,"男女有别"的界限虽然没有被直接打破,但也出现了些许松动。

延续一方面使得这一时期的解放女性思想在观念上没有与传统发生一个彻底的断裂,可以在一定程度上避免后来的女性解放思潮盲目追随西方女性解放思想的流弊;另一方面,这样一种延续也在某些方面上限制了中国本土解放女性思想的进一步发展,使得一些本可以探讨得更为深入的女性问题悄然止步。

(三) 曲折、反复与个体差异

这三百年的解放女性思想的发展并非总是遵循着时间序列从古及今单向流动,其中也经过了诸多曲折与反复,尤其是论争激烈的 18 世纪,解放女性思想常常是在观念的碰撞、冲击中曲折发展。如果仅仅从现代视角来看待这些复杂的女性问题,以简单的传统、现代之分来判断思想家的得失,那么我们很容易忽略论争背后的思想倾向,难以全面把握三百年来解放女性思想的发展过程。只有充分认识到这一时期解放女性思想的复杂性,仔细体会思想家言说的具体语境,我们才可能更加深刻地理解他们对女性的关注与同情。此处以其中几个重要问题为例,揭示三百年解放女性思想的曲折与复杂。

例证一,关于女性学诗的讨论。最为突出的例证即章学诚对袁枚的批评,章学诚的卫道立场与袁枚悠游于礼教之外的态度自然为我们所熟知。但我们也留意到,被认为保守的章学诚并不反对"女才"本身,他反对的只是打破闺阁之门与男女防线的结社集会、刊刻诗作、招收女弟子以及男女唱和的行为。在批评袁枚的同时,章学诚为了凸显"今之妇学"没落的现状,又不断地强化了自己对古典女性诗才的认同,再结合二人对待女性问题的诸多相似观点,我们不难发现,批评背后的焦点并不是"女子无才便是德",也不是女子是否应该学诗、怎样学诗,而是男/外、女/内的传统格局是否可以打破,说到底,也就是关于"礼教"的分歧。仅从解放女性的角度讲,二人实际上都在为女才的发展增色。

例证二,室女守贞合法性的讨论。明清学者围绕贞女的讨论格外热烈,董家遵将这些学者分为反对室女守贞的甲派和支持室女守贞的乙派,并对两派针锋相对的观点进行了大致归纳。[①] 这样的划分简洁明了,有助于我们对各自的观点有一个快捷的了解,但也很容易陷入今人保守与进步二分的思维框

[①] 参见董家遵《明清学者关于贞女问题的论战》,载《中国古代婚姻史研究》,卞恩才整理,第 345—350 页。

架中。从解放女性的角度来讲，贞女的反对者无疑把握了时代的方向，他们对女性的同情与体恤自不用多言，而贞女的支持者中，虽然有一部分极端的狂热追随者，但也不乏持论较为公允的学者以比较理性的态度支持贞女，如钱大昕对贞女的支持主要就本着"成人之美"的态度。站在贞女的角度，选择了成为贞女，她们的生活亦有着常人难以想象的困难，她们处在争论的中心、矛盾的焦点上，背负着诸多困扰与压力，因此，她们的境遇也同样需要被理解。反对者通常反对的只是作为一个社会问题的贞女现象，而非作为个体的贞女，若是反对者不顾贞女的具体处境，过分严厉地斥责其非礼、无耻，对贞女而言也是莫大的伤害，所以章学诚、焦循等支持者才会站出来为贞女伸冤。可见，虽然这些学者在贞女问题上的态度大相径庭，但却都在不同程度上对女性给予了同情与理解。

例证三，对妇女改嫁的讨论。最为突出的即焦循对钱大昕"去而更嫁，不谓之失节"的指责，不可否认，钱大昕对婚姻/贞节的论述对打破当时严格的贞节观有着极大的积极意义，但焦循论述的出发点也并非仅仅出于维护礼教的目的，因为在一个"三从"是既定法则的时代，反对"七出"从现实上讲也是出于对女性的一种保护。我们可以说，钱大昕更多的是对"应然"状况的一种探讨，其视角是朝向未来，肯定以"义合"的夫妇之道，避免夫妇被"从一而终"的观念禁锢，旨在建立一个以双方意愿为基础的自由离合的婚姻关系；而焦循关怀女性的出发点则是面对当下的，他着眼于在既定的社会观念下为女性争取更多的现实利益，避免女性被置于无依无靠的境地。钱、焦二人虽然在贞节问题上分歧较大，却都是出于对女性的关怀和同情，只不过，钱氏所关注的是那些遇人不淑、为婚姻所苦的女子，而焦循则更多地体恤那些为夫所出而处境困难的女性。

从前几章的论述中我们不难看出，尽管这些思想家们都不约而同地关注了女性问题，但其关注的重心与焦点却各不一样，并且同一时期的思想家围绕相同的问题却产生了大相径庭的观点。之所以出现这样的差异与争鸣，除了具体时代与社会环境的差别，思想家的学术观念及个人经历也是其重要原因。此处论述几个突出的例证。

例证一：晚明李贽对女性的评价远远超出了同时代的思想家，他之所以能够大胆批驳"女子见短说"，能够称赞文君奔司马相如之举为"非失身，正获身"，能够打破重男轻女的观念指出好女子亦可当家，这与他个人的学术思想也是息息相关的。相比其他思想家对儒家思想的根本性认同，李贽"不以孔子之是非为是非"的激进思想的确算得上异端①，也正是这种"颠倒千万人之是非"的态度，让李贽能够在更大程度上跳出礼教观念的束缚，在女性问题上提出诸多具有启发性的见解。可以说，李贽女性观也正是他的学术思想在女性问题上的一种反映与投射。

例证二：汪中自幼与母亲、妹妹相依为命的经历对其日后女性观的形成产生了非常重要的影响，正是因为对女性尤其是寡妇生活之苦有着深刻的体会，对母亲有着由衷的感激与崇敬，所以他提出了"贞苦堂"的设想，并始终对女性充满了同情与体谅。类似的还有袁枚、章学诚，他们都出生在一个女性为主的家庭环境中，启蒙教育基本都来自家中的女性，所以尽管他们对礼教的态度相去甚远，却都对女性问题尤为关注。尤其是袁枚亲历了与自己自幼关系甚好的三妹袁机的悲惨命运，这直接促使他对礼教观念及其相关的女性问题进行了深刻的反思。

（四）解构大于建构

汇总三百年的解放女性思想所讨论的问题，我们可以看到，主要有以下几个主题：总体论述——女性的价值与地位；具体问题——女才、缠足、贞节、婚姻；情感出发点——同情女性、为女性鸣不平，而当我们把目光转向近代女性解放思想时，发现受到西方思想冲击与影响的启蒙思想家所探讨的女性问题大体也不出以上范围。然而，两者也有根本性的差别，即：前者偏重于解构，发现问题，但较少提出解决问题的方法；后者则解构与建构并举，形成了较为完备的体系与明确的问题意识，着眼于解决问题，把女性解放思想落实到一系列的社会实践中。

从解构的方面来看，三百年来思想家意识到了长期以来的男女不平等，在总体评价上，他们倾向于认为女性价值没有得到应有的认可，女性的地位较之男性而言更为低下，女性中的弱势群体没有得到相应的保护，女性在历史上遭到了一些不公正的待遇与评价；在具体问题上，他们批评了伤害女性身心的缠足陋俗、"不合古礼"的贞女现象、严苛的贞节观念、惨无人道的"溺女"现象、婚姻中的双重道德标准，等等。基本上，否定性的议论居多，

---

① 李贽的思想与儒家、佛教及道家都有非常密切的联系，他在剃发为僧时仍以儒者自居，并对阳明后学之泰州学派颇为推崇。此处的异端，是相对于正统儒者而言的。

他们更多的是对不合理的社会现象、风俗进行或直或婉的批评。但也有部分思想家有意无意地从正面对女性问题进行了论述，甚至致力于实践，为解放女性作出了一些具体的努力。其中，正面性的论述包含：肯定女性在家庭内外的价值，认为女性也可以"立家"，提倡女子作诗，提出女子科考与参政的"构想"，等等，但这些论述大多都没有形成明确的体系与意识，也更谈不上具体的实践措施。难得的是，也有一些思想家进行了实践方面的尝试，如冯梦龙颁布《禁溺女告示》、赵国麟颁布《禁止搭台殉节告示》、袁枚招收女弟子的实践、汪中提出的"贞苦堂"设想等，这些行为在解放女性方面取得的效果尽管很微弱，甚至都不足以形成可以燎原的星星之火，但我们也不能忽略思想家在建构方面所作的艰难努力。

总之，不论在思想体系上，还是在具体实践中，这三百年的解放女性思想并没有作出太多在实践中行之有效的建构，他们的思想成就主要体现在对女性问题的发掘和讨论中，思想家们所作的解构已经在很大程度暴露了传统女性观的弊端与明清时期愈加复杂、纠缠的女性问题，从而为西方思想传入后的近代女性解放思想的发展提供了具有本土特色的文化土壤。

二　晚明至清中期解放女性思想的内在理路

如果我们把这三百年来的解放女性思想作为一个整体来对待，在一个动态的历史发展过程中，它除了有其自身的特点外，还有其独特的逻辑进程，这一进程也可看作三百年解放女性思想发展的一个内在理路，此处尝试对其进行初步分析。

首先，在晚明至清初的较长时段中，解放女性思想主要作为一种抽象观念而出现萌芽，思想家所探讨的问题尽管粗糙，涉及面较为狭窄，但却奠定了整个三百年解放女性思想的哲学基础。李贽所提出的"天下万物皆生于两"与唐甄所提出的"夫妇相下之道，恒道也"成了隐藏在这三百年解放女性思想背后的基本观念，前者可以看作对男女两性关系的重要性与男女性别的独立性的充分肯定，后者可以看作对男女平等重要性的基本设定。后期思想家探讨女性问题时，其理论基础也仍在这一范围之内，即使是乾嘉时期的考据学家也仍然潜在地继承了这时的基本哲学理念。

其次，在清初至清中叶的时段中，思想家所关注的女性问题焦点转移到了时代的突出问题中，围绕缠足、贞女、女子才德等问题展开了激烈的讨论，尤其是一些考据学家的加入，让女性问题的讨论更为复杂、纠结，也更加深刻。新思想与传统礼教观念、时代学术思潮、个人独特经历等多种因素纠缠在一起，使得解放女性思想的发展过程更为扑朔迷离，同时，这些论争在客观上也扩大了女性问题的影响范围，并进一步深化了这一时期的解放女性思想的表达。

最后，随着思想家对女性问题讨论的愈加深入、细致，清中叶出现了两位解放女性思想的集大成者，即李汝珍和俞正燮，他们分别以小说的奇思妙想和考证的理性精细对前人的观点进行了全面的继承与发展，既从正面充分肯定了女性在家庭内外的价值、地位，也从反面严厉批评了缠足、纳妾等对女性的伤害。可以说，这时候的解放女性思想达到了西方思想输入之前中国本土解放女性思想的最高峰。

总的来讲，三百年以来的解放女性思想经历了一个由抽象到具体，由模糊到清晰明朗，从论争的纠缠、反复到观念的全面深化的发展过程。一方面，抽象的哲学观念在具体问题的讨论中得以展开，哲学理念为解放女性思想的实践提供了理论上的指导；另一方面，围绕具体问题的论争使解放女性思想在实践中进一步得到深化。

第二节 晚明至清中期解放女性思想的意义、启示与影响

一 在学术思想史上的意义

在思想史的研究中，通常我们不会将解放女性思想当作一个独立的研究对象。以这三百年的解放女性思想去反观思想史的研究，我们也可以从中发现一些有意义的因素，或为思想史的研究提供一定的补充。

（一）考据学家的义理关注

对清代学术的定位，自胡适、梁启超以来，诸多学者认可清代考据学的科学精神，但也有学者仅仅将清学定位为琐碎无用的知识，如熊十力说："清儒反对高深学问，而徒以考据之琐碎知识是尚，将何以维系其身心？何以充实其学问？"[①] 又谓其"不知措意于社会、政治与文化方面之大问题，而但为

---

① 熊十力：《读经示要》，台北：明文书局1984年版，第452页。

零碎事件之搜考，学者相习成风，而成为无头脑之人"①，牟宗三更是认为"我们讲中国的学问，讲到明朝以后，就毫无兴趣了，这三百年间的学问我们简直不愿讲，看了令人讨厌"②。诚然，这一时期的学问几乎不讲心性之学，但学者对现实问题的关注，考据中的义理体现是不可否认的，这一点已经有很多学者进行过辨析。③

我们仅从女性问题上看，考据学圈内部对女性问题的讨论也是异常激烈的，他们琐屑考据背后有着明显的义理诉求。在女性改嫁上，袁枚（尽管袁枚不是考据学家，但在此问题上他也不自觉地采用了考据的方法）广泛列举了历代史书中对改嫁的记载，稍后的钱泳对此也进行了继承和发展；在缠足问题上，俞正燮、钱泳所做的大量考证工作使得对缠足的批评愈加深刻，钱泳在文末非常明确地表达了其考证背后的现实关怀，"予所以喋喋言之者，实有系于天下苍生，非仅考订其源流而已"④；在贞女问题上，考据圈内更是掀起了一股论争热潮，虽然考据背后学者各自的理论诉求存在着较大的差异，但不可否认的是，他们都对现实问题（即愈演愈烈的贞女现象）有着深切的关注；在女才问题上，俞正燮积极为才女进行辩护，唯恐她们为不公正的言辞所污蔑。很难想象没有考据学的支撑，这一时期的解放女性思想会有何种厚度。不夸张地说，清代考据学不仅具有深切的义理关注，同时也大大地发展了本土的解放女性思想，为思想史开辟出了一个新的领域。

（二）中国本土的启蒙思想

启蒙在中国学术界总是一个既旧又新的话题，前人已经进行了非常多的讨论和研究，此不赘述。萧萐父先生指出，"中国有自己的文艺复兴或启蒙哲学，就是指中国封建社会在特定条件下展开的这种自我批判。这种自我批判，在16世纪中叶伴随着资本主义萌芽的生长而出现的哲学新动向，已启其端，到17世纪在特定条件下掀起强大的反理学思潮这一特殊理论形态，典型地表现出来"⑤，并在《明清启蒙学术流变》一书中对明清启蒙的主题、分期进行

---

① 熊十力：《十力语要》，台北：明文书局1982年版，第277页。
② 牟宗三：《中国哲学十九讲》，台北：台湾学生书局1983年版，第418页。
③ 可参看萧萐父、许苏民《明清启蒙学术流变》，第478—481页；吴根友《中国现代价值观的初生历程——从李贽到戴震》，第277—280页；林庆彰、张寿安主编《乾嘉学者的义理学》，"中央研究院"中国文哲研究所2003年版。
④ （清）钱泳：《履园丛话》，张伟校点，第631页。
⑤ 萧萐父：《中国启蒙哲学的坎坷道路》，载《吹沙集》，第15页。

了明确说明①。解放女性思想在三大主题之新理欲观、新情理观中都有所表现。

中国早期启蒙哲学具有"难产"的特点与反对伦理异化的民族特性②，从解放女性思想的发展历程来看，第二阶段思想家对女性问题的论争中正体现出启蒙思想的"难产"特征，尤其是对待贞女、女才等问题，常常表现出一种反复、纠缠，"新的突破旧的，死的拖住活的矛盾状况"③。而诸多女性问题，如女性的依附地位、严苛的贞节要求、广泛的缠足现象等，在一定程度上正是传统儒家礼教思想发生"伦理异化"的反映。虽然在特定的社会历史条件之下，新与旧、死与活都有着其模糊性，但在更为深长的时间维度中，我们仍然可以尝试对其中的新兴思想进行发掘。这一时期解放女性思想的产生，既是一种人文主义的觉醒，也是向真正的"人"的回归。从这个意义上讲，解放女性思想也正是透过女性问题而展开的一种思想"启蒙"，是通过对女性问题的重新思考而展开的关于人的解放的思想面向。

二 对妇女史研究的启示及思考

妇女史（女性史）作为历史研究中的一个分支，自陈东原的开山之作《中国妇女生活史》④以来，已经取得了长足的发展。陈氏的著作出版于1924年，也正是在五四运动之后，由于时代思潮的影响，书中也较为明显地打下了政治民族热情的烙印，其所书写的"女性的历史"更接近于一个女性的受压迫史、受摧残史。尽管如此，该书仍对从古至今中国女性生活的方方面面作了较为广泛的论述，对妇女史的研究有着筚路蓝缕之功，既为后世的妇女史研究提供了详尽的材料，也对妇女史研究中的基本观念与范畴产生了很大

---

① 详见萧萐父、许苏民《明清启蒙学术流变》，第1—15页。
② 参见吴根友《简论萧萐父明清之际"早期启蒙说"及其当代的启示意义》，载《多元范式下的明清思想研究》，第583页。
③ 萧萐父：《中国启蒙哲学的坎坷道路》，载《吹沙集》，第27页。
④ 在陈东原之前，徐天啸的《神州女子新史》于1912年出版，应该是中国最早的一部妇女通史，但该书旨在激励当时女性追赶西方，成为独立伟大的女性，故而认为"中国之女子，既无高尚之旨趣，又无奇特之思想；既无独立之主义，又无伟大的事业。廉耻尽丧，依赖性成，奈何奈何"。徐天啸：《神州女子新史：正续编》，神州图书局1913年版，第2页。相比陈东原的著作，该书的内容较为单一，对后世研究影响甚微，所以一般将陈著作为中国妇女史的开山之作。

的影响。之后的几十年中，大陆妇女史研究，如杜芳琴、李小江等学者的著作都在一定程度上延续了这样一种研究视角。①

西方著名妇女史学家琼·凯莉－加多曾指出"妇女史有两个目的：将妇女还原到历史中去；为妇女重建我们的历史"，前者强调的是妇女作为历史研究的对象，后者强调的则是妇女/性别作为历史研究的角度与立场。琼·凯利对于前者将妇女填补、添加进历史的做法提出了疑问，认为这是不够的，因为妇女史不是一个关于特殊妇女的历史，她强调以一种有别于男性立场的女性视角来审视历史，主张用一种社会性别范畴来看待过去忽视的历史。② 发掘女性的声音、让女性自身说话、打破男性的既定话语等成了妇女史研究的重要目的。

受这种社会性别分析范畴的启发，20世纪90年代以来，一些妇女史研究者开始对以往的中国妇女史研究进行反思。高彦颐《闺塾师：明末清初江南的才女文化》一书的绪论"从'五四'妇女史观再出发"明确对五四以来的妇女史观进行了质疑，她认为鲁迅笔下的祥林嫂不能作为认识中国女性的狭小窗口，陈东原笔下的妇女被压迫史也不足以展示妇女生活的全貌。高彦颐指出，"五四"妇女史观"压迫/解放"模式所造成的根深蒂固的"封建"女性形象是对历史中女性的真实生活的扭曲，"女性是受害者"的这一假设掩埋了女性丰富的生活与情感，这样的错误是因为"缺乏某种历史性的考察，即从女性自身的视角来考察其所处的世界"③。因此，高的研究中有意识地抛开"五四"妇女史观的偏见，用一种新的历史视角来审视传统的女性。这种反省也开启了妇女史研究中的新转向，曼素恩、费侠莉、伊沛霞、白馥兰、卢苇菁等美国学者在相关的女性研究论著中都延续了对"五四"妇女史观的批判，中国（除澳门地区外）的一些学者在相关的研究中也同样有了这种自觉。

这样的一种反省，一方面改变了以往研究中的一些刻板印象，凸显了女性丰富多彩的生活与情感，让我们对女性历史的认识不再是一潭死水。女性的历史，既不是一个绝对的被压迫史，也不是以男性视角或政治热情来任意

---

① 如杜芳琴《女性观念的衍变》，河南人民出版社1988年版；李小江《夏娃的探索——妇女研究论稿》，河南人民出版社1988年版。
② ［美］琼·凯莉－加多：《性别的社会关系——妇女史在方法论上的含义》，载王政、杜芳琴主编《社会性别研究选译》，生活·读书·新知三联书店1998年版，第83—85页。
③ ［美］高彦颐：《闺塾师：明末清初江南的才女文化》，李志生译，第1—5页。

打扮的布娃娃。但另一方面，这类研究由于过于强调女性的声音，存在着一种对女性意愿平面化理解的倾向，似乎女性彼时的选择与愿望就一定可以成为一种具有主宰性的"真实"声音，而男性视角往往成了陪衬，今人视野的闯入更是带着前见的女性视角破坏者。所以，论者会因为女性加入了支持与传播男权至上理念的活动，而拒绝把她们视为受害者或男性的明确压迫对象[1]；会因为女性在缠足中的积极参与以及她们所体会到的特权、赞誉、美丽等而拒绝把缠足看作女性的负累[2]；会因为贞女基于坚定的道德信念与富于勇气的自我牺牲而选择了矢志不渝，进而拒斥将贞女看作"无声的、顺从的受害者"形象。[3]

　　事实上，历史中的男性与女性从来都没有不可逾越的鸿沟，正如研究者一再指出的，阶级之差异远远大于性别之差异，所谓的女性之意愿代表的不过是特定的女性群体在特定的情势之下的一种选择，我们很难单纯地通过纯粹的女性心声去把握复杂的历史现象。而古今之间、中外之间亦并非都是带着政治、民族或历史偏见的不可对话的主体。于是，我们也看到在今天妇女史研究中的自我反思，如高世瑜指出，虽然我们应注意当时的时空背景，但是"我们不是站在古代而是站在今天的高度观察、书写历史，是以今天的两性平等观点观察、书写历史，所以不应该回避当代价值判断"[4]，焦杰在对妇女史史料的运用探讨中也强调，"我们在探讨女性自我体验与能动性的同时，也要深入分析哪些是女性自己的东西，哪些是父权制性别文化强加给她们的东西，在此基础上提出问题"[5]。

　　因此，本书在考察思想家对女性问题的讨论时，不讳言古代女性受到的

---

[1] 参见［美］罗丽莎《儒学与女性》，丁佳伟、曹秀娟译，江苏人民出版社2015年版，第4页。
[2] ［美］高彦颐：《缠足："金莲崇拜"盛极而衰的演变》，苗延威译，第288—289页。
[3] ［美］卢苇菁：《矢志不渝：明清时期的贞女现象》，秦立彦译，第156页。我们可以袁枚的三妹袁机的遭遇为例，来思考"顺从的受害者"这一说法是否可以成立（袁机尽管算不上真正的贞女，但她的确是贞女观念的信奉者与践行者，袁机的遭遇参见本书第三章）。按照卢苇菁的思路，袁机诚然是自己理想信念的坚持者与践行者，她的选择具有主动性，体现着女性自己的"声音"。但从另一个层面来讲，袁机的选择未尝不是一种对"贞女观念"的顺从，她执着地要嫁给不成器的高八，她的"声音"固然清晰，但这样"真实"的声音与沉默又有何异？诚然，没有人有权利去评判别人的理想信念与人生选择，但即使是在当时，也有无数文人为其不幸遭遇而扼腕叹息。在今天看来，说其为"顺从的受害者"也并无不过。
[4] 高世瑜：《发展与困惑——新时期中国大陆的妇女史研究》，《史学理论研究》2004年第3期。
[5] 焦杰：《论基本史料在妇女史研究中的运用》，《平顶山学院学报》2019年第2期。

束缚与不平地位，因为感受到传统女性不平等处境的并非今人一厢情愿的想象，也是历史中男性的观察、体验和反思。同时，本书在论述历史中具体的女性问题时，也并不讳言今人性别平等的视角，因为抽离了现实关注的理论研究也不过是无意义的文字，只是我们在研究中需尽可能地避免以今人的视角对古人进行错位的批评，避免以不当的前见与预设去想象历史中的男性与女性。基于这样的理论视角，笔者认为，在明清女性的研究中，有如下值得思考的问题：明清时期的女性地位究竟如何？如何保持男性视角与女性视角之间的适度张力？为什么女性自身没有提出女性解放的要求而男性思想家看到了女性所处的不平等地位？此处尝试对这些问题进行初步的回答。

（一）明清女性的地位与被压迫

一些学者通过对明清女性具体生活的研究，强调女性在家庭中的地位与女性所获得的自由空间。这样的研究打破了明清女性地位较低的固定思维，展现了明清女性生活通常不被发掘的另一面。但女性在家庭内（有时甚至是家庭以外）所拥有的权力是否可以取代她们受压迫的事实？这种权力是不是近现代以来所讲的"女权"呢？答案是否定的，原因有二。

其一，权力不等于权利。由于传统社会对家庭的强调与家庭内外的分工，女性作为内主通常在家庭中拥有较大的权力，虽是"既嫁从夫"，但一个和谐稳定的家庭关系中，夫妻之间一般保持了一种必要的张力，而绝不仅仅是压迫与束缚。在对丈夫的依附中，妻子往往有自己或隐或显的方式来稳固自我的地位，中西方女性在家庭中的这种状况也是相通的。西方自由主义女性主义者穆勒指出，女性在依附关系中也有其自我保护的手段，以减轻这种权力的腐蚀作用，这种自我保护主要表现为时间增长所带来的种种福利、对孩子的共同兴趣以及妻子对丈夫日常舒适享受的真正重要性等，并且"几乎所有的人都自然而然地受到接近他们的那些人（如果不是不讨他们喜欢的）的影响，他们通过直接恳求以及其感情和性情的不易察觉的影响的蔓延"[1]。同时，穆勒也指出，这种权力并不等同于她所享有的权利，"在家庭事务或政治事务中，权力都不是丧失自由的补偿。她的权力常带给她的是她无权享有的东西，但并不使她得以确保自己的权利"[2]。因此，我们并不能因为女性有着一种对

---

[1] ［英］约翰·斯图尔特·穆勒：《妇女的屈从地位》，汪溪译，第324页。
[2] ［英］约翰·斯图尔特·穆勒：《妇女的屈从地位》，汪溪译，第325页。

抗夫权的隐性权力而认为其在家庭中有相应的权利。①

其二，母权不等于女权。当然，由于中国传统社会对母亲的重视，作为母亲的女性在家庭也常常有着较大的权利，《红楼梦》中的贾母，《孔雀东南飞》中的焦母等文学形象正是这样的典型。母亲虽然有较多的权利，有时甚至多于许多男性，但这归根到底是一种母权，而非我们所讲的女权。何萍指出，女权"是指妇女在社会的经济、政治与文化生活中享有与男子平等的权利，是妇女依靠法律关系取得的，表现为妇女的直接的社会权利"，而母权则是"用于维持夫权、维持男性统治的一种奇特的权利，它是依靠血缘关系取得的，妇女只有多生多育，尤其是生了男孩，才能取得这种权利，而取得了这种权利的女性又会以维持夫权的道德观念去要求和管理家庭，形成对子女行为的强制性"，从根本上讲，"母权实质上是以男女不平等为前提的，并且是中国封建社会通过家庭权利及其意识巩固父权制的一种手段"。② 因此，我们并不能以母亲在家庭中所拥有的这种权利去说明明清女性所拥有的"女权"。

一些历史研究也表明了明清时期女性地位相比从前有所下降，如有学者通过对契约文书的研究，发现已婚妇女称谓在历史上一些变化，先秦时期，女子称谓多冠父姓，汉代开始，遂有以夫姓相称的情况，元代开始，"冠夫姓"逐渐流行，而"明清两代，在女性户主或女性为首的土地典卖文书中，女子都必然要冠以夫姓"③。可见，从称谓的变化上看，出嫁女对丈夫的依附性增强，与父家的联系被弱化。再如寡妻对丈夫财产的继承权在明代的法律规定中的变化，唐代户令中"应分条"明确规定无子寡妻"承夫分"，而明

---

① 孙康宜将贞节观念的另一面解释为传统女性的"道德权力"（moral power），她指出："中国古典女性所拥有的道德力量，其实就是福柯所谓的'权力多向论'中的一种权力。在此我所谓的'道德权力'指的是中国传统女性在逆境中对自身高洁忠贞的肯定，从而获得的一种'自我崇高'的超越和权力感。换言之，这种'道德权力'意识经常是中国古代的女性把生活所遭受的痛苦化为积极的因素，进而得到一种力量。这种 moral power 其实更像是一种 authority（权威）或是 prestige（声望）。"［美］孙康宜:《传统女性道德权力的反思》，《东亚文明研究通讯》2005 年第 9 期。笔者认为，这种道德权力只是压抑关系下的一种作为权宜之策的平衡力量，与我们所讲的女性所应有的权利有着根本区别。

② 何萍:《中国女性主义问题》，载《马克思主义哲学研究》，湖北人民出版社 2007 年版，第 287 页。

③ 参见阿风《明清时代妇女的地位与权利——以明清契约文书、诉讼档案为中心》（附录一），载《契约文书中已婚妇女称谓的变化》，社会科学文献出版社 2009 年版，第 265—266 页。

代成文法则明确了寡妇必须与所立继嗣"合承夫分"①。这样的变化也显示出寡妇继承权被削弱。

此外,有学者以统计数据对明清时期男女不平等的说法进行质疑,比如李伯重所提到的"按照普遍的看法,明清妇女政治地位的低下,主要表现在她们被剥夺了做官的权利。大致而言,这确实是实情。但我们同时也要看到,实际上被剥夺了这种权利的,绝非只是女性。按照曼素珊的估计,19 世纪初期,中国拥有功名的人数约有一百二十万人,大约相当于全国男性人口总数的千分之五。换言之,对于百分之九十九的男性居民来说,做官的权利实际上并不存在"②。这一以客观数据为根据的质疑看起来非常能说明问题,实际上是混淆了两种表述,即事实上的没有做官与被剥夺了做官的权利二者。历史上的男性纵使科考做官的比例再小,这条道路都是向他开放的,他通过努力是有机会有可能改变命运的,大部分没有做官的人是事实上没有做官,而不是被剥夺了做官的权利;而女性则不一样,女性根本就没有参加科考与做官的权利,用今天的话语来讲,就是她的政治权、职业资格权是缺失的,这才是要求女性解放、男女平等的关键。

总之,对明清女性的生活及其地位,我们需从两方面来看待:一方面,明清女性的生活具有丰富多彩的一面,如女才的繁荣发展、女性所建构起的丰富的自我世界与相互的情谊、女性在家庭中实际拥有的权力等;另一方面,我们也不得不承认,相比男女平等的理想,明清女性在家庭内外的权利与自由还远远不够,相比先秦、唐宋时期的女性,明清女性所受的压迫与束缚也的确更为突出。

(二) 女性视角、男性视角与女性历史本身

女性史研究的基本诉求是要回到当时的女性生活本身,也就是历史中女性真实的生活。当然,这种绝对的真实并不可能还原,在今天的研究中,了解古代女性生活的视角归纳起来大概有以下三种:第一,当时女性自身的视角,主要指女性在历史境遇下的所思所想、真实感受,其可用材料包括女性的诗歌、手稿与流传下来的女教类书籍,结合民俗资料中的相关记载,按此

---

① 参见阿风《明清时代妇女的地位与权利——以明清契约文书、诉讼档案为中心》(附录一),载《契约文书中已婚妇女称谓的变化》,第 235—236 页。
② 李伯重:《问题与希望:有感于中国妇女史研究现状》,《历史研究》2002 年第 6 期。

视角所得的女性形象应该是离女性真实的生活最近的，但由于资料的贫乏，这种还原往往比较困难，并且局限于固定的阶层与少数的群体；第二，当时的男性视角，主要指男性视角下对女性的各种观点，包括男性作者的各类文集、小说等，这一部分资料相对要更为翔实，也更为复杂多样，更能反映出不同女性的生活状态，但由于终究是从男性视角出发的，对女性的认识仍然会有一定偏差；第三，官方意识形态化的视角，主要是指正史、经典中对女性的记载，这是我们现在的研究最容易获得的，但此种记载由于意识形态的痕迹较重，容易掩盖女性的真实生活，因此它又是离真实的女性历史较远的。

　　大体上，五四妇女史观批评者的研究很大程度上是从视角一来努力获得真实女性的生活。无疑，这种方式相比另外两种更加能够接近历史的真实，但也有其相应的问题，如果我们仅仅是回到历史，倾听女性自己的声音，那么起码有两种困难：其一，女性的声音流传下来的并不多，除了大量明清闺秀诗歌外，其他声音大多被掩埋在了男性声音之中，并且这一部分我们可以了解到的女性自己的声音仅仅只能代表一小部分的女性，其所反映的女性只是女性中的某一阶层；其二，女性自己的声音就真的能完全反映女性的真实状况吗？女性自己的视角会不会有误差？穆勒在论述了解女性真实天性的困难时谈到，女性试图在著作中表达自己天性深处的东西时，往往会受到被教养的习惯和意见的阻碍。因此，从事文学创作的女性，"她们的情感是混合的，少量成分来自个人观察和个人意识，而很大一部分获自与外界的联系"①。暂且不讨论穆勒的论断是否有夸大，但文学作品中所反映的女性自己的声音并不纯粹是显而易见的，或者说所谓的女性自己的声音本身就不存在，女性的声音中不可避免地混有男性视角与历史的痕迹。并且，在一个男权社会中，通过文化的教化与潜移默化的方式，男性的观念会被内化为女性的思想。班昭等女性所自觉接受的男性社会观念是更为真实而普遍的观念，绝对的、纯而又纯的女性声音在古典男权时代几乎是不存在的。因此，在研究女性问题时，我们也要避免把男性视角和女性视角绝对对立起来，而应在一个动态的、开放的历史中去了解女性的生活。

---

① ［英］约翰·斯图尔特·穆勒：《妇女的屈从地位》，汪溪译，第311页。

总的来讲，尽管明清时期的女性地位不如五四妇女史观所刻画的那般低下、凄惨，但男女的不平等是不可否认的，女性所受到的不同程度的压迫也是事实，毕竟在父权制社会中，女性所拥有的地位不可能达到男女平等的高度。基于这样的基本认识，才有了解放女性思想的出现以及关于女性解放与被解放的讨论。

（三）女性的解放与被解放

从中国本土解放女性思想发展的历程来看，男性成了最初的倡导者，而女性要求解放的声音则颇为微弱。那么为什么首先提出解放的是男性而非女性呢？高彦颐在明清女性的研究中涉及了该问题，她的解释是："她们（上层女性）所享有的事实上的自由，或许可以解释为什么她们缺乏动力，去推翻建立在'三从'基础上的流行体系。"① 她认为，正是儒家体系本身的强大张力，为女性的生活提供了一定的自由空间，所以她们能够在其中找到自己的位置与自豪，因此女性尤其是这部分受过良好教育的女性没有要求解放，而往往成为正统思想的捍卫者。当然，这样的解释主要还是针对上层女性而言的，它在一定程度上对问题的后一半给出了可供参考的答案。而对于受教育程度较低、处境不那么优越的中下层女性，我们则很难听到她们的真实声音。她们的沉默是因为她们不知道如何表达她们的反抗还是没有途径让她们表达自身的感受，抑或她们在自足的生活中也并不认为女性处于一种需要被解放的位置？这些问题都是值得进一步思考和讨论的。

但我们仍然要问，为什么男性思想家产生了解放女性的思想呢？其原因大约有以下几点。其一，从两性差异与互动来看，女性自己的声音并不能完全反映她们真实的生活状况。女性的自我感受、自我意识当然值得我们重视，但在一个两性视角相互关照的视野中也许能看到更广阔的景象。这时候，明清思想家的男性视角恰好可以作为一个补充，可以看到女性自身所看不到的盲点。其二，从女性声音的阶层局限来看，由于女性生活多囿于闺阁之内，她们所看到的更多是相同阶层的相对单一的女性生活状况，而其他阶层女性的境遇则不易被深刻体察。尽管女性个人对女性群体的感悟有其特殊的灵敏

---

① ［美］高彦颐：《闺塾师：明末清初江南的才女文化》，李志生译，第309页。

度,但在具体的历史中,阶层差异往往要大于性别差异。① 以我们所能听到较多声音的上层女性为例,她们对不同阶层群体的了解也许反而不如接触过底层生活的男性,在我们重点考察的七位解放女性思想家中,除了袁枚的生活境况稍好,其他人都多为生计而奔波,尤其唐甄、汪中等受过温饱之忧的思想家,对民生的疾苦有格外深刻的感受。即使一些生活较为富足的思想家,也因外出做官、交游等,接触过一些生活在社会底层的女性。因此,对于女性的被束缚,有时男性反而能揭示得更加深刻。第三,女性(特别是底层女性)与社会中的弱者紧密联系在一起。传统的仁爱思想向近现代人道主义思想过渡的过程中,对弱者的关怀是中国早期启蒙思想家关心的问题之一,因此,思想家在关注社会底层人民疾苦的同时,也自然地对女性问题有了更多的关注。第四,从人类思想发展的逻辑进程来看,男性思想家对女性问题的反思也可看作长期的父权制社会所产生的一种自我否定,通过这种不断的否定,人类精神以螺旋上升的方式实现发展。从这个意义上讲,解放女性思想的产生正是人类自身解放的一部分,也是实现整个人类解放的客观要求。

总之,男性思想家的视角可以从一个侧面为妇女史的研究提供一个参考,让"他们"与历史中的"她们"进行对话,可能会为我们今天认识明清女性的生活状况提供一些有益的启示。

三 与中国近代女性解放思想的内在关系——以宋恕、康有为、谭嗣同为例

中国本土的解放女性思想虽然经历了三百年的曲折发展,但却较为零散,并未形成一个完整的体系,这些朴素而闪光的思想终究止步于近代以前,中国真正意义上的解放女性仍旧始于西学传入之后,从这个意义上来讲,这一时期的解放女性思想是让人感到遗憾的。然而,这并不意味着三百年来的解放女性思想被彻底淹没在了历史的洪流中,当我们考察近代思想家的解放女性论述时,仍旧能够或深或浅地看到历史流动的印记。此处仅以宋恕、康有

---

① 我们所熟悉的"三从"也进一步稳固了这种阶层差异,高彦颐在研究中指出,三从"即令妇女从属于父、夫或子的社会等级地位,作用为分化妇女,使士大夫人家之妇女与下层妇女长期处于分散离析甚或对立状态,无从以'性别'为根基成立一抗衡的力量"。[美]高彦颐:《"空间"与"家"——论明末清初妇女的生活空间》,《近代中国妇女史研究》1995年第3期;又见[美]高彦颐《闺塾师:明末清初江南的才女文化》,李志生译,第7—8页。

为、谭嗣同三位思想家为例,尝试发掘明清到近代解放女性思想的一种内在联系。

(一) 宋恕对解放女性思想的继承和发展

宋恕(1862—1910),字平子,号六斋,后又改名衡。浙江平阳人,与陈黻宸、陈虬并称"浙东三杰",是我国近代历史上一位重要的启蒙思想家,对理学、专制政治、礼教观念等都提出了激烈的批判,他对女性问题的论述在近代女性解放思想的发展过程中占有非常重要的位置。宋恕的解放女性思想主要包含反对缠足、批评"夫为妻纲"、提倡婚姻自由、兴女学、废除娼妓等内容,不仅在论述的主题上继承了本土的解放女性思想,其具体的论述中也可以看到诸多前人思想的痕迹,此处略举几例。

其一,反对缠足的论述。在1897年上海成立不缠足会后,宋恕称赞其"可谓千载一时、大慈大悲者矣",并作《书不缠足会后》探讨缠足病源及其对策①,又作《遵旨婉切劝谕解放妇女脚缠白话》一文以通俗的语言劝诫女性不缠足。他首先通过对缠足历史的叙述,指出"先师孔夫子时代,我们中国没有一个妇女缠脚。所以经书上没有提到这件事",针对一些支持缠足者关于女贱男贵的说法,他尖锐地反驳道"女人如果是贱,女人生的男人越发是贱呢!"② 这几乎是俞正燮、钱泳等人反缠足论述的白话文版。其次,宋恕列举了不缠足的诸多好处,如"兵灾易免""火灾易免""水灾易免""风灾易免",并且可以用省下的时间和精力来做很多有用的事情,而俞正燮、钱泳在反对缠足的论述中亦认为,缠足造成了阴弱,使女性行动不便。再次,宋恕还对缠足给女性带来的痛苦进行了细致的描述:

> 难道你们从来没有听过女孩儿新缠脚时候的哭声么?……我听说甚至有用瓦砾的,有用烧酒的,比山寨里暴徒还可怕,比衙门里刑审差不多,任凭女孩的两脚脱光了皮,烂光了肉,折断了筋,弯断了骨,矫揉坏了十指,流干了血液,任凭哭干了眼泪,痛坏了脑气筋,总是丝毫不肯放松的呢!③

---

① 参见宋恕《书不缠足会后》,《宋恕集》,胡珠生编,中华书局1993年版,第269—271页。
② 宋恕:《遵旨婉切劝谕解放妇女脚缠白话》,《宋恕集》,胡珠生编,第331—332页。
③ 宋恕:《遵旨婉切劝谕解放妇女脚缠白话》,《宋恕集》,胡珠生编,第335—341页。

这段让人心惊肉跳的描述不由得让我们想起了李汝珍笔下的林之洋"被缠足"的遭遇，二者对缠足之痛的揭示可谓异曲同工。最后，宋恕还指出了缠足之祸首，"据我看起来，不是女人的罪，全是男人的罪"①，这与袁枚《随园诗话》中收入的一名女子的诗句"不知裹足从何起，起自人间贱丈夫"，同样具有振聋发聩的效果，对那些将缠足简单归为女性愚昧的说法给予了当头一棒。

不过，宋恕的反缠足论述相比明清学者亦有更为精彩和独特之处，如他创造性地将缠足与"女子无才便是德"的观念联系起来，劝诫女性将缠足的工夫用来识字、读书，他还结合当时的医学知识，指出女性脚短脉络半伤，血气不通，多心头病，易小产且产后多病等坏处。② 近代以来反缠足思想最大的发展即延伸到实践中，宋恕以通俗明白的语言生动地劝诫时人莫让女子缠足，劝诫女子不缠足、放足，并附上放脚法门及做鞋法门等，都是积极推进不缠足与放足的行为。这当然与西方思想的传入与社会政治环境的变化分不开。

其二，对婚恋观的反思。在婚姻之议定上，宋恕指出，"今宜改定嫁娶礼律：凡有亲父母者，除由亲父母作主外，仍须本男女于文据上亲填愿解，不能书者画押"，"男女许自相择偶：己俩属意者，家长不得阻挠、另订"，既肯定父母主婚的重要性，又强调不能违背婚姻主体双方的意愿。宋恕自由婚恋的思想无疑受到西方思想的影响，但从本土思想的发展来看，也可看作李贽、袁枚等人朴素的自由婚恋思想逐渐趋于成熟的一种形态。在婚姻的离合上，钱大昕曾对"七出"对女性的正面意义作了一定阐释，但其旨在维护"七出"，没有明确指出女性出夫的正当性，宋恕则创造性地提出了"三出、五去礼律"，三出皆由夫作主，五去则皆由妻妾作主③，五去的提出是切实考虑到"为妻妾者，不幸而遇兽行或盗贼之舅姑与夫"的悲惨境遇而提出的保护措施，这样，男女之婚姻自由才真正得到保证。此外，宋恕还揭露了男女在婚姻中的双重道德标准，"男则妻妾、婢妓累千累百，甚至灭伦兽行，无损正人君子之名；女则一有所私，虽他德尽美，无解大诟；元、明后，至诟再适"④，

---

① 宋恕：《遵旨婉切劝谕解放妇女脚缠白话》，《宋恕集》，胡珠生编，第 341 页。
② 参见宋恕《遵旨婉切劝谕解放妇女脚缠白话》，《宋恕集》，胡珠生编，第 334 页。
③ 三出包括：舅姑不合、夫不合、前妻妾之男女不合；五去包括：其三与"三出"同，其二则一为妻妾不合，一为父母无子，归养。参见宋恕《婚嫁章》《伦始章》，《宋恕集》，胡珠生编，第 32，149—150 页。
④ 宋恕：《风俗类》，《宋恕集》，胡珠生编，第 68 页。

并与欧洲诸国的一夫一妻制作对比。很明显，宋恕是在一个中西比较视野中提出的双重标准问题，我们再回顾俞正燮对"男子理义无涯涘"的批评与《镜花缘》中对男性纳妾的怒斥，不难发现，这一问题在西方思想传入之前就已经被清代思想家留意到了。

其三，对孝的问题及父权制的反思。孝在中国古代社会虽是美德，但"孝"的观念中也体现着男女的不平等，尤其对于出嫁女而言，孝的对象主要不是自己的父母，而是丈夫的父母，宋恕指出"男之有妻，女之有夫，一也。男之有父母，女之有父母，亦一也。……夫孝者，男女所共之天经地义也，何以男宜孝、女不宜孝乎"①，这里的思考与唐甄在《备孝》中对孝敬女方父母的强调是非常相似的。孝敬父母上所体现的男女不平等，更多的是因为父权制社会中女性不被看作传宗接代的主体，晚明李贽在对女性价值进行肯定时已提到"有好女子便立家，何必男儿"，对女性在父家中的价值进行了充分的肯定，而宋恕在广泛采集各国风俗政要时，则特别推崇泰西"男女皆可嗣位"②的观念，更为猛烈地冲击了父权制的核心观念。

此外，宋恕还特别提倡女子教育，主张女子参政，对下层女性充满了同情与体恤，这些关怀与主张也都是根植于本土解放女性思想之中的。当然，宋恕的解放女性思想之所以更为彻底与全面，也源于他对西方观念的了解和吸收。

（二）康有为的男女平等思想

康有为（1858—1927）作为近代著名的启蒙思想家，对女性问题也有较多的关注。康有为的男女平等思想主要体现在其大同思想中，也是其"三世"进化哲学思想的组成部分。值得注意的是，康有为在现实生活中并没有遵循自己提出的男女平等理想，而是一夫多妻者，这也与其"三世"进化的历史哲学有关。③

康有为在《大同书》之《戊部去形界保独立》中对女性之苦进行了全面的揭示，并提出了体系化的男女平等主张。康有为的解放女性思想有着鲜明的时代特色，具有中西交糅、新旧杂陈的特点，他对女性之苦的体恤及其男

---

① 宋恕：《风俗类》，《宋恕集》，胡珠生编，第70页。
② 宋恕：《政要类》，《宋恕集》，胡珠生编，第74页。
③ 参见吴根友《晚明至清末解放女性思想简论》，载俞湛明、罗萍主编《社会性别与女性发展》，第26页。

女平等的诸多论述都继承并发展了明清思想家的解放女性思想。

其一，揭示女性之苦与女性之功。康有为将女性之苦概括为"八不得"与"五为"①，其热情洋溢的论述固然有民族热情、学术宗旨的影响，但也的确源于他对女性的人道关怀。如康氏所言，"吾自少至长，游行里巷，每见妇女之事，念妇女之苦，恻然痛心，怒焉不安"。同时，康有为也看到了女性为人类社会生活所作的巨大贡献，谓"尝原人类得存之功，男子之力为大，而人道文明之事，借女子之功最多"②，认为从古至今女性在人类文明发展过程中功劳甚大，如发明熟食、盛器、衣裳、蚕业等，虽然康氏所言不一定尽合人类文明发展的历史，但他对女性价值的充分肯定在当时是具有积极意义的。为女性鸣不平，肯定女性在家庭中的功劳，这些都是晚明至清中期解放女性思想家在论述中常有涉及的，康有为的论述无疑具有更加明确的问题意识，所涉及的内容也更加全面与深刻。

其二，阐发男女平等的思想。在康有为看来，男女既然皆为人，其聪明、性情、德义等都没有差别，"以公理言之，女子当与男子一切同之；以实效征之，女子当与男子一切同之。此为天理之至公，人道之至平"③。相比前人的男女平等思想，康有为的阐发要更为全面和明晰，也彻底打破了男/外、女/内的界限，认为女性可以与男性一样接受教育、参与公众事务。受"天赋人权"思想的影响，康有为指出，"男与女虽异形，其为天民而共受天权一也；人之男身，既知天与人权所在而求与闻国政，亦何抑女子攘其权哉，女子亦何得听男子独擅其权而不任其天职哉"④。对于前人不敢逾越的"男女有别"之防线，康有为也谨慎而大胆地指出"女子有出入交接、游观宴会，皆许自由，惟仍须限二十学问有成之后乃得此权。……所有据乱世防闲出入内外之礼，悉予蠲除"，直接对传统礼教构成了挑战。在康有为这里，"男女有别"之"别"的另一层意思也被打破了，即差别意义上之"别"，他所订立的

---

① "八不得"包括：不得仕官，不得科举，不得充议员，不得为公民，不得预公事，不得为学者，不得自立，不得自由；"五为"包括：为囚，为刑，为奴，为私，为玩具。参见康有为《大同书》，上海古籍出版社2009年版，第100—115页。

② 康有为：《大同书》，第116页。

③ 康有为：《大同书》，第100页。

④ 康有为：《大同书》，第102页。他在"女子生平独立之制"的十一条中也提出："女子中有愿充公民、负荷国务者，听其补充。其才能、学识足为议员者，听其选举。一切公议之事，皆听充会员，预公议，与男子无别。"参见康有为《大同书》，第129页。

"女子升平独立之制"中,不仅肯定女性在各种权利、自由上与男性无别,还认为"女子与男子衣服装饰当同"①,尽管他是出于防淫和防止女性沦为玩具而提出的,但仍然难以避免招致无差异男女平等的诟病。

其三,关于合约婚姻的设想。在康有为所设计的未来理想社会中,婚姻之离合是自由自愿的,"义合则留,不合则去,不强人情之乐,甚得人道之宜",这与钱大昕阐释"七出"之正当性时的论述几乎一样,并且二人的目的都是让婚姻关系成为一种自觉自愿的结合,使夫妻二人在婚姻中有较高的幸福感。然而,康有为却走得更远,在他所描述的通往大同世界的制度中,传统的婚姻形式不复存在,"男女婚姻,皆由本人自择,情志相合,乃立合约,名曰交好之约,不得有夫妇旧名","男女合约当有限期,不得为终身之约","久者不许过一年,短者必满一月,欢好者许其续约"②,当然前提是女性有足够的学识与独立的人格。不难看出,康有为看似美好的设想充满了"乌托邦"色彩。

此外,对于缠足之陋俗,康有为也进行了激烈的批评,他于1883年与同乡欧谔良在家乡创建了中国第一个不缠足会,后又先后在广州、上海创立不缠足会,并在百日维新期间,向皇帝上奏《请禁妇女裹足折》,可以说是反缠足运动的先锋人物。从理论到实践,也正是解放女性思想的关键性发展。

(三)谭嗣同对礼教的激烈批评及其解放女性思想

谭嗣同(1865—1898)的《仁学》一书旨在"光大南海之宗旨,会通世界圣哲之心法,以救全世界之众生",形成了会通佛、孔、耶三家的"仁学"思想体系,对礼教纲常进行了猛烈的抨击。"仁学"的最高范畴为"仁",而"仁以通为第一义",通又包含了中外通、上下通、人我通,其中男女内外通"多取其义于《易》,以阳下阴吉,阴下阳吝、泰否之类故也"③,因此,解放女性也是其"仁学"思想中的重要部分。与康有为一样,谭嗣同有关男女平等的论述也杂糅了中西思想,并且也对晚明以来的解放女性思想有所继承和发展,具体表现为以下几个方面。

其一,尖锐揭露"三纲"对女性的迫害。谭嗣同的解放女性思想最大的

---

① 康有为:《大同书》,第130页。
② 康有为:《大同书》,第131—133页。
③ 谭嗣同:《仁学》,《谭嗣同全集》(下),中华书局1981年版,第291页。

特色即对压制人性的纲常进行猛烈的批评，其破坏力与震撼力都是空前的。他直斥"三纲之慑人，足以破其胆，而杀其灵魂"，"夫既自命为纲，则所以遇其妇者，将不以人类齿"①，并揭露女性在天理、人欲的紧张关系中受压迫的状况，"俗间妇女，昧于道理，奉腐儒古老之谬说为天经地义，偶一失足，或涉疑似之交，即为人劫持，箝其舌，使有死不敢言，至于为人玩弄，为人胁逃，为人鬻贩，或忍为婢媵，或流为娼妓，或羞愤断吭以死"。在这种反礼教的基本思想指导下，谭嗣同进一步揭露了女性身体所受之残害，"穿耳以为饰，杀机又一也。又其甚者，遂残毁其肢体，为缠足之酷毒，尤杀机之暴著者也"②。俞正燮、李汝珍等思想家批评缠足的重心在缠足风俗本身，而谭嗣同的矛头则更加明确地指向了礼教纲常，在他看来，正是因为礼教之迫害，才使得女性遭受如此多的苦楚，默默忍受长久以来的不平等。谭嗣同对女性问题的批评是与其对整个专制制度的批判结合在一起的，所以其解放女性思想的解构之力相比前人要更为深刻与彻底。

其二，对于"防淫"的反思。"男女之别"的宗旨之一正是"防淫"，士女不杂坐，不交接，不相通问，以别男女，以断淫，然而谭嗣同却认为，"夫世之防淫，抑又过矣，而适以召人以淫"，越是以这种严防的手段来杜绝男女之交往，越是容易引起心之动，如"方苞之居丧，见妻而心乱"，所以他提出"导之使相见，纵之使相习，油然相得，澹然相忘，犹朋友之相与往还，不觉有男女之异，复何有于淫？淫然后及今可止也"③。谭嗣同对"防淫"的反思与建议不仅对女性的正当社交与自由提供了合理的理论依据，也使得传统"男女有别"的界限岌岌可危，前人不敢轻易打破的这层防线，在维新思想家这里以不同的方式从各种层面进行了破坏与重建。

其三，废除姬妾制，提倡严格的一夫一妻制。在俞正燮那里，已经清楚地意识到纳妾制度对家庭伦理的危害，但由于俞氏仍无法彻底抛弃"无后为大"的观念，所以只能以肯定女性之妒和严格限制纳妾来作为其应对之方。谭嗣同则迈出了关键的一步，他非常推崇西方国家"夫妇则自君至民，无置妾之例，又皆出于两情相愿，故伉俪笃重，无妒争之患，其子孙亦遂无嫡庶

---

① 谭嗣同：《仁学》，《谭嗣同全集》（下），第348—349页。
② 谭嗣同：《仁学》，《谭嗣同全集》（下），第303—305页。
③ 谭嗣同：《仁学》，《谭嗣同全集》（下），第303—304页。

相猜忌之患"① 的状况。一夫一妻制在谭嗣同这里得到明确肯定，这无疑是受了西方思想的影响，但另一方面，也源于谭氏对传宗接代观念的彻底破除，他不仅非常反感君主以"广嗣续"之说来文饰其妃御众多的行径，也反对寻常百姓对嗣续的执着，指出"中国百务不讲，无以养，无以教，独于嗣续，自长老以至弱幼，自都邑以至村僻，莫不视为绝重大之事，急急以图之，何以惑也？徒泥于体魄，而不知有灵魂，其愚而惑，势必至此"②。既然嗣续并非必不可少，那么纳妾制度也就再没有存在下去的正当理由了。这也显示出，西方思想的传入，使思想家为一些已发现病症却苦于没有有效药方来医治的女性问题顺利地找到了一剂良药。

此外，谭嗣同还吸取了佛教经典《华严经》《维摩诘经》中的男女平等因素，"女身自女身，无取乎转，自绝无重男轻女之意也"，批评"重男轻女者，至暴乱无理之法"，进而指出"男女同为天地之菁英，同有无量之盛德大业，平等相均"。③ 他所提出的男女平等思想也不再局限于家庭中或是有条件的平等，而是普遍意义上的真正的男女平等。

维新时期思想家对明清思想家解放女性思想的继承和发展往往是隐性的，但从他们的具体论述中仍然可以发现其与本土解放女性思想的内在联系和继承关系。一直到女性解放思想蓬勃发展的五四时期，我们仍旧能够在深受西方观念影响的思想家那里找到本土解放女性思想的痕迹，有的思想家甚至有意识地继承了晚明至清中期思想家的一些观念。如新文化运动旗手胡适对李汝珍的解放女性思想进行了细致分析，指出"三千年的历史上，没有一个人曾大胆地提出妇女问题的各个方面来作公平的讨论。直到十九世纪的初年，才出来这个多才多艺的李汝珍，费了十几年的精力来提出这个极重大的问题"，并预言"他的女儿国一大段，将来一定要成为世界女权史上的一篇不朽的大文；他对于女子贞操，女子教育，女子选举等问题的见解，将来一定要在中国女权史上占一个很光荣的位置"④。虽然胡适对《镜花缘》的发掘不免有过度诠释之嫌，但也的确向我们揭示了李汝珍在那个时代所具有的前瞻性及其对五四思想家的影响。而俞正燮解放女性思想的被发现则要归功于蔡元

---

① 谭嗣同：《报贝元徵》，《谭嗣同全集》（上），第198页。
② 谭嗣同：《仁学》，《谭嗣同全集》（下），第349页。
③ 谭嗣同：《仁学》，《谭嗣同全集》（下），第304页。
④ 胡适：《中国章回小说考证》，第421页。

培，蔡氏在青年时就已阅读了俞正燮的《癸巳类稿》及《存稿》，注意到了其中的男女平等思想①，并在《〈俞理初先生年谱〉跋》中，详述了他对俞正燮最为崇拜的两点，其一即"认识人权"，此处的人权即女子作为人所具有之权。② 而同样推崇俞正燮的周作人则明确提到，蔡元培"因读了俞理初的书，主张男女平等，反对守节"③。可见，晚明至清中期的解放女性思想的发展并没有被淹没在历史的洪流中，而是以涓涓细流汇入了中国近现代的女性解放思想及其运动中。

本章小结

综观晚明至清中期的解放女性的发展及其特点，我们可以发现，其与传统女性观的关系是非常微妙的。一方面，它内部已经分化出不同于传统女性观的新动向，主要表现为对女性价值、地位的重估，为女性争取更多的权利，批判压迫女性的"伦理异化"现象，肯定自由婚恋，提倡开明的贞节观，等等。虽然思想家对同一问题的看法往往各不相同，甚至相互抵牾，但这些分歧促使关于女性问题的讨论不断深化，从而在客观上推动了解放女性思想发展的步伐。

另一方面，它与传统女性观又有着千丝万缕的联系。总体上，"以复古求解放"，从《诗经》《周易》中发掘解放女性的哲学基础，从"孝""恕"等传统观念中自然生长出对女性更多的理解与同情，从对古礼的阐释中批判现实对女性的压迫。同时，这一时期的解放女性思想也继承了传统女性观中

---

① 蔡元培在该文中指出，自《易经》时代以至于清儒朴学时代，都守着男尊女卑的成见，即偶有一二文人，稍稍为女子鸣不平，也总含有玩弄等的意味，并详细列举了俞氏阐发男女平等思想的文章。参见蔡元培《我青年时代的读书生活》，《蔡元培全集》第6卷，高平叔编，中华书局1988年版，第549—550页。其所选编的展现新思想的《文变》一书中亦收录了俞正燮的《妒非女人恶德论》与《节妇说》，参见蔡元培《〈文变〉序及目录》，《蔡元培全集》第1卷，高平叔编，第163—165页。另，其所著《中国伦理学史》一书着重阐述了俞正燮在缠足、节妇、妒妇与贞女问题上的理论贡献。参见蔡元培《中国伦理学史》，《蔡元培全集》第2卷，高平叔编，第106—107页。

② 参见蔡元培《〈俞理初先生年谱〉跋》，《蔡元培全集》第6卷，高平叔编，第405—406页。

③ 夏晓虹在研究中也指出，"俞正燮对于蔡元培，恰似一座沟通中西的桥梁，蔡氏的男女平权思想，因此得益于俞氏者正多"，并且认为蔡元培在力行男女平权时不自觉流露出的不平等心态，亦与俞氏不无关系。参见夏晓虹《晚清文人女性观》，作家出版社1995年版，第173、180页。笔者认为，这种相似更多是传统思想转型时的一贯表现，在晚明至清中期解放女性思想中多有体现，而不仅仅表现在俞、蔡二人身上。

"男女有别"的观念以及对女性在家庭内价值的肯定。

可以说，这一时期的解放女性思想正是传统女性观的一种近代转型，虽然这种转型并没有直接导致现代意义上的女性解放，但却凸显出了本土解放女性思想的特点及其内在理路。这对我们思考明清学术思想史、女性史都具有重要的意义与启示，也促使我们去追问：如果没有西方思想的传入，中国是否会产生近代女性解放思想？当然，历史没有假设，这些闪光的新思想在近代的女性解放思想中，已经以各异的方式或隐或现地得到了继承与发展。

结　　语

一　晚明至清中期思想家对女性问题的探讨

在上文中，我们通过对李贽、唐甄、袁枚、章学诚、汪中、李汝珍、俞正燮七位思想家女性观的研究，探讨了中国本土解放女性思想的发展过程。在这个过程中，思想家对女性问题的探讨是不断深化与趋于细致的，此处以具体的女性问题为中心，对男性思想家的重要观点进行简要梳理。

就对待女性的基本态度而言，思想家普遍地对女性有一种同情的理解。尤其值得注意的是，袁枚、章学诚、汪中、俞正燮等思想家都对女性中的弱势群体——妓女抱有极大的同情，袁枚大胆地指出"伪名儒不如真名妓"，并对妓女中的侠义者、真才者给予了很高的批评；致力于维护名教纲常的章学诚也破除了世俗对妓女的偏见，将一位舍身救全城的妓女载入史册，并将其与孔子、管仲之功相提并论；汪中则对秦淮名妓马湘兰充满了同情，写下了一篇哀婉凄美的辞赋哀叹这位女子的命运，并以其自比；俞正燮通过考证的方式对娼优群体的生存状态给予了关注，对妓女所遭遇的不平之事颇为同情。尽管男性思想家的女性观难免与女性的所思所感有一定的距离，但对女性"同情的理解"的态度，使得思想家对女性问题的探讨更能贴近女性的真实感受与具体境遇。

就女性才智而言，李贽对女性才智给予了充分的肯定，对"女子见短说"进行了深刻的批评，在他看来，女性的才智与男性是没有差别的，而经验社会中男女见识上的差异则是由男/女、外/内的社会分工所造成的。这一观点可以说是传统社会中关于女性见识的最为精辟的观点，即使西方传教士对男女平等的论述，也没有如此彻底与深刻。在实践中，李贽也对学道之女性充满敬意，为她们提供指导与帮助。李贽所肯定的女才不仅包括一般的识字与诗才，还包含了更深一层的学道。这一时段的唐甄则对女性在家庭中的智慧给予了充分的肯定,并认为家庭中的智慧与家庭外的智慧是同等的。稍后的清代,思想家在女性的"诗才"上产生了很大的分歧,袁枚鼓励女子作诗,招收女弟子,并刊刻其诗稿,章学诚则不满于女性从闺阁之内走出来,迈向公众领域,不满于"男女有别"的界限出现松动,因此对袁枚给予了猛烈的批评。但实际上,章氏也并不反对一般意义上的女才,甚至认可了历史上很多有争议的才女,他所反对的,只是不合"礼"的女才。尽管思想家对女才的具体界定争议颇大,但却都自觉地与"女子无才便是德"这样的流行观念划清界限,试图从正面去推动女才的发展。清中期的李汝珍在小说《镜花缘》中,进一步拓宽了女才的内涵,将武才、艺术等特质融入女才中,刻画出了丰富多样的才女形象。思想家对女才的赞赏及推动,与当时繁荣的才女文化相互作用,使得明清时期的女性文学有了很大的发展。

就婚恋问题而言,李贽通过对历史人物的评点表达了较为开明的婚姻观与贞节观,从女性自主婚恋的角度,对卓文君奔司马相如的行为给予了充分肯定,谓其"非失身,正获身"。与李贽的婚恋观相似,袁枚也对自主追求爱情的男女非常欣赏,将其看作美事,犀利地批评了不成人之美的伪道学家。对于婚姻制度中的纳妾,清代的李汝珍与俞正燮都进行了反思。李汝珍通过小说的形式,怒斥了男性纳妾的行为,并搬出了儒家的"忠恕之道"来批评婚姻关系中的双重道德标准。俞正燮则维护女性之"妒"的合法性,揭示了纳妾制度的不合理,严格的一夫一妻制在俞氏的思想中几乎要产生了,但由于宗法社会"无后为大"观念的限制,一定条件下的纳妾仍然得到了承认。而在维新思想家那里,由于西方思想的影响,他们通过对传统宗法社会的彻底批判,严格的一夫一妻制才被正式提出。

就贞节问题而言,包含了改嫁问题与贞女问题两方面。首先是思想家对改嫁的态度上,晚明李贽有较为开明的贞节观,既肯定改嫁的合理性,又赞赏出于真情的守节行为。这一观点,在俞正燮那里得到了呼应,并精辟地表述为"其再嫁者,不当非之;不再嫁者,敬礼之斯可矣"。其间,改嫁问题也被思想家不断讨论:袁枚对历史上改嫁之例进行了梳理,含蓄地表达了其赞同改嫁的态度,钱泳则在此基础上指出了改嫁的正当性,钱大昕通过对"七出"的讨论,大胆提出了"去而更嫁,不谓之失节"的观念。改嫁问题,在思想家的讨论中不断地得到深化并趋于理性。贞女问题也同样涉及贞节观念,但由于贞女问题的特殊性,思想家围绕贞女的合法性进行了激烈的论争,其中以汪中对贞女的批评最为有力，汪氏继承了归有光、毛奇龄对贞女的批评，更为明确地表达了对贞女现象以及贞女本身的批评。而章学诚、钱大昕、焦循等学者则从不同的角度对贞女进行了辩护。贞女的论战没有最终的胜利者，但汪中对贞女问题背后"伦理异化"现象的敏锐洞察，则让他的批评在史册中留下了重要的篇章。

就缠足问题而言，清代的袁枚、李汝珍、俞正燮、钱泳等都有过深刻的反思。清代的袁枚公开而大胆地对缠足进行了批评，他的批评主要从审美的角度出发，认为缠足破坏了女性的自然之美，并在小说中对缠足的始作俑者进行了严厉的惩罚；李汝珍主要看到了缠足对女性身心所造成的巨大伤害，在《镜花缘》中借助让男性缠足的方式，对缠足之苦进行了深刻的揭露；俞正燮、钱泳则以考证的方式来抨击缠足，二人都认为缠足导致女弱，进而造成"两仪不完"，俞氏更多的是出于体恤女性及两性平等的考虑，钱泳则敏锐地看到了缠足成为女性"类特征"的异化现象。可以说，这一时期的反缠足论是全面而深刻的，在基本精神上，与维新时期的反缠足论是相一致的。

此外，思想家还对"女祸论"的偏见进行了批评，以李贽、唐甄、袁枚为代表。他们普遍认为，在既定的男权社会中，女性并没有主导的地位，她们不需要为亡国败家负责，男性更不应该推卸自身对历史的责任。

综观晚明至清中期解放女性思想的发展，我们认为，这一时期的女性观内部已经分化出了与传统女性观不同的因素，"男女有别"与"男主外，女主内"的传统观念出现了松动，女性的价值地位得到了更多的认可和更加广泛的承认，压迫女性的"伦理异化"现象遭到猛烈批判，这些分化也可以看作传统女性观的一种近代转型。虽然这一时期的新思想往往隐藏在"复古礼"的外衣之下，并充满了曲折、纠缠与反复，但其思想的耀眼光芒仍是无法被遮蔽的。

二 传统女性观的反思与当下的女性解放

我们以往一般认为，中国的男女平等思想来自西方思想的传入，中国女性解放的观念是近代以后"冲击/回应"模式下的结果。而通过对晚明至清中期解放女性思想的研究，我们发现，晚明以来，已有不少有识之士对女性问题进行了深刻的思考，他们对女性处境充满了同情，大胆地为女性鸣不平；他们热情赞美女中豪杰，推动女性走向公众社会；他们理性探讨性别问题，别出心裁构想伸张女权的"理想国";他们反对缠足、贞女等压迫女性的"伦理异化"现象,产生了朴素的男女平等意识。从中我们不难看出,女性问题在中国传统社会不是什么新问题,女性解放在近代中国也并非完全的"舶来品",西方男女平等思想传入以前,中国社会已经有了接受与涵化这种观念的思想土壤。正是因为这片土地已有适宜的结构与土壤,才会让"男女平等"的种子能够顺利地在此生根发芽。

我们不禁要问,国门如果没有被打开,今天的女性是否仍然会缠足,今天的婚姻制度是否还包含了纳妾制,女性有没有可能与男性一样接受教育、在家庭以外的空间施展才能?仅仅是"返本",求之于古礼或圣贤典籍究竟能否开出"新"的思想?在本书的研究中,我们实际上已经看到了传统女性观在"返本开新"上的最大可能。基于此,就女性问题而言,笔者认为仅仅是"返本"并不足以开出具有现代意义上的男女平等,我们必须正视儒家女性观中的"开放成分"和"封闭成分"。[①]

对于儒家女性观中的"开放成分",除了上文"以复古求解放"中所论述的思想家对传统思想中的孝道、恕道的发掘外,《易》哲学中蕴含的阴阳之间的灵活关系仍可以成为性别讨论的有效视角。今天的研究者在论及传统女性观的资源时对此也多有涉及。[②] 正是这种阴阳之间的生动而多元的关系,避免了其中一方处于绝对劣势的可能,使得阴阳之间的张力可以普遍存在。

晚明至清中期的解放女性思想家在阐述其女性观时也对阴阳哲学作了很好的吸收与发挥,李贽的夫妇论谓"天下万物皆生于两",把阴阳二者作为天地万物之根本就为其男女平等的思想奠定了很好的基础,而唐甄所强调的"夫妇相下"也为其对"夫为妻纲"的批评提供了有效的理论支持,甚至于生发出"男子溺于世而离于天者也;妇人不入于世而近于天者也"[③] 这类极具思辨性的性别观念。这种阴阳哲学甚至可以运用于对具体女性问题的反思,

---

[①] 儒家女性观中"封闭成分"与"开放成分"的区分来自郑宗义对劳思光在《新编中国哲学史》中对儒学中普遍的"开放成分"与过时的"封闭成分"说法的借鉴。参见郑宗义《儒学、哲学与现代世界》,第325页。

[②] 参见张祥龙《"性别"在中西哲学中的地位及其思想后果》,《江苏社会科学》2002年第6期;吴根友《儒家女性思想的转换与现代意义》,《船山学刊》2018年第1期;李晨阳《儒家阴阳男女平等新议》,《船山学刊》2018年第1期。

[③] (清)唐甄:《潜书》,吴泽民编校,第26页。

所以思想家又以"阴弱则两仪不完"来反对女性缠足的习俗。当然，阴阳之间也可能呈现如汉儒那里所强调的固化关系，从而成为束缚女性的有效框架，所以成为儒家女性观中开放成分的一定是阴阳关系灵活的一面，尤其是不能把阴阳和男女之间作永恒的对应关系来理解，阳可兼阴、阴可兼阳、阴阳相易的思想也是我们理解今天多元性别气质可以借鉴的有效范畴。

对于儒家女性观中的"封闭成分"，如果我们以对传统女性的美化想象与对古代文化一厢情愿的留恋来为传统儒家女性观进行辩护，其结果是非常危险的[1]，从今天性别平等的视角来看，哪些可以作为儒家女性观中的封闭成分加以去除呢？首先必须打破的就是"男主外，女主内"的社会性别分工，毕竟今人已不可能再把女性的活动范围限制于家庭领域，这一点自是比较容易分辨的。更为棘手的是，我们如何对待"男女有别"中的"别嫌"之义与男女性别气质差异的建构。

从别嫌的角度来讲，公领域中的别嫌已经不可能像古人一样拒斥男女混杂了，毕竟男女同校、同工等是内外分工打破后不可避免的结果，但公领域的别嫌也并非没有意义，尤其是从防性侵、反性骚扰的角度，适度的别嫌也是对女性、儿童的一种保护；私领域的别嫌与界限在自由婚恋、夫妻之爱被广泛承认的今天似乎显得有些多余，但古人对夫妇之间适度规范的强调，在一定程度上也可为今人的夫妇之道提供必要的参考。所以，别嫌之义并不能完全看作儒家女性观中的封闭成分。

从性别差异的角度来看，作为生理意义上的男女差异是古今都普遍承认的，但在此基础上建立起的社会性别却有很大的解释空间。在传统儒家女性观中，由于对阴阳、男女之别的普遍强调，思想家常常把后天建构与强化的性别差异与先天的性别差异相混淆，从而对女性之"天性"有各种固定化的想象，如吕坤在《闺范序》中强调"孝贤贞烈，根于天性"[2]，章学诚在为贞女辩护时谓守贞的女性"秉彝之良，出于天性！实则本人心之所有"[3]。把社会性别的后天建构内化为女性的性别类特征，进一步将其看作根植于自然之天性，从而反过来加固社会性别的刻板印象，这正是传统社会性别形成与发

---

[1] 如辜鸿铭把女性允许丈夫纳妾看作一种"无我牺牲"与宗教精神来加以美化与颂扬。辜鸿铭：《中国人的精神》，海南出版社2006年版，第73—75页。
[2] （明）吕坤：《吕坤全集》，王国轩、王秀梅整理，第1409页。
[3] （清）章学诚：《文史通义新编新注》，仓修良编注，第364页。

展的惯常途径。而传统女性之被压迫、被束缚，也在很大程度上源自"男女有别"的性别建构。

这样一来，我们是不是要把"男女有别"作为一种封闭成分彻底抛弃，从而建构一种"男女无别"的性别体系呢？当然不是！也并不可能。笔者认为，我们需要抛弃的封闭成分是对"男女有别"的固化建构而非"男女有别"本身。二者的差异在于，前者是以一种固化的性别想象对男女两性的性别气质差异进行建构，往往会产生性别刻板印象，进而以此反作用于女性；后者则描述实然意义上的男女之别，但并不将这种差别作为一种应然来对全体女性进行性别固化的要求。也就是说，"男女有别"是作为一种自然而然的现象而存在与被描述，而这种"别"往往是多元的、流动的，承认个体差异的。我们只有抛弃了儒家传统女性观中这种对"男女有别"的固化建构，才可能让儒家女性观中的开放成分在今天的社会被更为广泛地接受。

本书所考察的思想家在女性问题上多有值得关注的新兴见解，但囿于性别刻板印象，这些新思想往往表现出新旧交织、纠缠的特点。而我们在李贽的女性观中则看到了更为明显的通向性别平等的可能，其原因正在于他在更大范围内抛弃了对男女之别的刻板形象，把女性看作与男性同等意义上的大写的"人"。今天的女性虽然地位总体有所提高，但女性解放却呈现出各种乱象，我们既能看到所谓的"现代"女性打着"女权"的幌子在婚姻中施行双重标准，也能看到各种以"打不还手，骂不还口，逆来顺受，绝不离婚"为宗旨的"女德班"屡禁不止、层出不穷。究其实，仍然在于女性并没有被看作真正意义上的独立的主体。

不是抛弃了传统就可以走向平等，也不是回归了传统便会解决当下的性别问题，今人终究必须去仔细地探索传统的轨迹，心平气和地去理解传统的话语，公允理性地去思考传统中的问题，才有可能让传统女性观真正具有通向女性解放的可能。最后，以波伏娃《第二性》中的经典表达作为本书的结束语：

> 要取得最大的胜利，男人和女人首先就必须依据并通过他们的自然差异，去毫不含糊地肯定他们的手足关系。[1]

---

[1] ［法］西蒙娜·德·波伏娃：《第二性》（全译本），陶铁柱译，第827页。

参考文献

古籍：

（汉）刘向：《古列女传》，顾恺之画图，中华书局1985年版。

（宋）朱熹：《诗集传》，赵长征点校，中华书局2011年版。

（宋）黎靖德编：《朱子语类》，王星贤点校，中华书局1986年版。

（宋）朱熹：《朱子全书》，朱杰人、严佐之、刘永翔主编，上海古籍出版社、安徽教育出版社2002年版。

（明）冯梦龙：《警世通言》，中华书局2009年版。

（明）冯梦龙：《醒世恒言》，中华书局2009年版。

（明）冯梦龙：《喻世明言》，中华书局2009年版。

（明）归有光：《震川先生集》，周本淳校点，上海古籍出版社1981年版。

（明）黄道周：《黄道周集》，中华书局2017年版。

（明）李贽：《李贽全集注》，社会科学文献出版社2010年版。

（明）李贽：《李贽文集》，社会科学文献出版社2000年版。

（明）吕坤：《吕坤全集》，王国轩、王秀梅整理，中华书局2008年版。

（明）凌濛初：《初刻拍案惊奇》，中华书局2009年版。

（明）凌濛初：《二刻拍案惊奇》，王根林校点，上海古籍出版社2012年版。

（明）田艺蘅：《留青日札》，朱碧莲点校，上海古籍出版社2002年版。

（明）胡应麟：《少室山房笔丛》，上海书店出版社2001年版。

（明）谢肇淛：《五杂俎》，上海书店出版社2001年版。

（明）张岱：《陶庵梦忆西湖寻梦》，马兴荣点校，上海古籍出版社2008年版。

（明）周清源：《西湖二集》，周楞伽整理，人民文学出版社1999年版。

（清）曹雪芹、高鹗：《红楼梦》，人民文学出版社1996年第2版。

（清）陈立：《白虎通疏证》，吴则虞点校，中华书局1994年版。

（清）虫天子编：《中国香艳全书》，董乃斌等校点，团结出版社 2005 年版。

（清）戴震：《孟子字义疏证》，何文光整理，中华书局 1982 年第 2 版。

（清）戴震：《戴震集》，上海古籍出版社 2009 年版。

（清）焦循：《雕菰集》，中华书局 1985 年版。

（清）李汝珍：《镜花缘》，张友鹤校注，人民文学出版社 1955 年版。

（清）李渔：《闲情偶寄》，江巨荣、卢寿荣校注，上海古籍出版社 2000 年版。

（清）黄宗羲：《黄宗羲全集》，浙江古籍出版社 2005 年版。

（清）毛奇龄：《西河文集》，商务印书馆 1937 年版。

（清）钱大昕：《潜研堂文集》，《嘉定钱大昕全集》，陈文和点校，江苏古籍出版社 1997 年版。

（清）钱泳：《履园丛话》，张伟校点，中华书局 1979 年版。

（清）阮元：《十三经注疏》，中华书局 1980 年版。

（清）苏舆：《春秋繁露义证》，钟哲点校，中华书局 1992 年版。

（清）孙希旦：《礼记集解》，沈啸寰、王星贤点校，中华书局 1989 年版。

（清）唐甄：《潜书》，吴泽民编校，中华书局 1963 年版。

（清）汪中：《新编汪中集》，田汉云点校，广陵书社 2005 年版。

（清）颜元：《颜元集》，王星贤等点校，中华书局 1987 年版。

（清）余怀：《板桥杂记》（外一种），李金堂校注，上海古籍出版社 2000 年版。

（清）俞正燮：《俞正燮全集》，于石、马君骅、诸伟奇点校，黄山书社 2005 年版。

（清）袁枚：《随园诗话》，顾学颉校点，人民文学出版社 1982 年版。

（清）袁枚：《袁枚全集》，王英志主编，江苏古籍出版社 1993 年版。

（清）章学诚：《文史通义校注》，叶瑛校注，中华书局 1985 年版。

（清）章学诚：《文史通义新编新注》，仓修良编注，浙江古籍出版社 2005 年版。

（清）章学诚：《章学诚遗书》，文物出版社 1985 年版。

（清）赵翼：《赵翼全集》，曹光甫校点，凤凰出版社 2009 年版。

康有为：《大同书》，上海古籍出版社 2009 年版。

宋恕：《宋恕集》，胡珠生编，中华书局 1993 年版。

谭嗣同：《仁学》，《谭嗣同全集》，中华书局 1981 年版。

王明编：《太平经合校》，中华书局1979年版。
王英志主编：《清代闺秀诗话丛刊》，凤凰出版社2010年版。

研究专著与论文集：

阿凤：《明清时代妇女的地位与权利》，社会科学文献出版社2009年版。
鲍家麟编著：《中国妇女史论集》，牧童出版社1979年版。
蔡尚思：《中国礼教思想史》，上海古籍出版社2006年版。
蔡元培：《蔡元培全集》（第1，2，6卷），高平叔编，中华书局1984年版。
常建华：《婚姻内外的古代女性》，中华书局2006年版。
陈宝良：《中国妇女通史·明代卷》，杭州出版社2010年版。
陈东原：《中国妇女生活史》，商务印书馆2015年版。
陈顾远：《中国婚姻史》，上海书店出版社1984年版（据商务印书馆1936年版影印）。
陈瑛珣：《清代民间妇女生活史料的发掘与应用》，天津古籍出版社2010年版。
陈玉兰：《清代嘉道时期江南寒士诗群与闺阁诗侣研究》，人民文学出版社2008年版。
邓小南等主编：《中国妇女史读本》，北京大学出版社2011年版。
董家遵：《中国古代婚姻史研究》，卞恩才整理，广东人民出版社1995年版。
冯天瑜、谢贵安：《解构专制：明末清初"新民本"思想研究》，湖北人民出版社2003年版。
傅小凡：《李贽哲学思想研究》，福建人民出版社2007年版。
高洪兴：《缠足史》，上海文艺出版社1995年版。
高洪兴等编：《妇女风俗考》，上海文艺出版社1991年版。
高世瑜：《中国古代妇女生活》，商务印书馆1996年版。
郭松义：《伦理与生活：清代的婚姻关系》，商务印书馆2000年版。
郭松义：《中国妇女通史·清代卷》，杭州出版社2010年版。
侯外庐：《中国思想通史》第五卷（中国早期启蒙思想史），人民出版社1956年版。
侯外庐主编：《中国思想史纲》（下册），中国青年出版社1981年版。
侯外庐主编：《中国思想通史》第四卷（下），人民出版社1960年版。

胡适：《中国章回小说考证》，中国社会科学出版社 2013 年版。

胡文楷编著：《历代妇女著作考》，张宏生等增订，上海古籍出版社 2008 年版。

黄仁宇：《万历十五年》，生活·读书·新知三联书店 1997 年版。

嵇文甫：《晚明思想史论》，河南大学出版社 2008 年版。

贾逸君：《中华妇女缠足考》，北平文化学社 1929 年版。

李伯重：《多视角看江南经济史（1250—1850）》，生活·读书·新知三联书店 2003 年版。

李国彤：《女子之不朽：明清时期的女教观念》，广西师范大学出版社 2014 年版。

李剑国、占骁勇：《〈镜花缘〉丛谈》，南开大学出版社 2004 年版。

李时人：《李汝珍及其〈镜花缘〉》，春风文艺出版社 1999 年版。

李小江等：《历史、史学与性别》，江苏人民出版社 2002 年版。

李银河主编：《妇女：最漫长的革命：当代西方女权主义理论精选》，生活·读书·新知三联书店 1997 年版。

梁启超：《清代学术概论》，上海古籍出版社 2005 年版。

梁启超：《中国近三百年学术史》，东方出版社 1996 年版。

刘果：《"三言"性别话语研究：以话本小说的文献比勘为基础》，中华书局 2008 年版。

刘士圣：《中国古代妇女史》，青岛出版社 1991 年版。

刘湘平：《钱大昕思想研究》，人民出版社 2015 年版。

林庆彰、张寿安主编：《乾嘉学者的义理学》，"中央研究院"中国文哲研究所 2003 年版。

鲁迅：《中国小说史略》，《鲁迅全集》（第九卷），人民文学出版社 2005 年版。

罗国杰：《中国伦理思想史》，中国人民大学出版社 2008 年版。

罗久蓉、吕妙芬主编：《无声之声Ⅲ：近代中国的妇女与文化（1600—1950）》，"中央研究院"近代史研究所 2003 年版。

吕思勉：《中国婚姻制度小史》，知识产权出版社 2018 年版。

吕芳上主编：《无声之声Ⅰ：近代中国的妇女与国家（1600—1950）》，"中央研究院"近代史研究所 2003 年版。

麦惠庭：《中国家庭改造问题》，商务印书馆 1929 年版。

钱穆：《中国近三百年学术史》，商务印书馆 1997 年版。

钱静方：《小说丛考》，商务印书馆 1924 年版。

容肇祖：《李贽年谱》，生活·读书·新知三联书店 1957 年版。

沈善洪、王凤贤：《中国伦理思想史》，人民出版社 2005 年版。

田汝康：《男性阴影与女性贞节：明清时期伦理观的比较研究》，刘平、冯贤亮译校，复旦大学出版社 2017 年版。

宋致新：《袁枚的思想与人生》，南京出版社 1998 年版。

孙向晨：《论家：个体与亲亲》，华东师范大学出版社 2019 年版。

佟新：《社会性别研究导论》（第 2 版），北京大学出版社 2011 年版。

王尔敏：《明清时代庶民文化生活》，岳麓书社 2002 年版。

王书奴：《中国娼妓史》，生活·读书·新知三联书店 1988 年版。

王英志：《袁枚评传》，南京大学出版社 2002 年版。

王小健：《中国古代性别结构的文化学分析》，社会科学文献出版社 2008 年版。

王引萍：《明清小说女性研究》，宁夏人民出版社 2007 年版。

王永恩：《明末清初戏曲作品中的女性形象研究》，文化艺术出版社 2008 年版。

王政、杜芳琴主编：《社会性别研究选译》，生活·读书·新知三联书店 1998 年版。

吴根友：《中国现代价值观的初生历程：从李贽到戴震》，武汉大学出版社 2004 年版。

吴根友：《明清哲学与中国现代哲学诸问题》，中华书局 2008 年版。

吴根友：《多元范式下的明清思想研究》，生活·读书·新知三联书店 2011 年版。

吴根友：《比较哲学视野里的中国哲学》，中国社会科学出版社 2012 年版。

吴根友、孙邦金等：《戴震、乾嘉学术与中国文化》，福建教育出版社 2015 年版。

吴根友：《戴震哲学思想新探》，北京师范大学出版社 2022 年版。

吴秀华：《明末清初小说戏曲中的女性形象研究》，江苏古籍出版社 2002 年版。

夏晓虹：《晚清文人妇女观》，作家出版社1995年版。

夏晓红：《晚清女性与近代中国》，北京大学出版社2004年版。

萧萐父、许苏民：《明清启蒙学术流变》，人民出版社2013年版。

萧萐父、许苏民：《王夫之评传》，南京大学出版社2002年版。

萧萐父：《吹沙集》，巴蜀书社2007年版。

萧萐父：《吹沙二集》，巴蜀书社2007年版。

萧萐父：《吹沙三集》，巴蜀书社2007年版。

肖巍：《女性主义关怀伦理学》，北京出版社1999年版。

肖巍：《女性主义伦理学》，四川人民出版社2000年版。

谢无量：《中国妇女文学史》，《谢无量文集》（第五卷），中国人民大学出版社2011年版。

谢雍君：《〈牡丹亭〉与明清女性情感教育》，中华书局2008年版。

许苏民：《李贽的真与奇》，南京出版社1998年版。

许苏民：《李贽评传》，南京大学出版社2006年版。

许苏民：《朴学与长江文化》，湖北教育出版社2004年版。

熊秉真、吕妙芬编：《礼教与情欲：前现代中国文化中的后/现代性》，"中央研究院"近代史研究所1999年版。

杨鸿烈：《大思想家袁枚评传》，商务印书馆1927年版。

姚灵犀编撰：《采菲精华录》，天津书局1941年版。

裔昭印等：《西方妇女史》，商务印书馆2009年版。

衣若兰：《史学与性别：〈明史·列女传〉与明代女性史之建构》，山西教育出版社2011年版。

游鉴明主编：《无声之声Ⅱ：近代中国的妇女与社会（1600—1950）》，"中央研究院"近代史研究所2003年版。

赵园：《明清之际士大夫研究》，北京大学出版社2014年版。

赵园：《家人父子——由人伦探访明清之际士大夫的生活世界》，北京大学出版社2015年版。

赵轶峰：《明代的变迁》，生活·读书·新知三联书店2008年版。

赵崔莉：《被遮蔽的现代性——明清女性的社会生活和情感体验》，知识产权出版社2015年版。

张福清编注：《女诫——妇女的枷锁》，中央民族大学出版社1996年版。

张宏生、张雁编：《古代女诗人研究》，湖北教育出版社 2001 年版。

张宏生编：《明清文学与性别研究》，江苏古籍出版社 2002 年版。

张莲波：《中国近代妇女解放思想历程（1840—1921）》，河南大学出版社 2006 年版。

张再林：《车过麻城·再晤李贽》，中国社会科学出版社 2009 年版。

张再林：《作为身体哲学的中国古代哲学》，中国社会科学出版社 2008 年版。

张祥龙：《家与孝：从中西间视野看》，生活·读书·新知三联书店 2017 年版。

张寿安：《十八世纪礼学考证的思想活力》，北京大学出版社 2005 年版。

张寿安：《以礼代理——凌廷堪与清中叶儒学思想之转变》，河北教育出版社 2001 年版。

郑宗义：《儒学、哲学与现代世界》，河北人民出版社 2010 年版。

中国历史文献研究会编：《章学诚国际学术研讨会论文集》，北京图书馆出版社 2004 年版。

中华全国妇女联合会妇女运动历史研究室编：《五四时期妇女问题文选》，中国妇女出版社 1981 年版。

周作人：《周作人文类编·千百年眼》，钟叔和编，湖南文艺出版社 1998 年版。

左东岭：《李贽与晚明文学思想》，天津人民出版社 1997 年版。

海外著作：

［法］西蒙娜·德·波伏娃：《第二性》，郑克鲁译，上海译文出版社 2014 年版。

［法］西蒙娜·德·波伏娃：《第二性》，陶铁柱译，中国书籍出版社 1998 年版。

［荷］高罗佩：《中国古代房内考：中国古代的性与社会》，李零、郭晓惠等译，上海人民出版社 1990 年版。

［美］大卫·雷·格里芬编：《后现代精神》，王成兵译，中央编译出版社 1998 年版。

［美］高彦颐：《缠足："金莲崇拜"盛极而衰的演变》，苗延威译，江苏人民出版社 2009 年版。

［美］高彦颐：《闺塾师：明末清初江南的才女文化》，李志生译，江苏人民出版社 2005 年版。

［美］康正果：《风骚与艳情》，上海文艺出版社 2001 年版。

［美］卢苇菁：《矢志不渝：明清时期的贞女现象》，秦立彦译，江苏人民出版社 2010 年版。

［美］曼素恩：《缀珍录：十八世纪及其前后的中国妇女》，宜定庄、颜宜葳译，江苏人民出版社 2005 年版。

［美］曼素恩：《张门才女》，罗晓翔译，北京大学出版社 2015 年版。

［美］罗丽莎：《儒学与女性》，丁佳伟、曹秀娟译，江苏人民出版社 2015 年版。

［美］倪德卫：《章学诚的生平及其思想》，杨立华译，江苏人民出版社 2007 年版。

［美］孙康宜：《文学经典的挑战》，百花洲文艺出版社 2002 年版。

［美］伊沛霞：《内闱：宋代的婚姻和妇女生活》，胡志宏译，江苏人民出版社 2004 年版。

［美］余英时：《论戴震与章学诚：清代中期学术思想史研究》，生活·读书·新知三联书店 2000 年版。

［美］约瑟芬·多诺万：《女权主义的知识分子传统》，赵育春译，江苏人民出版社 2002 年版。

［加］伊丽莎白·阿伯特：《婚姻史》，孙璐译，中央编译出版社 2014 年版。

［日］岛田虔次：《中国近代思维的挫折》，甘万萍译，江苏人民出版社 2005 年版。

［日］沟口雄三：《中国前近代思想的演变》，索介然、龚颖译，中华书局 1997 年版。

［日］夫马进：《中国善会善堂史研究》，伍跃、杨文信、张学锋译，商务印书馆 2005 年版。

［日］须藤瑞代：《中国"女权"概念的变迁：清末民初的人权和社会性别》，须藤瑞代、姚毅译，社会科学文献出版社 2010 年版。

［日］斋藤茂：《妓女与文人》，申荷丽译，商务印书馆 2011 年版。

［英］玛丽·斯沃通克拉夫特：《女权辩护》，王蓁译，商务印书馆 2007 年版。

［英］米兰达·弗里克、詹妮弗·霍恩斯比编：《女性主义哲学指南》，肖巍、

宋建丽、马晓燕译，北京大学出版社 2010 年版。

［英］约翰·密尔：《论自由》，许宝骙译，商务印书馆 2009 年版。

［英］约翰·斯图尔特·穆勒：《妇女的屈从地位》，汪溪译，商务印书馆 2007 年版。

［英］坎迪达·马奇等：《社会性别分析框架指南》，社会性别意识资源小组译，社会科学文献出版社 2004 年版。

［澳］雷金庆：《男性特质论：中国的社会与性别》，江苏人民出版社 2012 年版。

Catherine Villanueva Gardner, *Historical Dictionary of Feminist Philosophy*, The Scarecrow Press, 2006.

Li Chenyang, ed., *The Sage and the Second Sex: Confucianism, Ethic, and Gender*, Chicago, Illinois: Open Court, 2000.

Margaret Walters., *Feminism: A Very Short Introduction*, Oxford University Press, 2005.

单篇论文：

［韩］金德均：《儒家的人权意识——以唐甄的男女平等论为中心》，《东岳论丛》2000 年第 6 期。

［美］孙康宜：《传统女性道德权力的反思》，《东亚文明研究通讯》2005 年第 9 期。

鲍家麟：《俞正燮论中国女性》，载张妙清、叶汉明、郭佩兰编《性别学与妇女研究——华人社会的探索》，台北：稻香出版社 1997 年版。

蔡祝青：《三言二拍中男女扮装之性别与文化意义》，《妇女与两性学刊》2001 年第 12 期。

柴德赓：《章实斋与汪容甫》，《史学史研究》1979 年第 2 期。

陈晓杰：《李卓吾的女性观与明代社会——以"出世丈夫"为线索》，《文史哲》2022 年第 5 期。

陈文新：《〈镜花缘〉：中国第一部长篇博物体小说》，《明清小说研究》1999 年第 2 期。

邓国宏：《戴震"以情絜情"说辨析》，《安徽大学学报》（哲学社会科学版）2012 年第 5 期。

何萍：《中国女性主义问题》，载《马克思主义哲学研究》，湖北人民出版社 2007 年版。

何萍：《中国女性主义问题与中国社会的变革——为纪念恩格斯逝世 110 周年而作》，《武汉大学学报》（人文科学版）2005 年第 6 期。

何素花：《士大夫的妇女观——清初张伯行个案研究》，《新史学》2004 年第 3 期。

焦杰：《论基本史料在妇女史研究中的运用》，《平顶山学院学报》2019 年第 2 期。

汲军：《从墓志铭看朱熹的女性观》，《朱子学刊》2005 年第 1 辑。

李晨阳：《儒家的人学与女性主义哲学的关爱》，载蔡德麟、景海峰主编《全球化时代的儒家伦理》，清华大学出版社 2007 年版。

李晨阳：《儒家与女性主义：克服儒家"女性问题障碍"》，载姜新艳编《英语世界中的中国哲学》，中国人民大学出版社 2009 年版。

李晨阳：《儒家阴阳男女平等新议》，《船山学刊》2018 年第 1 期。

李国彤：《明清之际的妇女解放思想综述》，《近代中国妇女史研究》1995 年第 3 期。

李明发、李明友：《宋明理学与乾嘉考据——〈镜花缘〉成书时代的思想文化冲突》，《明清小说研究》2000 年第 1 期。

林心欣：《重读章学诚〈文史通义·妇学〉》，《汉学研究集刊》2008 年第 6 期。

刘丽娟：《"女子无才便是德"考述》，《妇女研究论丛》2009 年第 5 期。

刘嘉陵：《明清小说中的妒妇形象》，《社会科学辑刊》1996 年第 5 期。

刘元青：《"惟是阴阳二气，男女二命"——李贽男女平等观论述》，《山西师范大学学报》（社会科学版）2011 年第 2 期。

罗萍：《马克思主义妇女观》，载俞湛明、罗萍编《女性论坛》（第 1 辑），武汉大学出版社 2007 年版。

苗延威：《从视觉科技看清末缠足》，《中央研究院近代史研究所集刊》2007 年第 55 期。

申屠炉明：《论章学诚对袁枚的学术评价》，《烟台师范学院学报》（哲学社会科学版）2000 年第 3 期。

孙兰英：《论中国近代妇女运动的"男性特色"》，《史学月刊》1996 年第

3 期。

石晓玲：《清代士绅家族对女性的道德形塑——以女性忆传为中心》，《妇女研究论丛》2015 年第 5 期。

唐明邦：《从唐甄思想看明清之际启蒙思潮的特征》，《船山学刊》2002 年第 1 期。

滕新才：《明朝中后期男女平等观念的萌动》，《妇女研究论丛》1995 年第 3 期。

王德威：《女性主义与西方汉学研究：从明清到当代的一些例证》，《近代中国妇女史研究》1995 年第 3 期。

王光宜：《晚明的女教——从"女子无才便是德"谈起》，《历史教育》1997 年第 1 期。

王明芳：《清代学者的妇女观探析》，《中华女子学院山东分院学报》2006 年第 1 期。

王学钧：《功名情结的幻梦：〈镜花缘〉主题论》，《明清小说研究》2010 年第 3 期。

王小健：《从〈仪礼〉看社会的性别化》，《妇女研究论丛》2004 年第 5 期。

吴根友：《"性灵"经学与"后戴震时代"个体主体性之增长——焦循经学与哲学思想新论》，《学术研究》2010 年第 8 期。

吴根友：《从来前贤畏后生——重评章学诚对戴震的批评》，《安徽大学学报》（哲学社会科学版）2008 年第 2 期。

吴根友：《近百年来"明清之际"学术、思想研究四种范式及未来展望》，"国际明清学术思想研讨会暨纪念萧萐父先生诞辰八十五周年"会议论文，2009 年 11 月。

吴根友：《走在妇女解放的征途上——从〈聊斋志异〉中的女性形象看蒲松龄的女性观》，载俞湛明、罗萍编《女性论坛》（第 2 辑），武汉大学出版社 2009 年版。

吴根友：《晚明至清末解放女性思想简论》，载俞湛明、罗萍主编《社会性别与女性发展》，武汉大学出版社 2010 年版。

吴根友：《在"求是"中"求道"——"后戴震时代"与段玉裁的学术定位》，《陕西师范大学学报》（哲学社会科学版）2011 年第 1 期。

吴根友：《儒家女性思想的转换与现代意义》，《船山学刊》2018 年第 1 期。

谢贵安：《从唐甄对君民关系的考察看其新民本思想》，《武汉大学学报》（人文科学版）2002年第5期。

谢贵安：《试析章学诚妇女观及对其史学观的影响》，《湖北行政学院学报》2003年第3期。

熊秉真：《明清家庭中的母子关系——性别、感情及其他》，载李小江等编《性别与中国》，生活·读书·新知三联书店1994年版。

徐立望：《通儒抑或迂儒——思想史之焦循研究》，《浙江学刊》2005年第5期。

徐适端：《也谈章学诚的妇女观》，《史学史研究》2005年第2期。

徐适端：《俞正燮的人权意识及其妇女观评述》，《西南师范大学学报》（人文社会科学版）2006年第6期。

许苏民：《明清之际伦理学三问题的儒耶对话——兼论对话对中国伦理学的影响》，《学术月刊》2011年第4期。

许苏民：《祛魅·立人·改制——中国早期启蒙思潮的三大思想主题》，《天津社会科学》2007年第2期。

杨向奎：《论唐甄》，《贵州社会科学》1984年第2期。

余敏辉、孙建美：《俞正燮女性人物考论成就述评》，《淮北煤炭师范学院》（哲学社会科学版）2010年第6期。

张成扬：《为千年妒妇鸣不平的翻案文章——黄道周与俞正燮两论》，《江南学院学报》1998年第3期。

张承宗：《俞正燮男女平等思想述评》，《安徽史学》1990年第2期。

张晶萍：《乾嘉考据学者的妇女观——关于乾嘉考据学者义理观的探讨之二》，《湖南师范大学社会科学学报》2004年第2期。

张祥龙：《"性别"在中西哲学中的地位及其思想后果》，《江苏社会科学》2002年第6期。

张祥龙：《中国古人的性别意识是哲学的、涉及男女之爱的和干预历史的吗？——答陈家琪先生》，《浙江学刊》2003年第4期。

张晓芬：《公与私的诠衡——论俞正燮人权平等思想》，《人文与社会学报》2008年第3期。

赵园：《言说与伦理践行之间——明清之际士大夫与夫妇一伦之一》，《中国文化》2012年第2期。

郑培凯：《明清妇女的生活想象空间——评高彦颐〈闺塾师：十七世纪中国的妇女与文化〉》，《近代中国妇女史研究》1996 年第 4 期。

郑培凯：《晚明袁中道的妇女观》，《近代中国妇女史研究》1993 年第 1 期。

博硕士论文：

刘詠聪：《两汉时期之"女祸"观》，博士学位论文，香港大学，1989 年。

赵秀丽：《"情"与"礼"：明代女性在困厄之际的抉择》，博士学位论文，华中师范大学，2008 年。

彭公璞：《汪容甫学术思想研究》，博士学位论文，武汉大学，2010 年。

郑雯：《俞正燮学术、思想研究》，博士学位论文，武汉大学，2013 年。

林怡君：《明代新思潮下文人的妇女观——以归有光、李贽、冯梦龙为例》，硕士学位论文，"国立"成功大学，2009 年。

吕嘉华：《李贽的妇女观》，硕士学位论文，香港大学，1997 年。

宋燕：《袁枚两性关系观与女性观研究》，硕士学位论文，首都师范大学，2007 年。

许慧玲：《章学诚女性史观研究》，硕士学位论文，"国立"中央大学，2008 年。